PONS

Powerkurs
PORTUGIESISCH

W0282755

Lernen Sie Portugiesisch in 4 Wochen

von
Simone Sabino Becker
Regina Lino Roeßle

Ernst Klett Sprachen GmbH
Barcelona • Belgrad • Budapest • Ljubljana • London • Posen • Prag
Sofia • Stuttgart • Zagreb

PONS
Powerkurs
PORTUGIESISCH

Lernen Sie Portugiesisch in 4 Wochen

von
Simone Sabino Becker
Regina Lino Roeßle

Auflage A1 7 6 5 4 3 2 1 / 2010 2009 2008 2007

© Ernst Klett Sprachen GmbH, Rotebühlstraße 77, 70178 Stuttgart, 2007
Internet: www.pons.de
E-Mail: info@pons.de
Alle Rechte vorbehalten.

Redaktion: Christine Lippet, Angelique Slaats
Logoentwurf: Erwin Poell, Heidelberg
Logoüberarbeitung: Sabine Redlin, Ludwigsburg
Einbandgestaltung: Schmidt & Dupont
Titelfoto: Vlado Golub, Stuttgart
Tonaufnahme: Ton in Ton Medienhaus, Stuttgart
Digital Mastering: ARTist Tonstudio, Pfullingen
Sprecher: João Carlos Caetano de Andrade, João Carvalho, Regina Lino Roeßle, Ana Paula Pereira Handloser
Layout: Ulrike Eisenbraun, Metzingen
Satz: Satz & mehr, Besigheim
Druck: Legoprint
Printed in Italy.
ISBN: 978-3-12-561349-2

WILLKOMMEN

Sie möchten Portugiesisch **verstehen, sprechen, lesen** und **schreiben** und sprachliche Sicherheit in allen wichtigen Alltagssituationen gewinnen. Der **Powerkurs für Anfänger PORTUGIESISCH** führt Sie schnell und sicher in die Sprache ein. Er ist unterhaltsam, motivierend und vermittelt Ihnen ein lebendiges Bild des heutigen Portugiesisch. Zusätzlich erfahren Sie viel Nützliches und Interessantes rund um Land, Leute und Kultur.

WIE LERNEN SIE MIT DEM POWERKURS FÜR ANFÄNGER?

Jede der 10 Lektionen umfasst vier Doppelseiten, auf denen Sie die portugiesische Sprache gezielt nach den vier sprachlichen Fertigkeiten Hören, Lesen, Schreiben und Sprechen erlernen.

- **Ohren spitzen!** – Die erste Doppelseite einer Lektion ist besonders dem Hörverstehen in der Fremdsprache gewidmet.
- **Augen auf!** – Auf diesen Seiten trainieren Sie anhand alltagsnaher Übungen schriftliches Portugiesisch zu verstehen.
- **Stift her!** – Hier üben Sie vor allem, auf Portugiesisch zu schreiben.
- **Mitreden!** – Kleine Gespräche auf Portugiesisch in alltäglichen Situationen sind nun ein Leichtes für Sie.

Wiederholung

- Nach den Lektionen 5 und 10 können Sie in einer jeweils vierseitigen **Wiederholungseinheit** Ihre Kenntnisse überprüfen, Gelerntes auffrischen und gezielt vertiefen.

So lernen Sie am schnellsten:

- Lernen Sie regelmäßig und in kurzen Etappen. Lieber mehrmals fünfzehn Minuten in der Woche als nur einmal zwei Stunden.
- Verweilen Sie nicht zu lange bei einem Punkt. Denn Sie werden sehen: Auch wenn Sie noch nicht alles im Detail verstanden haben, lösen sich Unklarheiten von selbst, wenn Sie voranschreiten.
- Hören Sie alle Tonaufnahmen nicht nur einmal, sondern mehrmals und immer wieder an.

Anhang

Im Anhang finden Sie viele nützliche Lernhilfen.

- **Lektionswortschatz:** Mithilfe des Lektionswortschatzes können Sie sich lektionsweise den portugiesischen Wortschatz aneignen. Für schwierige Wörter finden Sie hier auch die Lautschrift.
- **Lösungen:** Hier finden Sie die Lösungen zu allen Übungen im Kurs.
- **Hörtexte:** Alles, was Sie auf **CD 1** und **CD 2** hören, können Sie hier nochmals nachlesen, sofern der Text nicht direkt in der Lektion abgedruckt ist. Hier finden Sie auch eine deutsche Übersetzung zu allen Dialogen.
- **Grammatik:** In der systematischen Grammatik finden Sie schnell Antworten auf Ihre Grammatikfragen.
- **Wortliste Portugiesisch – Deutsch:** Sie haben ein portugiesisches Wort vergessen? Mithilfe dieser Liste finden Sie schnell die Lektion, in der das portugiesische Wort auftaucht.
- **Wortliste Deutsch – Portugiesisch:** Sie möchten wissen, wie ein Wort auf Portugiesisch heißt? Schlagen Sie hier einfach nach!

Folgende Icons helfen Ihnen, schnell vom Übungsteil zu den passenden Zusatzmaterialien zu gelangen:

§ Verweis auf die systematische Grammatik.

1 00 Hören Sie den zugehörigen Audiotext auf CD 1.

2 00 Hören Sie den zugehörigen Audiotext auf CD 2.

CD 1 + CD 2 – Enthalten alle Dialoge und Hörübungen in der Reihenfolge, wie sie in den Lektionen auftreten.

Viel Spaß und Erfolg!

Inhaltsverzeichnis

Anhang 96

Bem-vindo!

1

Hören Sie, wie sich die Menschen auf Portugiesisch begrüßen und voneinander verabschieden. Sprechen Sie nach.

1. bom dia

2. olá

3. adeus

4. até já

5. tchau

6. até logo

7. boa tarde

8. boa noite

In Portugal wird der Händedruck nur unter Männern verwendet. Unter Freunden begrüßt man sich eher mit einer Umarmung. Frauen und Männern, die miteinander befreundet oder verwandt sind, küssen sich auf die Wange, wobei sie eher die Luft „küssen". Männer küssen sich nur, wenn es sich dabei um den Bruder oder den Vater bzw. Großvater handelt. Von Kindern in Großfamilien wird erwartet, dass sie die Erwachsenen zur Begrüßung küssen.

Sprachtipp

In Brasilien sagt man **adeus** nur, wenn der Abschied für immer sein soll oder zumindest für eine sehr lange Zeit. In Portugal ist es wiederum gängig. Statt **olá** benutzen die Brasilianer häufiger **oi**.

2

Hier lernen Sie nun Teresa und António kennen, die Sie durch diesen Kurs begleiten werden. Die beiden lernen sich auf dem Flug von Rio de Janeiro nach Lissabon kennen. Sie stellen sich gegenseitig vor. Hören Sie sich den Dialog an und lesen Sie ihn mit.

Teresa: Bom dia! O meu nome é Teresa de Castro.
António: Muito prazer Dona Teresa. Eu chamo-me António da Silva.
Teresa: Muito prazer. O senhor é brasileiro?
António: Sou sim. A senhora também?
Teresa: Não, não sou. Sou portuguesa.
António: A senhora mora no Brasil?
Teresa: Não, moro em Portugal, em Lisboa.
António: Eu agora também moro em Lisboa.
Teresa: Então, bem-vindo a Portugal.
António: Muito obrigado.

Anrede

Im Portugiesischen wird die Anredeform für die Frau mit dem Vornamen verwendet: **Dona Teresa**. Bei dem Mann nimmt man eher den Nachnamen: **Senhor Silva**. Allgemein duzt man sich schnell.

3

Hören Sie sich den gesamten Dialog noch einmal an und vervollständigen Sie die Angaben zu Teresa und António. Nur eine Antwort ist richtig.

1 02

1. A Teresa ...
   - a) ... é brasileira.
   - b) ... é portuguesa.
   - c) ... chama-se da Silva.
2. O António ...
   - a) ... chama-se da Silva.
   - b) ... é português.
   - c) ... chama-se de Castro.
3. A Teresa ...
   - a) ... mora em Portugal.
   - b) ... mora no Brasil.
   - c) ... mora no Rio de Janeiro.
4. O António ...
   - a) ... mora no Rio de Janeiro.
   - b) ... mora no Brasil.
   - c) ... é brasileiro.
5. O António ...
   - a) ... é bem-vindo ao Brasil.
   - b) ... é bem-vindo a Portugal.
   - c) ... é muito obrigado.

4

Die portugiesischen Sätze auf der linken Seite passen nicht zu den deutschen Übersetzungen auf der rechten Seite. Hören Sie sich die portugiesischen Sätze an und ordnen Sie ihnen die deutsche Entsprechung zu.

1 03

1. Boa noite e até logo.	a) *Aus welchem Land kommst du?*
2. Eu falo espanhol e alemão.	b) *Sie ist Deutsche und er Österreicher.*
3. De que país és?	c) *Sehr erfreut, (Herr) António.*
4. Ela é alemã e ele austríaco.	d) *Ich spreche Spanisch und Deutsch.*
5. Muito prazer, Senhor António.	e) *Gute Nacht und bis später.*

5

De que país és? – *Woher kommst Du?* Lernen Sie die Ländernamen kennen! Hören Sie sich einige davon an. Nach jedem Namen gibt es eine Pause, in der Sie ihn nachsprechen können. Bitte tragen Sie die Namen der Länder in die Lücke ein.

1 04

1. ____________

2. ____________

3. ____________

4. ____________

5. ____________

6. ____________

7. ____________

8. ____________

9. ____________

10. ____________

Bem-vindo!

6

Sie kommen in Portugal mit jemand ins Gespräch und möchten sich auf Portugiesisch vorstellen? Hier sind einige Frage- und Antwortmöglichkeiten, einmal in der Du- und auch in der Sie-Form.

Como te chamas?/Como se chama?	Chamo-me ...
Como é o teu nome?/Como é o seu nome?	O meu nome é ...
De que país és?/De que país é?	Eu sou de ...
Onde é que moras?/Onde é que mora?	Eu moro em ...
Onde é que nasceste?/Onde é que nasceu?	Eu nasci em ...

7

Beantworten Sie die Fragen. Es können mehrere Antworten richtig sein.

1. Wie begrüßt man sich auf Portugiesisch?
   - a) Olá!
   - b) Até logo!
   - c) Boa noite!
   - d) Bom dia!

2. Wie stellt man sich vor?
   - a) Eu sou a Teresa.
   - b) Moro em Lisboa.
   - c) Chamo-me Clara.
   - d) O meu nome é Pedro.

3. Wie fragt man jemanden nach seinem Namen?
   - a) De onde és?
   - b) Onde moras?
   - c) Como te chamas?
   - d) Como se chama o senhor?

4. Wie fragt man nach dem Wohnort?
   - a) Onde é que moras?
   - b) Onde nasceste?
   - c) És de Faro?
   - d) Onde trabalhas?

§4

Der bestimmte Artikel im Singular

Das Portugiesische kennt die bestimmten Artikel **o** für Maskulinum und **a** für Femininum. Die Substantive können also weiblich oder männlich sein. Dies erkennt man oft an der Endung: Substantive auf **-o** sind meist männlich, die auf **-a** meist weiblich. Alle anderen Wörter müssen mit Artikel gelernt werden.

Achtung! Es gibt auch Ausnahmen: **a mão** *die Hand*, **a rádio** *der Rundfunk* **o dia** *der Tag*, **o problema** *das Problem*, ***o clima*** *das Klima* etc.

männlich			weiblich		
- o	**o ano**	*das Jahr*	- a	**a amiga**	*die Freundin*
- or	**o motor**	*der Motor*	- ade	**a nacionalidade**	*die Nationalität*
- á	**o chá**	*der Tee*	- gem	**a garagem**	*die Garage*
- s	**o país**	*das Land*	- ção	**a canção**	*das Lied*
- l	**o sol**	*die Sonne*	- ice	**a maluquice**	*der Unsinn*

8

Welche Wörter sind männlich, welche weiblich? Kreuzen Sie an.

	männlich	weiblich
1. universidade	○	○
2. união	○	○
3. hotel	○	○
4. chá	○	○
5. mulher	○	○
6. lápis	○	○
7. chatice	○	○
8. reportagem	○	○
9. problema	○	○
10. mês	○	○

Die meisten Ländernamen sind weiblich, einige männlich und nur wenige haben keinen Artikel, wie z. B. **Portugal**.

Die Präposition **em** *in* verschmilzt mit dem bestimmten Artikel: **em + o = no** und **em + a = na**.

Städte tragen in der Regel keinen Artikel. Einige Ausnahmen sind Städtenamen, die auf eine Sachbezeichnung zurückgehen, z. B. **o Rio de Janeiro**, denn **rio** bedeutet *Fluss* sowie **o Porto** *Hafen*.

9

Schauen Sie sich die Ländernamen auf Seite 9 noch einmal an und wählen Sie dann die richtige Form aus.

1. O João mora **no/na/em** Brasil e não **no/na/em** Portugal.
2. Eu moro **no/na/em** Espanha, **no/na/em** Madrid.
3. O Sven mora **no/na/em** Suécia ou **no/na/em** Suíça?
4. A Maria já não mora **no/na/em** Berlim, mora **no/na/em** Porto.

Sprachtipp

Der bestimmte Artikel steht im Portugiesischen vor Personennamen: **O António é brasileiro** und vor Titel: **A doutora Marta mora no Brasil**.

Rio de Janeiro, Brasilien

Porto, Portugal

Bem-vindo!

10

Anhand der Ländernamen können Sie die entsprechenden **nacionalidades** *Nationalitäten* bilden.

Für die Bildung der weiblichen Form der Nationalität gilt die männliche Form als Maßstab. Durch Hinzufügen der Endung -**a** bzw. den Wechsel von -**o** zu -**a** am Wortende werden die meistens weiblichen Formen der Substantive gebildet.

o inglês – a inglesa = *der Engländer – die Engländerin*
o brasileiro – a brasileira = *der Brasilianer – die Brasilianerin*
aber **o alemão – a alemã** = *der Deutsche – die Deutsche*

Sprachtipp

Auch die Bezeichnung für die in einer Region, Stadt oder einem Bundesland gebürtige Person wird in Portugal und Brasilien gern verwendet. So spricht man von den **lisboetas** *Lissabonner*, **alentejanos** (aus der Region des Alentejo) und **paulistas** (aus dem Bundesstaat **São Paulo**).

Schreiben Sie die weibliche Form der Nationalitäten in die Lücken.

1. O John é norte-americano e a Jane é norte-________________.
2. O Rui é português e a Mariana é ________________.
3. O Frank é alemão e a Anne é ________________.
4. O Andrej é russo e a Katharina é ________________.
5. O Pablo é colombiano e a Laura é ________________.
6. O José é angolano e a Maria é ________________.
7. O Pierre é francês e a Marie é ________________.

§15 §23

Atenção!/ Beachten Sie!

In Brasilien fällt die zweite Person Singular **tu** fast vollständig aus. Anstelle von **tu** wird **você** verwendet. Hier gibt es nur das formelle **senhor/ senhora** *Sie* oder das informelle **você** *du*. In Portugal ist der Formalitätsgrad bei **senhor/senhora** am höchsten, gefolgt von **você** und schließlich von **tu**.

Das Verb **morar** *wohnen* ist im Portugiesischen regelmäßig. Die Endung auf -**ar** gehört zur so genannten ersten Konjugation. Im Portugiesischen gibt es insgesamt drei Arten von regelmäßigen Konjugationen: Verben mit Endung auf **-ar**, **-er** oder **-ir**.

Die regelmäßigen Verben auf **-ar** haben im Präsens Indikativ immer die gleiche Konjugationsendung:

eu mor**o**	*ich wohne*
tu mor**as**	*du wohnst*
ele, ela, você mor**a**	*er, sie wohnt, Sie wohnen* (Sg.)
nós mor**amos**	*wir wohnen*
vocês mor**am**	*ihr wohnt*
eles, elas mor**am**	*sie wohnen*

Bem-vindo!

Personalpronomen

Singular	Plural
eu – *ich*	**nós** – *wir*
tu – *du*	**vocês** – *ihr*
ele – *er*	**eles** – *sie* (männlich und weiblich)
ela – *sie*	**elas** – *sie* (nur weiblich.)
você – *Sie*	

Die eigentliche 2. Person Plural ist so veraltet, dass sie heutzutage nicht mehr gebraucht wird. Anstelle dessen tritt **vocês** ein. Diese Person wird jedoch wie die 3. Person Plural konjugiert. Die Höflichkeitsform **o(s) senhore(s)**, **a(s) senhora(s)** werden mit der 3. Person Singular bzw. Plural gebildet.

§15

Sprachtipp

Im Portugiesischen lässt man gewöhnlich das Personalpronomen weg, es sei denn, man möchte die Person betonen oder das Weglassen würde zu Missverständnissen führen.

11

§23

In den Sätzen fehlen die richtigen Verbformen. Tragen Sie die Präsensform des jeweiligen Verbs in die Lücke ein. In Klammern steht das Verb im Infinitiv.

1. A Teresa e o António ________________ (falar) português.
2. Eu ________________ (trabalhar) na fábrica.
3. A Maria ________________ (falar) com a amiga ao telefone.
4. Você ________________ (chegar) sempre tarde a casa!
5. Ele ________________ (morar) no sul de Portugal.
6. Eles ________________ (trabalhar) no escritório de manhã.

Das Verb *sein:* ser

eu sou	*ich bin*	nós somos	*wir sind*
tu és	*du bist*	vocês são	*ihr seid*
ele, ela, você é	*er/sie ist/Sie sind* (Sg.)	eles/elas são	*sie sind*

12

Ser ou não ser? – *Sein oder nicht sein?* Tragen Sie die passende Verbform des Verbs **ser** in die Lücken ein.

1. O António ________ brasileiro e nós ________________ portuguesas.
2. Eles ________________ amigos.
3. Os senhores também ________________ italianos?
4. Eu ________________ professora de português.
5. Vocês ________________ estudantes?

Bem-vindo!

13

A entrevista – *Das Interview*

Lars wird von einem Neugierigen in einem Café befragt. Lesen Sie zunächst die Fragen auf der linken Seite. Dann suchen Sie die passende Antwort auf der rechten Seite. Versuchen Sie nun die Fragen auch für sich selbst zu beantworten, sprechen Sie die Antworten laut nach.

Sprachtipp

In der portugiesischen Umgangssprache bildet man Fragen mit einem Fragewort oft mit dem Einschub **é que**. Dieser steht gleich nach dem Fragewort und wird nicht übersetzt. In diesem Fall erfolgt keine Inversion von Subjekt und Verb.

1. Como se chama?	a) Falo dinamarquês, inglês e alemão.
2. Desculpe, como é o seu nome?	b) Sou engenheiro.
3. De onde é que o senhor é?	c) Chamo-me Lars.
4. Qual é a sua nacionalidade?	d) Sou dinamarquês.
5. Onde é que o senhor mora?	e) Sou da Dinamarca.
6. Qual é a sua profissão?	f) Moro em Basileia, na Suíça .
7. Onde é que trabalha?	g) Trabalho na Alemanha, em Constança.
8. Que línguas é que o senhor fala?	h) O meu nome é Lars.

14

§ 18

Atenção!/ Beachten Sie!

Bei der 1. Person Plural fällt das **-s** vor dem Reflexivpronomen weg: **chamamo-nos**.

Die reflexiven Verben

Das regelmäßige Verb **chamar-se** *heißen* ist im Portugiesischen reflexiv. Dies hat zur Folge, dass bei der Verwendung von **chamar-se** ein Reflexivpronomen obligatorisch wird.

Im Singular	**Im Plural**
eu chamo-**me**	nós chamamo~~s~~-**nos**
tu chamas-**te**	vocês chamam-**se**
ele, ela, você chama-**se**	eles, elas, chamam-**se**

Sprachtipp

Im europäischen Portugiesisch steht das Reflexivpronomen in der Frage mit Fragewort **vor** dem Verb und in der Antwort **nach** dem Verb mit einem Bindestrich verbunden. In Brasilien wird das Reflexivpronomen vorzugsweise vor das konjugierte Verb gestellt.

Versuchen Sie nun, diese Sätze auf Portugiesisch zu sagen.

1. Wie heißt du?
2. Wir heißen Teresa und João.
3. Ich heiße Ana.
4. Wie heißen Sie (Pl.)?
5. Heißt du Carlos?

15

1 05

§1

Portugiesische Aussprache und Orthographie – die Konsonanten

Das portugiesische Alphabet hat einige Konsonantenverbindungen, die zusammen einen einzigen Laut bilden: **ch, nh, lh**:

chamar-se *heißen* wie deutsches **sch**
senhor *Herr* wie in *Ko**gn**ak*
mulher *Frau* wie in *Fami**li**e*.

Weiterhin sind **c+e** und **c+i, ç, s, ss**, stimmlos, d.h. sie werden wie das deutsche ***ss*** ausgesprochen:

céu *Himmel*, **cidade** *Stadt*, **a Suíça** *Schweiz*, **francês** *Franzose*, **profissão** *Beruf*.
Ca, co, cu und **que, qui** wird als ***k*** gesprochen:
casa *Haus*, **como** *wie*, **curso** *Kurs*, **quem** *wer*, **quilo** *Kilo*.
Ga, go, gu und **gue, gui** wird als ***g*** gesprochen:
gato *Katze*, **guitarra** *Gitarre*.

Das **h** hat keinen Lautwert.
Der Buchstabe **j** wird wie im Wort ***J**ournal* ausgesprochen: **Rio de Janeiro**.
Das **v** wird immer wie ***w*** gelesen, wie in ***V**ase*.
Der Buchstabe **x** kann auf vier Arten ausgesprochen werden:

peixe *Fisch* wie dt. **sch**
exemplo *Beispiel* wie dt. **s** in *le**s**en*
máximo *maximal* wie dt. **ss** in *la**ss**en*
táxi *Taxi* wie dt. **ks** in *Taxi*.

Das **z** kann im Anlaut oder intervokalisch stimmhaft ausgesprochen werden, wie das deutsche ***s*** in *lesen*, z. B.: **Dezembro** *Dezember*. Im Auslaut wird es wie in *Quat**sch*** ausgesprochen: **dez** *zehn*.

16

1 06

In diesen Wörtern fehlen wichtige Konsonanten bzw. Konsonantengruppen. Hören Sie sich die Wörter auf der CD an und ergänzen Sie die fehlenden Konsonanten. Sprechen Sie dann die Wörter laut vor.

___o___os *(Spiele)*	e___emplo *(Beispiel)*	á___a *(Wasser)*
___inte e um *(21)*	___arne *(Fleisch)*	a___ul *(blau)*
se___or *(Herr)*	___itarra *(Gitarre)*	pei___e *(Fisch)*
___idade *(Stadt)*	___ilo *(Kilo)*	mu___er *(Frau)*
___á *(Tee)*	___em *(wer)*	até ___á *(bis gleich)*

Como está?

1

07 Diese Bilder stellen einige Begriffe dar, die Sie möglicherweise brauchen, wenn Sie **no aeroporto** *am Flughafen* sind. Hören Sie sich die portugiesischen Begriffe an und schreiben Sie das passende Wort unter jedes Bild.

Sprachtipp

Im Portugiesischen werden die Substantive in der Regel klein geschrieben. Eigennamen, Titel, Städte- und Ländernamen werden hingegen groß geschrieben.

a bagagem • o bilhete • o voo • o embarque • a saída • o passaporte • a entrada • o lugar

1. ____________

2. ____________

3. ____________

4. ____________

5. ____________

6. ____________

7. ____________

8. ____________

2

08 Sie steigen ins Flugzeug ein und kommen nach einigen Flugstunden endlich am Ziel Ihrer Reise an. Folgende Sätze werden Sie möglicherweise während Ihrer Reise hören. Sprechen Sie sie nach.

1. O seu passaporte e o seu bilhete, por favor.
2. O seu lugar é logo à entrada.
3. Atenção, este voo é não fumador.
4. Senhores passageiros, o desembarque é em 5 minutos.
5. A saída é logo ali.

3

Ordnen Sie die passende Aussage aus Übung 2 zu.

1. Wie sagt die Flugbegleiterin, dass Sie in 5 Minuten aussteigen können?
2. Wie sagt sie, dass Ihr Platz gleich am Eingang ist?
3. Wie sagt sie, dass es sich um einen Nichtraucherflug handelt?

Como está?

4

António kommt nach 12 Flugstunden in Lissabon an und wird von den neuen Arbeitskollegen Inês und Rui am Flughafen abgeholt. Hören Sie sich den Dialog an. Unterstreichen Sie die Stellen im Text, in denen man jemanden vorstellt und nach dem Befinden fragt.

1 09

Inês: Olá Rui, como vais?
Rui: Mais ou menos. O António não chega.
Inês: Como, não chega?
Rui: Ah, olha! Lá vem ele.
António: Boa tarde, Rui.
Rui: Boa tarde, António. Esta é a Inês.
António: Muito prazer. Como está?
Inês: Estou bem, obrigada.
António: A senhora também trabalha nesta firma?
Inês: Trabalho. Somos colegas.
António: Ah sim? O que é que a senhora faz?
Inês: Eu sou arquitecta.
António: Ah, então trabalhamos juntos?
Inês: Isso mesmo.
Rui: António, eu levo a bagagem!
António: Muito obrigado! Leva só a mala.
Rui: Bom, então vamos!

Das berühmteste Verkehrsmittel in Lissabon sind die **eléctricos**, die traditionellen Straßenbahnen, die durch die schmalen Gassen der Alfama und des Bairro Alto **turistas** und **lisboetas**, von Hügel zu Hügel befördern. Die beliebteste Linie bei den Touristen ist sicherlich die 28.

A boa educação/gute Manieren

Wenn Sie auf Portugiesisch höflich um etwas bitten, sollten Sie den Ausdruck **por favor** *bitte* am Satzanfang gebrauchen. Um sich zu bedanken, nehmen Sie **obrigado/obrigada** *Danke*, darauf antwortet man mit **de nada** oder **não tem de quê** *keine Ursache*.
Die Portugiesen legen sehr viel Wert auf gute Manieren und schätzen es sehr, wenn Touristen sich um eine höfliche Umgangsform bemühen.

5

Welche Reaktion passt hier am besten? Kreuzen Sie die richtige Antwort an.

1. Como vais?
   a) Bem, obrigado. b) E tu? c) De nada.
2. Quem é este senhor?
   a) Este é o senhor António. b) Muito prazer. c) Estou bem, obrigado.
3. Quando é que ele chega?
   a) Sou aqui. b) Eu chego hoje. c) Chega mais logo.
4. Onde estão as malas?
   a) São boas. b) Estão aqui. c) Está essa aqui.
5. O senhor é o novo engenheiro?
   a) Sim, obrigado. b) Sou, sim. c) Muito bom.

Como está?

6

1 09

Certo ou errado? *Richtig oder falsch*? Hören Sie den Dialog von Übung 4 noch einmal. Welche von den untenstehenden Aussagen treffen zu? Lesen Sie die Sätze und kreuzen Sie an.

	certo	errado
1. O novo colega da Inês e do Rui chama-se Luís.		
2. O Rui leva a mala do António.		
3. A Joana é a nova colega do António.		
4. A Inês é médica.		
5. A Inês, o Rui e o António trabalham juntos.		
6. O António chega ao aeroporto de manhã.		

§26

Nach dem Befinden fragen

Um nach dem Befinden einer Person zu fragen, bieten sich im Portugiesischen zwei Möglichkeiten an:

Entweder mit einer Form des Verbs **ir** z. B.: Como vais? = *Wie geht´s dir?* oder mit der entsprechenden Form des Verbs **estar**, z. B.: Como está? = *Wie geht´s Ihnen?*

Tudo bem? = *Alles in Ordnung? Alles klar?* ist eher informell.

Beantwortet werden diese Fragen mit: **Bem, obrigado, -a**.

Sprachtipp

In Brasilien wird meistens die Präposition **para** anstatt **a** verwendet, z. B.: Portugal: Vou **ao** centro. → Brasilien: Vou **para** o centro.

7

Wen begrüßen Sie mit **Como está?**, **Como vais?** oder **Tudo bem?** Ordnen Sie zu.

1. eine Freundin
2. einen Arbeitskollegen
3. Ihren Chef

a) Como está?
b) Como vais?
c) Tudo bem?

8

1 10

Viele portugiesische Wörter existieren als Fremdwörter im Deutschen und auch in anderen Sprachen, so dass es manchmal ganz leicht ist, sie abzuleiten. Welche Verkehrsmittel erkennen Sie sofort? Ordnen Sie zu. Falls Sie Hilfe benötigen, schlagen Sie die Wörter in der Wörterliste nach.

Sprachtipp

In Brasilien heißt *Zug* nicht **comboio**, sondern **trem**. Auch **autocarro** *Bus* ist nicht gebräuchlich, sondern **ônibus** (ähnlich wie das Deutsche Wort: *Omnibus*).

1. o navio
2. o avião
3. o comboio
4. o autocarro
5. a motocicleta
6. a bicicleta
7. o carro
8. o metro

a) *der Zug*
b) *das Fahrrad*
c) *die U-Bahn*
d) *das Motorrad*
e) *der Bus*
f) *das Flugzeug*
g) *das Schiff*
h) *das Auto*

9

Lesen Sie den Text. Sie werden fast alle portugiesischen Wörter verstehen.

Brasilien und Portugal: zwei **continentes**, zwei **nações**, aber viele Gemeinsamkeiten.
Mit der portugiesischen **colonização do Brasil** ab 1500 wurde die portugiesische Kultur und Sprache nach Brasilien gebracht. Bis heute sind die Gemeinsamkeiten zwischen beiden Ländern ersichtlich. In der Tat sind **a língua**, **a cultura**, **a religião** und **as tradições** in beiden Ländern größtenteils gleich oder zumindest ähnlich.

Die zweitgrößte Stadt Portugals, **Porto**, ist ein Handelszentrum, während **Coimbra** als die **cidade universitária** und Studentenstadt gilt. Die portugiesische **capital Lisboa** ist das wirtschaftliche und kulturelle Zentrum des Landes. In Portugal pflegt man zu sagen: „In Braga betet man, in Porto arbeitet man, in Coimbra studiert man und in Lissabon lebt man." Leider war man zum Zeitpunkt der Entstehung dieses Spruchs nicht weiter geografisch vorgedrungen, denn besonders für ihre reizvollen Landschaften berühmt sind die **Algarve** an der Südküste Portugals und die zu Portugal gehörenden Inselgruppen **Madeira** und die **Açores** im Atlantik.

Die früheren **capitais do Brasil**, **Salvador da Bahia** und **Rio de Janeiro**, haben viele Erinnerungen an das koloniale Brasilien in ihrer **arquitectura** bewahrt. Brasilien ist ein traditionelles Einwanderungsland. Die Großstadt **São Paulo** ist nicht nur das finanzielle Zentrum des Landes, sie ist auch eine von Einwanderern aus dem In- und insbesondere aus dem Ausland geprägte Stadt.
Brasilien ist, neben seinem berühmten **carnaval**, vor allem bekannt für die schönen **praias** und für die Amazonas-Regenwälder.

10

Palavras internacionais! – *Internationale Wörter!* Welche Wörter haben Sie verstanden? Welche haben Sie geraten? Falls Sie Hilfe benötigen, können Sie die unbekannten Wörter in der Wörterliste nachschlagen. Wie lauten die folgenden Wörter nun auf Portugiesisch? Schreiben Sie die Übersetzung daneben.

1. Architektur: ____________________
2. Strände: ____________________
3. Hauptstadt: ____________________
4. Universitätsstadt: ____________________
5. Religion: ____________________
6. Sprache: ____________________
7. Traditionen: ____________________
8. Kontinenten: ____________________
9. Kultur: ____________________

Como está?

§8

Pluralbildung

Im Allgemeinen erkennt man den Plural eines Wortes am **-s** am Wortende.

Es sind jedoch einige Besonderheiten zu beachten:

1. Wörter, die mit Vokal enden, bekommen ein -**s** angehängt:
   o médic**o** – os médic**os** = *der Arzt – die Ärzte*
2. Wörter, die auf **-r, -s** oder **-z** enden und auf der letzten Silbe betont werden, bekommen die Endung -**es**:
   o profess**or** – os professor**es** = *der Lehrer – die Lehrer*
   o japon**ês** – os japones**es** = *der Japaner – die Japaner*
3. Wörter, die mit -**l** enden, bekommen meistens die Endung -**is**:
   o espanh**ol** – os espanhó**is** = *der Spanier – die Spanier*
4. Wörter, die mit -**m** enden, bilden den Plural auf -**ns**:
   o fi**m** – os fi**ns** = *das Ende – die Enden*
5. Wörter mit der Nasalendung -**ão** bilden den Plural meist auf -**ões**, sie können auch die Pluralformen auf -**ães** oder -**ãos** haben:
   o avi**ão** – os avi**ões** = *das Flugzeug – die Flugzeuge*
   o alem**ão** – alem**ães** = *der Deutsche – die Deutschen*
   a m**ão** **–** as m**ãos** = *die Hand – die Hände*

11

Ordnen Sie die Singularform den richtigen Pluralendungen zu und tragen Sie dann die richtige Form in die Lücke ein.

1. o passaporte – ____________________	a) – ões
2. a profissão – ____________________	b) – is
3. original – ____________________	c) – s
4. bom – ____________________	d) – es
5. o compositor – ____________________	e) – ns
6. o irmão – ____________________	f) – ães
7. o pão – ____________________	g) – ãos

Das Verb ir

Da es im Portugiesischen das Verb *fahren* nicht gibt, wird bei einer Fortbewegung mit einem Verkehrsmittel das Verb **ir** + **de** + Verkehrsmittel gebraucht.

Eu vou de autocarro. = *Ich fahre mit dem Bus.*
Nós vamos de avião. = *Wir fliegen (mit dem Flugzeug).*
Eles vão de navio. = *Sie fahren mit dem Schiff.*
ABER: **Tu vais <u>a</u> pé?** = *Gehst du zu Fuß?*

Como está?

12

Vervollständigen Sie die Sätze, indem Sie die fehlenden Satzelemente (eine Form von **ir** oder die richtige Präposition) in die entsprechenden Lücken schreiben. Hören Sie sich anschließend die Sätze an.

1 *11*

1. A Teresa ________ de motocicleta para casa.
2. Eu vou ________ bicicleta ao centro da cidade.
3. Vamos de comboio ______ Lisboa?
4. Eles ______ de autocarro para o Algarve.
5. Vamos de avião ______ Brasil.
6. Tu vais ______ navio à Madeira.
7. Nós vamos ______ pé para o trabalho.

Sprachtipp

Mit **ir** gibt man auch die Richtung an, wohin man geht/fährt. Deshalb wird **ir** mit dem Fragepronomen **aonde** *wohin* gebraucht. Bei der Antwort steht dann die Präposition **a**: **ir a**. Treffen die Präposition **a** und der unbestimmte Artikel **o** bzw. **a** aufeinander, so werden diese zusammengezogen:
a + o = ao **a + a = à**

Typisch Portugiesisch!

Die Verben **ser** und **estar** werden im Deutschen beide mit *sein* übersetzt. Im Portugiesischen ist jedoch die Unterscheidung zwischen **ser** und **estar** sehr wichtig, denn je nach Verwendung kann die Aussage eine ganz andere Bedeutung bekommen.

ser beschreibt wesentliche Eigenschaften und Zustände, die von Natur aus immer so sind: Beruf, Nationalität, Größe, Charakterzüge, Geschlecht, Religion, Herkunft, unveränderliche Ortsangaben usw.

Eu sou português, sou de Lisboa e sou engenheiro.

Ich bin Portugiese (Nationalität), *ich bin aus Lissabon* (Herkunft) *und ich bin Ingenieur* (Beruf).

estar beschreibt im Wesentlichen vorübergehende Eigenschaften und Zustände und dient als Ortsangabe von Personen und als momentane Lokalisierung von Dingen, im Sinne von *sich befinden*.

Eu estou na Alemanha e estou muito contente com o meu trabalho.

Ich bin in Deutschland (momentane Ortsangabe) *und ich bin sehr zufrieden mit meiner Arbeit* (augenblicklicher Zustand).

§25

13

Ser oder **estar**? Streichen Sie das falsche Verb durch.

1. Onde estão/são os bilhetes de avião?
2. Você está/é no avião? – Não, estou/sou no comboio.
3. Nós estamos/somos de Londres.
4. Como está/é o clima em Portugal?

Sprachtipp

Der Unterschied zwischen **ser** und **estar** wird an folgenden Situationen verdeutlicht: **O meu carro é novo.** *Mein Auto ist neu.* (Tatsache) **O meu carro está novo.** *Mein Auto ist wie neu.* (Zustand)

Como está?

Sprachtipp

Sprechen Sie die portugiesischen Nasale, indem Sie ein **g** am Ende des Nasals dazu „denken" aber nicht aussprechen.

Nasale

Das Portugiesische hat viele Nasale. Nasale sind Vokale, die ein wenig durch die Nase gesprochen werden. Nasal ausgesprochen werden im Portugiesischen alle Vokale (a, e, i, o, u), wenn danach ein **n** oder **m** folgt, das Teil der gleichen Silbe ist. Dabei wird nur der Vokal nasal ausgesprochen, das nachfolgende **n** oder **m** hört man nicht mehr. Die Laute **ã** und **õ** werden ebenfalls nasal ausgesprochen. Hier erkennt man die Nasale an der Tilde.

14

1 12

Hören Sie sich zunächst die Wörter an und achten Sie auf die hervorgehobenen Laute. Hören Sie anschließend die Sätze und sprechen Sie sie ebenfalls nach.

1. bo**m**
2. Co**im**bra
3. **en**trada
4. as informaç**õe**s
5. Os **en**genheiros est**ão** aqui.
6. Qual é a sua profiss**ão**?
7. O jornalista trabalha na televis**ão**.
8. Os avi**õe**s v**ão** para o Brasil.

15

1 13

Qual é a sua profissão? *Was sind Sie von Beruf?* Hören Sie sich die Sätze an und unterstreichen Sie die Berufsbezeichnungen. Sprechen Sie die Sätze nach.

1. Ela é secretária.
2. O senhor é professor?
3. Ele é médico.
4. Eles são jornalistas.
5. Tu és mulher a dias.
6. Você é empregado de mesa.
7. Nós somos engenheiros.
8. Eu sou taxista.

16

Sprachtipp

Es gibt einige Berufsbezeichnungen, die zwar auf **-a** enden, deren Geschlecht jedoch nur durch den Artikel bestimmt werden kann, z. B. **o jornalista – a jornalista**, **o dentista – a dentista**. Gleiches gilt auch für Berufe auf **-e**: **o estudante – a estudante** *Student, -in*, **o comerciante – a comerciante** *Händler, -in*.

Schreiben Sie die passende portugiesische Berufsbezeichnung unter jedes Bild.

1. ____________

2. ____________

3. ____________

4. ____________

5. ____________

6. ____________

7. ____________

8. ____________

17

In jedem Satz fehlt der **local de trabalho,** *der Arbeitsplatz*. Vervollständigen Sie die Sätze, indem Sie zu den Arbeitsplätzen rechts den richtigen Beruf links zuordnen. Hören Sie den ganzen Satz und sprechen Sie nach.

1 14

1. O empregado de mesa trabalha no ______________	hospital.
2. A médica vai de carro para o ______________	escola.
3. O professor ensina na ______________	restaurante.
4. O jornalista fala na ______________	televisão.
5. A mulher a dias limpa ______________	escritório.
6. A secretária está no ______________	em casa da família Costa.

Sprachtipp

Eine **mulher a dias** *Putzfrau* arbeitet in Portugal und Brasilien im Gegensatz zur *Putzfrau* in Deutschland nur in privaten Haushalten.

18

Überlegen Sie, welche Berufe Ihre Bekannten und Freunde haben. Schreiben oder erzählen Sie dies auf Portugiesisch. Schlagen Sie in einem Wörterbuch nach, falls Ihnen die richtige Bezeichnung fehlt. Und was sind Sie von Beruf?

Eu sou ...

Betonung und Akzente

Im Portugiesischen wird ein Wort in der Regel auf der vorletzten Silbe betont.

Wörter, deren Betonung von dieser Regel abweicht, bekommen ein Akzentzeichen, das die Betonung markiert, entweder einen **(´) agudo** oder einen **(^) circunflexo**, z. B. **ár**vore = *Baum* und av**ô** = *Großvater*.

Die Tilde, **o til (~)** ist ebenfalls ein Akzent, der nur auf die Vokale **a** oder **o** fällt und diesen die nasale Aussprache verleiht. Alle Wörter mit den Nasalen **-ão**, **-ãos**, **-ões**, **-ães** sind auf dieser Silbe betont.

Achtung! Wörter, die auf **-i**, **-u**, **-l**, **-r** und **-z** enden und auf keiner anderen Silbe einen Akzent haben, sind endungsbetont, z. B. java**li** = *Wildschwein*, ta**bu** = *Tabu*, hot**el** = *Hotel*, fal**ar** = *sprechen*, rap**az** = *Junge*.

19

Wie werden diese Wörter betont? Unterstreichen Sie die betonte Silbe. Falls nötig setzen Sie einen Akzent. Versuchen Sie dann die Wörter korrekt auszusprechen.

1 15

1. a saida	2. o aviao	3. tambem
4. muito prazer	5. secretaria	6. taxi
7. cafe	8. agua	9. profissao

Que horas são?

1

Hören Sie sich die Zahlen an, bis Sie sie auswendig können. Üben Sie die Aussprache, indem Sie die Zahlen laut nachsprechen. Schreiben Sie dann die Zahlen in die richtige Reihenfolge.

três • um • cinco • dois • nove • seis • quatro • dez • sete • oito

1 ______	2 ______
3 ______	4 ______
5 ______	6 ______
7 ______	8 ______
9 ______	10 ______

Um/uma

Die Zahlen **eins** und **zwei** haben im Portugiesischen eine männliche und eine weibliche Form und richten sich darin nach dem Substantiv, auf das sie sich beziehen: **um senhor – uma senhora** = *ein Herr – eine Dame*, **dois amigos – duas casas** = *zwei Freunde – zwei Häuser.*

Sprachtipp

Um Missverständnisse zu vermeiden, können Sie bei der Angabe von Uhrzeit noch folgende Begriffe hinzufügen: **da manhã** *vormittags*, **da tarde** *nachmittags*, **da noite** *abends/nachts*.

Que horas são?

Die Frage **Que horas são?** *Wie viel Uhr ist es?* beantwortet man im Portugiesischen mit **É uma (hora)** *Es ist ein Uhr.* und **São duas (horas)** *Es ist zwei Uhr.*

Das Verb steht also bei allen Uhrzeiten, in der 3. Person Plural → **São duas (horas)** außer bei ein Uhr (1. Person Singular) → **É uma (hora)**.

Dabei kann das Wort **hora** bzw. **horas** weggelassen werden.

Die Uhrzeiten können so gelesen werden:

4:15 **quatro (horas) e quinze (minutos)** oder **quatro e um quarto**
13:45 **treze e quarenta e cinco** oder **duas menos um quarto** oder **um quarto para as duas**

2

Hören Sie folgende Sätze und sprechen Sie sie nach. Unterstreichen Sie die Uhrzeiten im Text.

1. Que horas são? É uma hora.
2. Que horas são? São cinco horas.
3. Ela chega às nove horas em ponto.
4. São três e um quarto.
5. São seis e meia da manhã.
6. São onze menos cinco.
7. O comboio sai às duas da tarde.
8. O almoço é ao meio-dia.
9. A que horas é o filme? Às oito e um quarto da noite.
10. À meia-noite eles dormem.

Que horas são?

3

Hören Sie sich die Sätze aus Übung 2 noch einmal an und schreiben Sie die Uhrzeiten unter die jeweiligen Bilder. 17

1. ____________ 2. ____________ 3. ____________ 4. ____________ 5. ____________

6. ____________ 7. ____________ 8. ____________ 9. ____________ 10. ____________

4

Teresa ruft António an. Sie fragt, ob er gern ins Kino geht. Die beiden verabreden sich, aber António kennt sich in der Stadt nicht aus. Teresa erklärt ihm, wo er hinkommen soll. Hören Sie sich den Dialog an. 18

António: Estou!
Teresa: Está lá? É o António?
António: Sim. Quem fala?
Teresa: Aqui é a Teresa. Como vais?
António: Bem, obrigado. E tu?
Teresa: Bem, obrigada. Tens alguma coisa para fazer hoje à noite?
António: Não, não tenho. Porquê?
Teresa: Porque hoje vai passar um filme muito bom no cinema. Tu gostas de cinema, não é verdade?
António: Gosto sim. A que horas começa o filme?
Teresa: Às vinte horas em ponto. Encontramo-nos no Chiado, está bem?
António: Mas, como é que se vai para lá?
Teresa: É fácil. Segue em frente até ao próximo semáforo, vira à direita e no cruzamento dobra no primeiro quarteirão à esquerda. Ali entras no largo do Chiado.
António: Está bem, não é difícil. Podemo-nos encontrar às sete horas para tomar algo juntos?
Teresa: Com prazer. Então às sete horas em frente do cinema. Até logo.
António: Adeus, até logo.

Die Kunst des Telefonierens

Es ist in Portugal unüblich sich mit dem Namen zu melden. Stattdessen sagt die Person, die anruft: **Estou!** und die Person, die angerufen wird: **Está lá**? In Brasilien sagt man stattdessen: **Alô!**

Que horas são?

5

1 19

Sehen Sie sich die Bilder an und hören Sie die Begriffe und Wegbeschreibungen. Ordnen Sie dann die Begriffe und Sätze den entsprechenden Bildern zu.

1. Vai em frente.
2. No cruzamento.
3. À esquerda.
4. À direita.
5. a rua
6. Atravessa a ponte.
7. Em frente do cinema.
8. o semáforo

6

§13

Die Zahlen eins bis zehn kennen Sie bereits. Im Grammatikanhang finden Sie weitere Zahlen. Versuchen Sie nun folgende Rechenaufgaben zu lösen.

1. trinta e dois + quarenta e sete − vinte e quatro = ______________
2. vinte + setenta e sete + um = ______________
3. oitenta e nove − cinquenta e dois + catorze = ______________
4. sessenta e seis + trinta e um + três = ______________
5. dezassete + dezasseis + onze = ______________

7

1 20

Hören Sie sich die Sätze an und tragen Sie dann die entsprechende Form des Verbs **ter** *haben* in die Lücken ein.

§26

Nach dem Alter fragen

Im Portugiesischen erkundigt man sich nach dem Alter mit dem Verb **ter**. Die Idee ist: *Wie viele Jahre haben Sie (gelebt; gesammelt)?* **Quantos anos tens? Tenho ... anos (de idade)** = *Wie alt bist du? Ich bin ... (Jahre alt).*

ter/haben

Das Verb **ter** ist unregelmäßig und Sie müssen seine Konjugation auswendig lernen. Das Paragraphen-Symbol zeigt Ihnen wo Sie die Konjugation finden können.

tem • temos • tens • têm • tenho

1. Eu __________ 25 anos de idade.
2. (Tu) __________ tempo para ir hoje ao cinema?
3. A Sofia __________ um carro novo.
4. Nós __________ muita sorte.
5. Eles __________ um encontro às cinco e trinta da tarde.
6. Portugal e o Brasil __________ muitas semelhanças.

Que horas são?

Regelmäßige Verben auf -er

Die regelmäßigen Verben auf -**er** haben im Präsens Indikativ immer die gleiche Konjugationsendung, wie z. B. **viver** *(leben)*

eu viv**o**	*ich lebe*	nós viv**emos**	*wir leben*
tu viv**es**	*du lebst*	vocês viv**em**	*ihr lebt*
ele, ela, você viv**e**	*er, sie lebt, Sie leben* (Sg.)	eles, elas viv**em**	*sie leben*

Vervollständigen Sie die Sätze:

1. Eu ____________________ no Porto.
2. Onde ____________________ os amigos da Ana?
3. O senhor também ____________________ no Algarve?

Sprachtipp

Das Verb *müssen* wird im Portugiesischen mit dem Verb **ter + de** oder **ter + que** umschrieben. **Eu tenho de visitar Portugal!** = *Ich muss Portugal besuchen!* **Nós temos que falar com o António.** = *Wir müssen mit António sprechen.*

8

Sie haben im Dialog auf Seite 25 das regelmäßige Verb **gostar** kennen gelernt. Mit **gostar** kann man ausdrücken, dass jemandem etwas schmeckt oder gefällt. Ordnen Sie die deutschen Sätze auf der rechten Seite den portugiesischen Sätzen links zu.

1. Gosto muito da cozinha portuguesa. ○ a) *Sie gehen gerne ins Kino.*
2. Eles gostam de ir ao cinema. ○ b) *Teresa mag brasilianische Musik.*
3. Gostamos muito de fado. ○ c) *Ich mag die portugiesische Küche sehr.*
4. Tu não gostas de viajar de avião? ○ d) *Wir mögen Fado sehr.*
5. A Teresa gosta de música brasileira. ○ e) *Reist Du nicht gerne mit dem Flugzeug?*

Sprachtipp

Wenn wir sagen, was wir mögen, ist nach dem Verb **gostar** die Präposition **de** immer dabei. Sie verschmilzt bei Bedarf mit dem bestimmten Artikel: **de+ o = do** und **de + a = da**

9

Schauen Sie sich den Dialog zwischen Teresa und António noch einmal an. Sie sehen hier Sätze, die so oder in ähnlicher Form im Dialog vorkamen. Vervollständigen Sie die Sätze mit den passenden Wörtern.

muito bom • hoje à noite • a que horas • lá • em frente do

1. Tens tempo ____________________?
2. Porque vai passar um filme ____________________ no cinema.
3. ____________________ começa o filme?
4. Como é que se vai para ____________________?
5. Então às sete horas ____________________ cinema.

Que horas são?

10

Bem-vindo a Lisboa! *Willkommen in Lissabon!* Hier sind einige Sehenswürdigkeiten von Lissabon. Ordnen Sie die Sätze den Bildern zu und übersetzen Sie sie.

Kulturtipp

Camões lebte im 16. Jahrhundert und ist einer der berühmtesten Dichter Portugals. Er schrieb das Epos **Os Lusíadas** *Die Lusiaden*, in dem vor allem die Entdeckung des Seeweges nach Indien durch Vasco da Gama und die portugiesischen Heldentaten besungen werden.

1. A Torre de Belém fica no cruzamento à esquerda.

____

2. A Praça do Comércio é no fim da avenida.

____

3. No meio da praça está a estátua de Camões.

____

4. O castelo de São Jorge fica no alto da colina.

____

5. Na Baixa, à direita, fica o elevador de Santa Justa.

____

6. Em frente fica o café Nicola.

____

Sprachtipp

Bei einer unveränderlichen Ortsangabe wird im Portugiesischen anstelle des Verbs **ser** *sein* auch häufig **ficar** (im Sinne von: *sich befinden*) gebraucht.

11

1 21

Hören Sie sich die Sätze mehrmals an und lesen Sie mit. Sie enthalten Aussagen in der Zukunft. Finden Sie heraus, wie das Futur ausgedrückt wird.

1. Hoje à noite vai passar um filme muito bom na televisão.
2. A Teresa e o António vão encontrar-se no cinema.
3. Amanhã de manhã vou telefonar para o escritório.
4. Vamos chegar à Alemanha em dois dias.

Die nahe Zukunft

§26

Die nahe Zukunft ersetzt in der Alltagsprache weitestgehend das Futur. Sie wird gebildet mit einer konjugierten Form des Hilfsverbs **ir** *gehen* und dem Infinitiv des Hauptverbs. Beide Verben, **ir** und der Infinitiv des folgenden Verbs, stehen im Satz nebeneinander.

Eu vou falar com a secretária. = *Ich werde mit der Sekretärin sprechen.*

12

Was werden diese Personen am Wochenende machen? Verwenden Sie die nahe Zukunft.

falar • chegar • viajar • tomar • começar

1. A Teresa ______________________ para Espanha.
2. O António e o Rui ______________________ um café no Nicola.
3. O filme ______________________ às nove horas.
4. A Inês ______________________ de Paris.
5. Nós ______________________ com o chefe.

Die Übereinstimmung von Adjektiv und Substantiv

§10

Die meisten Adjektive werden an das Substantiv nach Genus (Geschlecht: Mask./Fem.) und Numerus (Zahl: Sg./Pl.) angepasst, z. B.

os prédi**os** nov**os** *die neuen Gebäude*, **as** cas**as** nov**as** *die neuen Häuser*

Einige Adjektive, die auf **-e**, **-a** oder einen Konsonant (**-r**, **-s**, **-m**, **-l**, **-z**, etc.) enden, haben für männlich und weiblich nur eine Form:

um país/uma cidade grande *ein großes Land/eine große Stadt*

Die Pluralbildung der Adjektive entspricht der Pluralbildung der Substantive (Seite 20), z. B.: **um** hot**el** favoráv**el** *ein günstiges Hotel* → u**ns** hot**éis** favorá**veis** *einige günstige Hotels*

13

Schreiben Sie die passende Form des Adjektivs in die Lücke.

1. O António é muito ______________________. — optimista
2. O cinema é bastante ______________________. — grande
3. Eu sou uma pessoa ______________________. — simples
4. As casas são ______________________. — bonito
5. O comboio é ______________________. — pontual
6. Os filmes são ______________________. — interessante

Lerntipp

Lernen Sie Adjektive immer in Paaren. Schreiben Sie immer das Gegenteil eines Adjektivs dazu, z. B. **difícil** – **fácil** *schwer – einfach*, **simples – complicado** *einfach – kompliziert*, **velho – jovem/novo** *alt – jung/neu*.

Que horas são?

14

1 22

Teresa zeigt António einige Plätze in der Altstadt von Lissabon. Die unterstrichenen Wörter sind Adjektive, die bei einer Beschreibung helfen können. Hören Sie was beide über die Stadt und die Menschen sagen. Hören Sie sich den Dialog mehrmals an und sprechen Sie nach.

Teresa: Esta é a rua mais bonita de Lisboa.
António: Pôxa, as casas são antigas!
Teresa: Olha, a ponte ali é tão pequena.
António: E o prédio lá adiante, que grande!
Teresa: Aqui as ruas são estreitas.
António: E os prédios são bastante altos.
Teresa: E os lisboetas? Estranhos?
António: Acho as pessoas daqui simpáticas e Lisboa é uma cidade muito interessante. Gosto da cidade.

Sprachtipp

Die Steigerung der Adjektive ist sehr einfach. Abgesehen von einigen Ausnahmen muss man nur das Wort **mais** *mehr, plus* vor das Adjektiv stellen, z. B.: **A casa é bonita**. *Das Haus ist schön*. **Esta casa é mais bonita**. *Dieses Haus ist schöner*.

O Chiado/ein pulsierendes Viertel in Lissabon

Wenn Sie in der Altstadt sind, lohnt es sich auf jeden Fall einen Abstecher in den Stadtteil **Chiado** zu machen. Dort können Sie **bica** *Espresso* im historischen **A Brasileira** trinken und dabei die aus Bronze gegossene Statue von **Fernando Pessoa** bewundern.
Eine originelle Art dorthin zu gelangen, ist mit dem ebenfalls sehenswerten **elevador de Santa Justa** *Aufzug von Santa Justa*, ein aus Eisen geschmiedeter Aufzug, der die Verbindung des Stadtteils **Baixa** mit dem Viertel **Chiado** schafft.

15

Wie würden Sie Ihre Stadt beschreiben? Bilden Sie sinnvolle Kombinationen. Achten Sie darauf, die Endungen der Adjektive anzugleichen.

a minha cidade tem	→	poucos	→	casas	→	bonitos
		poucas		prédios		interessantes
		muitos		museus		grandes
		muitas		ruas		modernas
				parques		antigas
				pessoas		fantásticas
				praças		simpáticas

Que horas são?

16

Frage- und Aussagesätze im Portugiesischen unterscheiden sich nicht in der Wortstellung. Die Betonung am Ende des Satzes ist jedoch entscheidend. Bei einer Frage geht die Stimme nach oben, während bei einem Aussagesatz die Stimmlage nach unten geht.

Ele é médico. *Er ist Arzt.* **Ele é médico?** *Ist er Arzt?*

1 23

Hören Sie sich die Sätze an. Ist das jeweils eine Frage oder eine Antwort? Kreuzen Sie an.

1 24

§ 28

	Punkt	Fragezeichen
1. Nós gostamos de filmes românticos	○	○
2. Vocês vão chegar hoje	○	○
3. A ponte é antiga	○	○
4. O prédio fica na esquina	○	○
5. Ele gosta de cidades pequenas	○	○
6. Viro à direita	○	○

17

Lesen Sie zuerst die Antworten auf die Fragen und wählen Sie dann das passende Fragepronomen aus. Hören Sie sich die vollständigen Minidialoge anschließend an. Jetzt können Sie die Sätze auch nachsprechen.

1 25

§ 21

1. Quando | Quanto | Como nos encontramos então?
   Amanhã às 10:30.
2. Como | Quando | Aonde se vai para o castelo?
   Segue em frente e depois vira à esquerda.
3. Quem | O que | Porque vai também tomar café?
   O João e a Ana vão também.
4. Quantos | Como | Quando anos tens?
   Tenho quase 30 anos.
5. Que | O que | Quando horas são?
   São duas e meia.
6. Onde | Aonde | Como é o cinema?
   É no largo do Chiado.
7. Quem | Quando | Porque fala?
   Aqui é a Teresa.

Lerntipp

Machen Sie eine Liste mit den Fragepronomen. Sie sind wichtig! Schreiben Sie dann neben jedem Fragewort eine mögliche Antwort. So können Sie sich den Gebrauch besser einprägen und die richtige Präposition dazu lernen.

Qual é o teu passatempo preferido?

1

1 26

In jedem Satz fehlt der **dia da semana**, *der Wochentag*. Hören Sie sich zunächst die Sätze an. Vervollständigen Sie sie anschließend, indem Sie den passenden Wochentag zuordnen. Sprechen Sie dann die Sätze nach.

Sprachtipp

In der Umgangssprache entfällt oft der Zusatz **feira**, so dass aus **segunda-feira** *Montag*, **terça-feira** *Dienstag*, etc. einfach **segunda**, **terça**, etc. wird.

1. O primeiro dia da semana é o ...	a) segunda-feira
2. Hoje é ...	b) sexta-feira
3. Amanhã vai ser ...	c) sábado
4. Depois de amanhã vai ser ...	d) terça-feira
5. O quinto dia é a ...	e) domingo
6. O sexto dia é a ...	f) quinta-feira
7. O fim-de-semana começa no ...	g) quarta-feira

2

1 27

Qual é o seu passatempo preferido? *Was ist Ihre Lieblings- Freizeitbeschäftigung?* Sehen Sie sich die Bilder an und hören Sie, was man in der Freizeit machen kann. Lesen Sie mit.

Sprachtipp

Im Portugiesischen sind die Wochentage *Montag* bis *Freitag* im Grunde Ordnungszahlen. Sie beginnen mit dem zweiten Tag, **segunda-feira** *Montag*, weil der Sonntag nach biblischer Tradition der erste Tag ist.

1. tocar viola

2. ouvir música

3. navegar na internet

4. ir à praia

5. ver televisão

6. passear

7. ler um livro

8. dançar

Kleinigkeiten, die den portugiesichen Gaumen erfreuen: Uma bica e um pastel de nata, se faz favor!

Die Portugiesen trinken ihren Kaffee nie zu Hause. Warum auch, wenn es doch unzählige **cafés** *Cafés*, **pastelarias** *Konditoreien* und **bares** *Kneipen* gibt? Dort treffen sich Freunde, Hausfrauen und Kollegen bei **galão** *Milchkaffee*, **bica** *Espresso* oder **carioca** *schwachem Espresso.* Dazu gibt es **pastel de nata** *Vanilletörtchen aus Blätterteig* oder herzhafte **pastel de bacalhau** *Stockfischpastetchen.* **Ir tomar bica** *Kaffee trinken gehen* ist für Portugiesen ein Ritual, worauf sie nur schwerlich verzichten möchten.

Qual é o teu passatempo preferido?

3

Sie sehen einige **tipos de desporto** *Sportarten*, die Sie in Ihrer Freizeit möglicherweise auch tun oder gern tun würden. Hören Sie, welche Sportarten die Menschen in ihrer Freizeit treiben. Die Bilder helfen Ihnen, die Bedeutung der Sätze zu verstehen.

1 28

Welches Bild passt zu welchem Satz? Tragen Sie den dazugehörigen Buchstaben ein.

1. No domingo vamos andar a pé nas montanhas.
2. Tu jogas xadrez às sextas-feiras.
3. Eles jogam sempre capoeira.
4. Nós corremos no parque.
5. Ele faz vela aos fins-de-semana.
6. Vocês esquiam todo o ano.
7. Ele anda de bicicleta.
8. Ela nada na segunda-feira.

Kultur

Capoeira ist eine typisch brasilianische Sportart, die ihren Ursprung in der Geschichte der schwarzafrikanischen Sklaven in Brasilien hat. Sie benutzten diese Mischung aus Kampf- und Tanzbewegungen als Verteidigungsart für den Fall, dass sie bei der Flucht ergriffen wurden und, um eine erneuerte Festnahme zu verhindern.

4

Teresa und António sitzen am Sonntag im Café und unterhalten sich über ihre liebsten Freizeitbeschäftigungen. Hören Sie und lesen Sie anschließend laut vor.

1 29

Teresa: Amanhã gostava de ir fazer ginástica, mas não posso. Não tenho tempo.
António: Eu não gosto de ir ao ginásio. Por isso corro às vezes no parque.
Teresa: Não gosto de correr, mas quero fazer desporto durante a semana.
António: Podes nadar na piscina do clube.
Teresa: Boa ideia! Há lá uma piscina?
António: Há sim. Também há muitos campos de jogos.
Teresa: E que tipo de desporto fazes?
António: Às sextas-feiras jogo futebol e também aprendo capoeira.
Teresa: És mesmo activo! Eu não faço quase nada, mas gosto de sair.
António: Ao fim-de-semana gosto de sair para dançar. Que tal ir a uma discoteca no sábado?
Teresa: Não vai ser possível. Eu não sei dançar.
António: Pois vais aprender. Vamos a uma discoteca!
Teresa: Está bem! Assim vais-te divertir muito.

Sprachtipp

Die Verbform **há** *es gibt* vom Hilfsverb **haver** *haben* verwendet man genauso wie im Deutschen sowohl im Singular als auch im Plural, z. B.: **Há um clube aqui.** = *Es gibt einen Club hier.*
Há lá muitos campos de jogos. = *Es gibt viele Sportplätze dort.*

Qual é o teu passatempo preferido?

5

1 29

António ou Teresa? Hören Sie den Dialog von Übung 4 noch einmal. Was trifft auf António und was trifft auf Teresa zu? Lesen Sie die Fragen und kreuzen Sie die passende Person an.

	António	Teresa
1. Quem gostava de ir ao ginásio mas não tem tempo?		
2. Quem corre às vezes no parque?		
3. Quem pode nadar na piscina do clube?		
4. Quem faz pouco desporto?		
5. Quem gosta de jogar futebol e aprender capoeira?		
6. Quem gosta de ir à discoteca?		
7. Quem não sabe dançar?		
8. Quem se vai divertir muito na discoteca?		

6

1 30

§26

Im Dialog haben Sie die Verben **querer** *wollen* und **aprender** *lernen* kennen gelernt. Wie werden sie konjugiert? Ordnen Sie die Verbformen den richtigen Sätzen zu und hören Sie anschließend die vollständigen Sätze.

1. Tu ____________ capoeira.	a) queremos
2. Ela ____________ a dançar.	b) aprendes
3. A Teresa ____________ uma bicicleta nova.	c) querem
4. Nós ____________ andar a pé nas montanhas.	d) quero
5. Eles ____________ português juntos.	e) aprende
6. Eu ____________ ver televisão no domingo.	f) aprendem
7. Vocês ____________ sair à noite.	g) quer

Sprachtipp

Die Verben **poder** und **saber** sind in der 1. Person Singular unregelmäßig: **posso**, **sei**. Die restlichen Formen werden nach der regelmäßigen **er**-Konjugation gebildet.

Die Verben **poder** *können, dürfen* und **saber** *können, wissen* sind Modalverben, die unterschiedlich gebraucht werden.

Poder drückt eine Möglichkeit aus, die von äußeren Umständen abhängt oder eine Erlaubnis zum Ausdruck bringt:

Em Portugal podemos esquiar na Serra da Estrela = *In Portugal können wir in Serra da Estrela Ski fahren.* (Weil es dort Schnee gibt.)

Saber drückt hingegen eine erlernte Fähigkeit aus.

Muitos portugueses não sabem esquiar = *Viele Portugiesen können nicht Ski fahren.* (Weil sie es nie gelernt haben.)

Qual é o teu passatempo preferido?

7

Unterstreichen Sie die richtige Verbform.

1. Ele não (pode/sabe/sei) andar de bicicleta na auto-estrada.
2. Eu só (sei/podemos/posso) ir à discoteca no sábado.
3. Eles não (sabem/sabemos/podem) falar espanhol.
4. O António e a Teresa (podemos/sabe/podem) fazer vela no fim-de-semana.
5. O António (pode/sabe/sei) jogar capoeira.
6. A Teresa não (posso/pode/sabe) ir hoje ao ginásio.
7. Eu não (sei/sabes/pode) dançar samba.
8. Nós (podemos/podem/sabem) ir ao clube juntos.

8

Welche Aussage passt am besten zu jedem Bild?

- a) Nas férias o Zé e o Manuel jogam sempre ténis.
- b) Nós saímos à noite com amigos.
- c) Eles passeiam aos domingos no parque.

- a) A Joana faz ginástica com amigas.
- b) Nos tempos livres gosto de ver televisão.
- c) Eles fazem muito desporto.

- a) Nós comemos muitas vezes no restaurante.
- b) Eles esquiam todo o ano.
- c) Gosto muito de navegar na internet.

- a) Eles querem aprender a dançar.
- b) O Rui sabe jogar muito bem futebol.
- c) A Ana e a Carolina nunca correm no parque.

9

Was unternehmen die Portugiesen in ihrer Freizeit am liebsten? Lesen Sie den Text und kreuzen Sie an, ob es sich um eine *richtige* **certo** oder um eine *falsche* **errado** Aussage handelt.

Um dos passatempos preferidos dos portugueses é ir à praia. Sempre que possível, nas férias e nos fins-de-semana, muitos portugueses viajam até à costa para nadar e tomar um banho de sol. Também gostam muito de estar com a família ou com amigos. Vão frequentemente a um restaurante ou a uma pastelaria para passar uns momentos agradáveis com eles. Por isso os bares e os restaurantes estão sempre cheios. A maioria dos portugueses gosta muito de ver televisão, sobretudo telenovelas brasileiras. O desporto mais popular é o futebol. Quando uma equipa portuguesa joga contra outra equipa todos acompanham os jogos com muito entusiasmo.

	certo	errado
1. Die Portugiesen gehen nur selten an den Strand.		
2. Die Portugiesen sind begeisterte Fußballfans.		
3. Nur die Brasilianer schauen Telenovelas an.		

Qual é o teu passatempo preferido?

§ 23

Die Konjugation der regelmäßigen Verben auf **-ar** und **-er** kennen Sie bereits. Die dritte Konjugation ist die **-ir** Konjugation.

Die regelmäßigen Verben auf **-ir** haben im Präsens Indikativ immer die gleiche Konjugationsendung:

Singular		**Plural**	
eu abr**o**	*ich öffne*	nós abr**imos**	*wir öffnen*
tu abr**es**	*du öffnest*	vocês abr**em**	*ihr öffnet*
ele, ela abr**e**	*er, sie öffnet*	eles, elas abr**em**	*sie öffnen*
você abr**e**	*Sie öffnen* (Sg.)	os senhores, as senhoras abr**em**	*Sie öffnen* (Pl.)

Bei dieser Konjugationsgruppe gibt es allerdings sehr viele unregelmäßige Verben!

10

Ergänzen Sie die Lücken mit der passenden Form des Verbs.

jogar • passear • nadar • esquiar • navegar • aprender • abrir • querer

1. Eu ______________________ ténis e futebol.
2. As amigas ______________________ na piscina.
3. Os cafés ______________________ às oito da manhã.
4. Eu ______________________ visitar Macau.
5. Tu ______________________ muito na internet?
6. Nós ______________________ muito pelas montanhas.
7. Na Serra da Estrela é possível ______________________.
8. Vocês ______________________ português ou espanhol?

11

§ 26

Sie haben bereits einige unregelmäßige Verben gelernt. Allerdings waren dies noch nicht alle, denn es gibt noch einige mehr, z. B.: **ouvir** *hören*, **fazer** *machen*, **ver** *sehen*, **dormir** *schlafen*, **divertir-se** *sich amüsieren*, **passear** *spazieren gehen*, **sair** *ausgehen*, etc. Im Grammatikteil finden Sie dazu die Konjugationen.

1 31

Versuchen Sie aus den folgenden Sätzen die Grundform der Verben zu erkennen.

1. Às segundas-feiras ouço música. → ______________________
2. Às terças-feiras faço ginástica. → ______________________
3. Às quartas-feiras vejo televisão. → ______________________
4. Às quintas-feiras durmo até mais tarde. → ______________________
5. Às sextas-feiras divirto-me na discoteca. → ______________________
6. Aos sábados passeio no parque. → ______________________
7. Aos domingos saio com o António. → ______________________

Qual é o teu passatempo preferido?

12

António möchte Teresa zu mehr Sport animieren. Er schickt ihr deshalb eine E-Mail, in der er sie einlädt. Als Teresa Antónios E-Mail lesen wollte, geriet der Text durcheinander. Können Sie dennoch jedem Satz die passende Übersetzung zuordnen?

1. Querida Teresa	a) *Später können wir ins Kino gehen.*
2. O que vais fazer hoje à noite?	b) *Ich werde bis 20:45 Uhr dort sein.*
3. Queres ir ao clube comigo às 19:30h?	c) *Du kannst dann beim Capoeira zusehen.*
4. Podes então ver jogar capoeira.	d) *Liebe Teresa*
5. Mais tarde podemos ir ao cinema.	e) *Und nun, was willst du machen?*
6. Eu vou estar lá até às 20:45h.	f) *Liebe Grüße, António.*
7. Escreve-me um e-mail!	g) *Willst du mit mir um 19:30Uhr in den Club gehen?*
8. E então? O que queres fazer?	h) *Schreib mir eine E-Mail!*
9. Um abraço, António.	i) *Was wirst du heute Abend machen?*
10. Amanhã não trabalho e por isso posso dormir até tarde.	j) *Morgen arbeite ich nicht und kann deshalb länger schlafen.*

Verneinungsmöglichkeiten im Portugiesischen

§30

Neben der Verneinung mit **não** gibt es auch andere Verneinungsadverbien wie **nada** *nichts*, **nunca** *nie, niemals*, **nenhum** *kein*, **ninguém** *niemand*. Diese können sowohl vor als auch nach dem Hauptverb im Satz stehen, z. B.:

Eu nunca vou ao cinema. *Ich gehe nie ins Kino.*
Nós nunca jogamos capoeira. *Wir machen nie Capoeira.*

Steht das Verneinungsadverb jedoch nach dem Verb, so ist vor dem Verb noch die Verneinung mit **não** nötig. In diesem Fall spricht man von doppelter Verneinung, z. B. **Eu não vou nunca ao cinema**. *Ich gehe nie ins Kino.*

Diese Konstruktion ist typisch für das Portugiesische!

13

Bringen Sie die einzelnen Wörter in die richtige Reihenfolge und bilden Sie sinnvolle Sätze.

1. não • nada • no • Eles • fim-de-semana • fazem

____

2. nunca • televisão • vejo • Não • nas • férias

____

3. quer • comigo • ninguém • ir • hoje • ao • Não • cinema?

____

Qual é o teu passatempo preferido?

14

1 32

Hören Sie sich diese Wörter an und sprechen Sie sie mehrmals nach. Achten Sie dabei besonders auf die Aussprache von **e** und **o**.

1. sábado
2. domingo
3. divertir-se
4. aeroporto
5. vinte e um
6. jogos
7. gosto
8. compreender

§1

Sprachtipp

Die Aussprache einiger Vokale wie **-o** und **-e** bereiten vielen Lerner Verständnisprobleme. Dies liegt auch daran, dass die Regeln dafür sehr komplex sind.
Oft wird **e** wie „i" und **o** wie „u" ausgesprochen. Einen genauen Überblick über die Aussprache finden Sie im Grammatikanhang.

15

1 33

Hören Sie sich die folgenden Sätze an. Schreiben Sie dabei die fehlenden Wörter in die Lücken. Denken Sie daran, dass die Vokale nicht immer so geschrieben werden, wie sie ausgesprochen werden. Hören Sie sich ein zweites Mal die einzelnen Sätze an und sprechen Sie sie laut nach.

1. A Ana gosta ____ fazer ______________ ?
2. ___ fim-de-semana vai até ______________.
3. O ______________ sabe ________ futebol?
4. Eu sei ______________ viola.
5. São três ______ um quarto.

16

1 34

Hören Sie sich die Sätze an. Sie drücken eine positive Bewertung aus. Versuchen Sie dabei die Intonation der Sätze nachzuahmen. Die Übersetzung finden Sie als Hörtext im Anhang.

Que giro!
Boa ideia!
Que bom!
Maravilhoso!
Gosto imenso disto!
Adoro isso!
Óptimo!
Excelente!

Que legal!

In Brasilien sagt man umgangssprachlich sehr oft für etwas Lustiges oder Spaßiges einfach: **Que legal!, É legal**. *Super, es ist schön, lustig.*

Qual é o teu passatempo preferido?

17

Wie drücken Sie die folgenden Sätze auf Portugiesisch aus? Ordnen Sie die rechte Spalte der linken zu und sprechen Sie die portugiesischen Sätze laut aus.

1. Sie finden etwas wunderbar.	a) Gosto imenso disto!
2. Sie fragen, ob Teresa Ski fahren kann.	b) Não posso jogar ténis no domingo.
3. Sie können am Sonntag kein Tennis spielen.	c) O que vais fazer hoje à noite?
4. Sie finden eine Idee toll.	d) Maravilhoso!
5. Sie können heute nicht ins Kino gehen.	e) Boa ideia!
6. Sie möchten wissen, ob man in Serra da Estrela Ski fahren kann.	f) Não posso ir ao cinema hoje.
7. Sie mögen etwas sehr gern.	g) A Teresa sabe esquiar?
8. Sie möchten von einer Freundin wissen, was sie heute Abend machen wird.	h) É possível esquiar na Serra da Estrela?

Serra da Estrela ist mit 1993m Höhe das höchste Gebirge des portugiesischen Festlandes.

18

Sie verbringen mit Freunden eine Woche in Lissabon. Zählen Sie die Wochentage auf und berichten Sie, was Sie für jeden einzelnen Tag vorhaben. Bilden Sie die Sätze zuerst mündlich und schreiben Sie sie anschließend auf.

1. No domingo vamos tomar café à Brasileira.
2. Na segunda-feira ________________________. (visitar a Torre de Belém)
3. Na __________________________________. (passear pelo Chiado)
4. ______________________________________. (ver o castelo de São Jorge)
5. ______________________________________. (ir à praia)
6. ______________________________________. (comer a um restaurante típico)
7. ______________________________________. (fazer vela no Tejo)

Oder würden Sie lieber etwas anderes tun? Dann versuchen Sie nach dem selben Muster eigene Sätze zu bilden.

____

____

____

____

____

Uma bica, por favor!

1

1 35

Sie gehen in ein *Restaurant* **um restaurante** und lesen die *Speisekarte* **ementa**. Was würden Sie gern probieren? Hören Sie sich die Wörter an und versuchen Sie, sie nachzusprechen.

Die Speisekarte in Brasilien

Wenn Sie in Brasilien sind und die Speisekarte haben möchten, verlangen Sie nach dem **cardápio**. Das portugiesische Wort **ementa** wird in Portugal verwendet, ist in Brasilien aber nicht bekannt.

Uma imperial, por favor!

Wenn Sie in Portugal ein Bier vom Fass trinken möchten, dann sollten Sie **imperial** bestellen.

2

1 36

In Portugal kann man in einem Café oder einer *Konditorei* **pastelaria** zu jeder Uhrzeit etwas trinken oder eine Kleinigkeit essen. Lesen Sie die portugiesischen Sätze. Können Sie erahnen, zu welchem Bild sie gehören? Ordnen Sie die Sätze den entsprechenden Bildern zu.

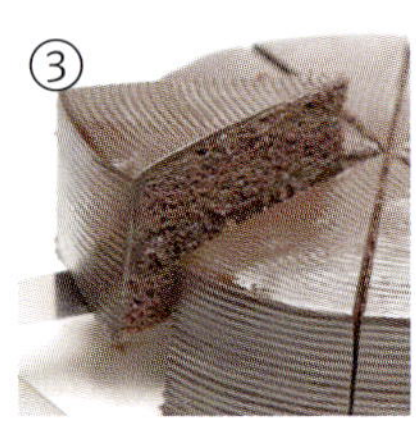

a) Uma chávena de chá preto, por favor.
b) Eu gostaria de uma fatia de bolo de chocolate, por favor.
c) Queria um café com leite e um pastel de nata, por favor.
d) Por favor! Queria umas bolachinhas.

Uma bica, por favor!

3

Teresa und António geben im Restaurant ihre Bestellung auf. Hören Sie sich den Dialog an. Unterstreichen Sie im Dialog, was die beiden bestellen. Schmeckt ihnen das Essen?

1 37

António: Estou com uma fome, Teresa, e tu?
Teresa: Eu também, mas preciso primeiro de beber alguma coisa. Estou com sede.
Empregado: O que é que os senhores vão pedir?
António: Duas caipirinhas e uma garrafa de água, por favor.
Empregado: É para já. Os senhores também querem almoçar?
António: Queremos, sim. O que é o prato do dia e quanto custa?
Empregado: Salada de alface, bife de vaca ou frango assado, arroz, feijão e pudim de caramelo como sobremesa. Tudo são 15 €.
António: As bebidas estão incluídas no preço?
Empregado: Não, não estão. São pagas à parte.
António: Está bem. Então um prato do dia com bife e outro com frango, por favor.

...

António: Então,Teresa, a carne está boa?
Teresa: Está excelente, António! E o feijão com arroz também está óptimo.
António: Não queres provar um pouco do frango? Está uma delícia!
Teresa: Não, obrigada. Já estou satisfeita. Ainda vou experimentar o pudim de caramelo.
António: E eu vou tomar um cafezinho.
Teresa: Podemos pedir já a conta?
António: Claro! Olhe, se faz favor! Um pudim, um café e a conta por favor.
Empregado: Sim, senhor. Só um minuto.

Wer gern Fischgerichte isst, hat in Portugal eine große Auswahl. Der berühmteste Fisch ist der **bacalhau** *Stockfisch*, für den es angeblich 365 verschiedene Zubereitungsarten gibt. Dazu trinkt man gern **vinho** *Wein*, **vinho branco** *Weißwein* oder **vinho tinto** *Rotwein*. Der international bekannteste portugiesische Wein ist der **vinho do Porto** *Portwein*, dessen Name er der Stadt Porto im Norden Portugals verdankt. Es ist ein süßer Wein, der meist als Aperitif oder zum Dessert getrunken wird.
Vor dem **prato principal** *Hauptgang* essen die Portugiesen gern **sopa** *Suppe* und **a sobremesa**, *der Nachtisch*, darf ebenfalls nie fehlen.
In Brasilien gibt es mindestens zwei sehr populäre Gerichte: **o churrasco** und **a feijoada à brasileira**. Beim **churrasco** kommt der Kellner mit jeweils einem gegrillten Spieß einer Fleischsorte am Tisch vorbei und schneidet dem Gast je nach Wunsch ein Stück Fleisch auf seinen Teller. Diese Art zu essen nennt man **rodízio**. **Feijoada** *Bohneneintopf* ist als brasilianisches Nationalgericht bekannt. Es wird in allen Gesellschaftsschichten gleichermaßen geschätzt und gegessen.

4

1 38

§23

Die Verben **pedir** *bestellen, bitten* und **preferir** *bevorzugen, vorziehen* sind beide in der 1. Person Singular unregelmäßig.

Eu peço um café e ele pede um chá. *Ich bestelle einen Kaffee und er einen Tee.*
Eu prefiro carne e ele prefere peixe. *Ich bevorzuge Fleisch und er Fisch.*

Die übrigen Personen richten sich nach dem Konjugationsmuster der regelmäßigen Verben auf **-ir**, wie z. B. das Verb **abrir** *öffnen*.

Ordnen Sie die Verbformen von **pedir** und **preferir** den entsprechenden Sätzen zu.

preferem • prefiro • preferimos • pedem • peço • pedimos

Höflichkeitsformen beim Bestellen

Die Verbform **queria** ist eine besonders höfliche Form von **querer** *wollen, mögen* und bedeutet: *ich hätte gern, ich möchte gern.*

1. Na pastelaria eu ______________ uma fatia de bolo e uma chávena de café.
2. Eles ______________ a ementa no restaurante.
3. De manhã eu ______________ comer fruta e tomar leite.
4. Eles ______________ comprar legumes na praça.
5. Nós ______________ uma garrafa de vinho.
6. Nós ______________ tomar cerveja.

5

Im Dialog haben Sie folgende Ausdrücke kennen gelernt:
Estou com fome. *Ich habe Hunger.* und **Estou com sede.** *Ich habe Durst.*
Der Ausdruck **estar com** + Substantiv ist sehr gebräuchlich. Man kann allerdings stattdessen das Verb **ter** verwenden, dann aber ohne die Präposition **com**:
Tenho fome. *Ich habe Hunger.* oder **Tenho sede.** *Ich habe Durst.*

Ordnen Sie die portugiesischen Sätze den deutschen zu.

1. Estou com fome.
2. Estamos com muito trabalho.
3. Eles estão com pressa.
4. A empregada está com sono.
5. Estás com calor?
6. Os desportistas estão com muita sede.
7. Vocês estão com frio?
8. A senhora está com febre?

a) *Die Kellnerin ist müde.*
b) *Die Sportler haben sehr viel Durst.*
c) *Ist euch kalt?*
d) *Ich habe Hunger.*
e) *Haben Sie Fieber?*
f) *Sie haben es eilig.*
g) *Ist dir warm?*
h) *Wir haben sehr viel Arbeit.*

6

Lesen Sie den Dialog von S. 41 noch einmal durch und kreuzen Sie die richtige Antwort an. Mehrere Antworten können richtig sein.

1. Was sagen Sie im Restaurant, wenn Sie bezahlen wollen?
   - a) A conta, por favor.
   - b) Olhe, se faz favor!
   - c) Quanto custa?

2. Sie möchten etwas trinken. Wie bestellen Sie?
   - a) Uma água, por favor.
   - b) Tenho sede.
   - c) Queria um café.

3. Ihnen schmeckt etwas vorzüglich.
   - a) Que delícia!
   - b) Está óptimo!
   - c) Excelente!

4. Sie sind hungrig. Was sagen Sie?
   - a) Tenho fome.
   - b) Estou com fome.
   - c) Tenho sede.

7

Mit **estar a** + Infinitiv bilden Sie die Verlaufsform. Sie drücken damit aus, dass jemand gerade dabei ist, etwas zu tun.

Eu viaja muito. *Er reist viel* (allgemein).
Neste momento está a viajar pela Ásia. *Im Augenblick reist er durch Asien.*

Sprachtipp

Die Verlaufsform wird in Brasilien mit der konjugierten Form von **estar** + Hauptverb im Gerundium ausgedrückt. Das Gerundium leitet sich vom Infinitiv ab. Die Endung **-r** des Infinitivs wird durch **-ndo** ersetzt. Portugal: **Estamos a comer.** Brasilien: **Estamos comendo.** *Wir essen gerade.*

Was machen diese Personen gerade? Welches Bild passt zu welchem Satz? Tragen Sie die dazugehörige Zahl ein.

- a) Ele está a falar ao telefone.
- b) Elas estão a comer.
- c) Ela está a escrever.
- d) Ele está a dormir.
- e) Eles estão a trabalhar.
- f) Ela está a cozinhar.

8

Was passt zusammen? Ergänzen Sie die Sätze.

1. De sobremesa ...
2. Uma água ...
3. Para beber prefiro ...
4. Preferimos ...
5. Olhe! Se faz favor, ...

- a) queria a conta.
- b) queria um pudim de caramelo.
- c) uma cerveja.
- d) bacalhau cozido com batatas
- e) mineral com gás, por favor.

Uma bica, por favor!

9

Hören Sie die folgenden Begriffe und schreiben Sie sie auf. Einige Namen werden Sie sofort erkannt haben. Ordnen Sie anschließend den Begriffen die deutsche Übersetzung zu.

1 39

a) Melone • b) Kohl • c) Trauben • d) Aubergine • e) Gurke • f) Apfel • g) Pfirsich • h) Tomate • i) Karotte • j) Orange

1. ____________
2. ____________
3. ____________
4. ____________
5. ____________
6. ____________
7. ____________
8. ____________
9. ____________
10. ____________

10

Hören Sie, was die Personen sagen, wenn Sie beim Einkaufen sind. Hören Sie sich jeden Satz einzeln an und tragen Sie die fehlenden Begriffe ein.

1 40

1. Quero ____________, por favor.
2. ____________, por favor.
3. Um ____________ de feijão e ____________ de arroz, por favor.
4. Uma ____________, por favor.
5. Tomo uma fatia ____________ e um ____________.

Sie wissen nun, was diese Personen möchten. Vervollständigen Sie jetzt die Sätze mit der passenden Verbform in der 3. Person Singular.

1. Ela (querer) ____________.
2. Ele (pedir) ____________.
3. Ela (comprar) ____________.
4. Ela (preferir) ____________.
5. Ele (tomar) ____________.

Sprachtipp

Die brasilianische Variante für *Tasse*, **xícara**, ist in Portugal zwar bekannt aber veraltet.

Ist Ihnen aufgefallen, dass zwischen Mengenangaben und Produkten immer **de** steht?
um quilo de batatas *1 kg Kartoffel* **um pacote de chá** *ein Päckchen Tee*
Achten Sie auch darauf, dass vor **meio** nie der unbestimmte Artikel steht.
meio quilo de cenouras *ein halbes Kilo Karotten*

Uma bica, por favor!

11

A lista das compras. Sie wollen einkaufen gehen und möchten einen Einkaufszettel schreiben. Tragen Sie eine mögliche Variante in die entsprechende Spalte ein.

pêssego • cenoura • banana • couve • pepino • batata • vinho verde • leite • água • melão • beringela • laranja • maçã • cerveja • chá

fruta	**legumes**	**bebidas**
um quilo de ____________	meio quilo de ____________	seis latas de ____________
um quilo e meio de ______	um quilo e meio de ______	seis garrafas de ________
cinco ____________	um ____________	quatro litros de ________
um cacho de ____________	duas ____________	um pacote de ____________
dois ____________	uma ____________	um garrafão de cinco litros de ____________

Wortschatz

fruta = *Obst*, **legumes** = *Gemüse*, **bebidas** =*Getränke*, **um cacho** = bei Bananen: *eine bestimmte Menge am Stück*, **um garrafão** = *eine große Flasche (meistens 5 l)*, ***uma lata*** = *eine Dose*

12

Um eine Mahlzeit einzunehmen, benötigen Sie u.a. die unten abgebildeten Gegenstände. Hören Sie die Begriffe und schreiben Sie sie zu den entsprechenden Bildern.

1 *41*

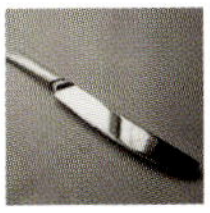

1. ________ 2. ________ 3. ________ 4. ________ 5. ________ 6. ________ 7. ________ 8. ________

13

Tragen Sie die angegebenen Wörter in die passende Spalte ein.

bife de vaca • sopa de legumes • salada de fruta • frango no churrasco • bacalhau cozido • caldo verde • peixe grelhado • pudim de caramelo • fruta da época • costeletas de porco • sardinhas assadas

sopa	**peixe**	**carne**	**sobremesa**
________	________	________	________
________	________	________	________
________	________	________	________
________	________	________	________
________	________	________	________
________	________	________	________

Uma bica, por favor!

14

1 42 Die folgenden Sätze können Sie beim Essen in einem Restaurant hören oder verwenden. Hören Sie sich die Sätze an und sprechen Sie sie nach. Die Übersetzung finden Sie bei den Hörtexten im Anhang.

A gorjeta/ Das Trinkgeld

In Portugal ist es üblich, das Trinkgeld auf dem Tisch liegen zu lassen, wenn man geht.

1. Bom apetite!
2. A ementa, por favor.
3. Saúde!
4. A gorjeta está incluída na conta.
5. A senhora tem troco?

15

1 43 Kennen Sie diese typischen Gerichte und Getränke aus Brasilien und Portugal noch? Hören Sie sich die Namen der Gerichte und Getränke an, sprechen Sie sie nach und achten Sie dabei auf die Aussprache.

1. bacalhau
2. caldo verde
3. feijoada
4. churrasco
5. vinho do Porto
6. caipirinha
7. pastel de nata
8. pudim de caramelo

16

1 44 Vervollständigen Sie die Sätze mit der passenden Ergänzung. Hören Sie sich anschließend die kompletten Sätze an, lesen Sie mit und sprechen Sie sie anschließend nach. Haben Sie richtig getippt?

Sprachtipp

Wenn im Portugiesischen der Urheber einer Handlung nicht bekannt ist, gebraucht man das Pronomen **se**, das mit Bindestrich an die Verbform angehängt wird, z. B.: **vende-se peixe** *man verkauft Fisch / es wird Fisch verkauft*, **vendem-se melões** *man verkauft Melonen / es werden Melonen verkauft.*

1. Quando estou com sede, ...
2. Quando estou com fome, ...
3. No supermercado ...
4. No café ...
5. No restaurante ...
6. Na churrascaria ...
7. De manhã ...
8. Na pastelaria ...
9. Em Portugal ...

a) peço um chá.
b) bebo um copo de água.
c) come-se muita carne.
d) como frango com batata frita.
e) toma-se café.
f) compro sumo e leite.
g) come-se bolo.
h) é típico comer peixe.
i) como arroz com feijão.

17

Sehen Sie sich den Oberbegriff an und die vier verschiedenen Wörter, die daneben stehen. Welches Wort passt nicht zum Oberbegriff? Streichen Sie es durch und lesen Sie das Ergebnis laut vor.

1. bebidas: chá • sumo • vinho • couve
2. fruta: melão • bolacha • laranja • maçã
3. legumes: beringela • pepino • cerveja • cenoura
4. entradas: carne • sopa • salada • caldo verde
5. sobremesas: pudim • fruta • bolo • batatas
6. pratos principais: peixe • frango • salada de tomate • bife
7. acompanhamentos: arroz • vinho • massa • batata frita

18

Wie sagen Sie auf Portugiesisch, ...

1. ... dass Sie einen Espresso möchten?
2. ... dass Sie keine Tomaten mögen?
3. ... dass Sie Fisch bevorzugen?
4 ... dass Sie die Rechung möchten?
5. ... Sie ein Glas Mineralwasser mit Kohlensäure möchten?
6. ... Sie die Speisekarte möchten?

Pão, manteiga e azeitonas *Brot, Butter und Oliven* sind u.a. kleine Vorspeisen, die der Kellner automatisch auf den Tisch stellt, wenn Sie zum Essen ins Restaurant gehen. Meistens isst man so viel davon, dass der erste Hunger schnell verfliegt. Wer also lieber darauf verzichten möchten, sollte nichts anrühren, dann wird es auch nicht in Rechnung gestellt.

19

Machen Sie eine Liste mit allen Wörtern, die Ihnen spontan zu dieser Lektion einfallen. Hören Sie anschließend die Wörterliste, die wir zusammengestellt haben. Sobald Sie ein Wort hören, dass auf Ihrer Liste steht, kreisen Sie es ein. Wenn Sie merken, dass Sie eines der Wörter nicht mehr kennen, können Sie es in der Wortliste nachschlagen. Viel Spaß dabei!

1 45

1

Woher kommen diese Personen? Bilden Sie Sätze nach dem folgenden Beispiel. Vergessen Sie nicht den Artikel zu der Präposition **de** zu schreiben (**da**, **do**), falls einer benötigt wird!

1. Ana Paula, Angola	a) A Ana Paula é angolana. Ela é de Angola.
2. Filipe José, Portugal	b) ______
3. Jean-François, França	c) ______
4. Jens, Alemanha	d) ______
5. Nuria, Espanha	e) ______
6. Isabella, Brasil	f) ______

2

Sie sehen hier einen Auszug aus Antónios Lebenslauf. Tragen Sie die Informationen in die entsprechenden Lücken ein – natürlich auf Portugiesisch.

Wortschatz/ O estado civil

Als Familienstand können Sie auch angeben, dass Sie **casado, -a** *verheiratet*, **separdo, -a** *getrennt lebend*, **divorciado, -a** *geschieden* oder **viúvo, -a** *verwitwet* sind.

Familienname: da Silva Torres
Beruf: Architekt
Fremdsprachen: Englisch und Deutsch
Name: António Manuel
Alter: 34 Jahre
Hobbys: Fußball, Kino und tanzen
Staatsangehörigkeit: Brasilianisch
Stand: ledig
Adresse: Avenida das Flores, 28 (1. Stock, links)
Stadt: Lissabon

Idade: ______

Nacionalidade: ______

Apelido: ______

Profissão: ______

Estado civil: ______

Cidade: ______

Nome: ______

Passatempos: ______

______

Morada: ______

______

Línguas estrangeiras: ______

______

Orientierungshilfe

Wenn Sie in Portugal jemanden besuchen möchten, der in einem Mehrfamilienhaus lebt, sollten Sie wissen in welcher Etage die Wohnung ist und ob die Person links oder rechts wohnt. An der Haustürklingel und am Briefkasten steht nämlich nur das Stockwerk und darüber ein **E** für **esquerdo** *links* und ein **D** für **direito** *rechts*. Bei einer Adresse sieht dies dann beispielsweise so aus: **Rua do Carmo, nº 8, 1º D.** *Carmostraße 8, 1. Stock rechts.*

3

Wissen Sie noch, wie man auf Portugiesisch zählt? Hören Sie die Zahlen und kreuzen Sie die richtige an.

1 46

○ 12	○ 14	○ 18
○ 20	○ 27	○ 35
○ 50	○ 58	○ 88
○ 99	○ 100	○ 101

4

Sie sehen hier verschiedene Uhren mit unterschiedlichen Uhrzeiten. Hören Sie sich die Uhrzeiten an. Welche Uhr gibt die Uhrzeit der Aussage wieder?

1 47

①

a) ○ b) ○ c) ○

②

a) ○ b) ○ c) ○

③

a) ○ b) ○ c) ○

④

a) ○ b) ○ c) ○

5

Erinnern Sie sich noch an den Unterschied zwischen **ser** und **estar**? Tragen Sie die richtige Form in die Lücke ein. Wenn Sie die Sätze vervollständigt haben, können Sie sie überprüfen.

1 48

é • estou • é • estão • está • é • estás • é • são

1. Onde ______________ no próximo fim-de-semana?
2. Ela tem 15 anos. Ela ______________ jovem.
3. Qual ______________ a profissão da Teresa?
4. ______________ tarde. ______________ meia-noite.
5. Ele ______________ no restaurante.
6. Hoje as frutas ______________ boas.
7. Eu ______________ bem, obrigado.
8. Os autocarros em Londres ______________ grandes.

6

1 49

Hören Sie sich die Fragen einzeln an und versuchen Sie, die passenden Antworten zu finden. Wenn Sie Schwierigkeiten beim Verstehen haben, lesen Sie die Fragen im Anhang auf Seite 118 mit.

1.
2.
3.
4.
5.
6.
7.
8.

a) Vou trabalhar amanhã de manhã.
b) É muito interessante.
c) Fazemos sempre desporto.
d) Elas moram no centro da cidade.
e) Vamos ao cinema.
f) É a doutora Nunes.
g) Tem já 45 anos de idade.
h) São africanos da Nigéria.

7

Welchen Beruf üben diese Leute aus? Lesen Sie die Sätze zu jeder Person und ordnen Sie dann die passende Berufsbezeichnung zu.

a) hospedeira • b) médica • c) jornalista • d) empregado de mesa • e) arquitecta • f) cozinheiro • g) jogador de futebol

1. Ele trabalha num restaurante e serve à mesa.
2. Ela planeia e orienta a construção de casas.
3. Ele joga futebol.
4. Ele trabalha na cozinha de um restaurante ou de um hotel.
5. Ela trabalha num hospital e trata das pessoas que estão doentes.
6. Ele escreve artigos para um jornal.
7. Ela trabalha num avião e serve comida e bebidas aos passageiros.

8

In den folgenden Sätzen fehlt jeweils das konjugierte Verb in der ersten Person. Schreiben Sie die fehlende Verbform in die Lücke. Lesen Sie dann den Satz laut vor. Achtung, diese Verben sind alle unregelmäßig!

1. (pedir) Agora ________________ a conta.
2. (poder) Não ________________ ir ao ginásio hoje.
3. (dormir) Aos domingos ________________ até mais tarde.
4. (fazer) ________________ sempre desporto no clube.
5. (ter) ________________ 42 anos.
6. (preferir) No fim-de-semana ________________ passear no parque.
7. (saber) Nunca ________________ a que horas ele chega.
8. (ver) ________________ no cinema o último filme de Manoel de Oliveira.
9. (ouvir) Na Rádio Cidade ________________ muita música brasileira.

9

Teresa und António haben sich vor einer Bar im Stadtzentrum verabredet. Wie kommt António dorthin? Teresa erklärt ihm den Weg. Hören Sie sich die Wegbeschreibung an. Bringen Sie die Bilder in die richtige Reihenfolge.

1 50

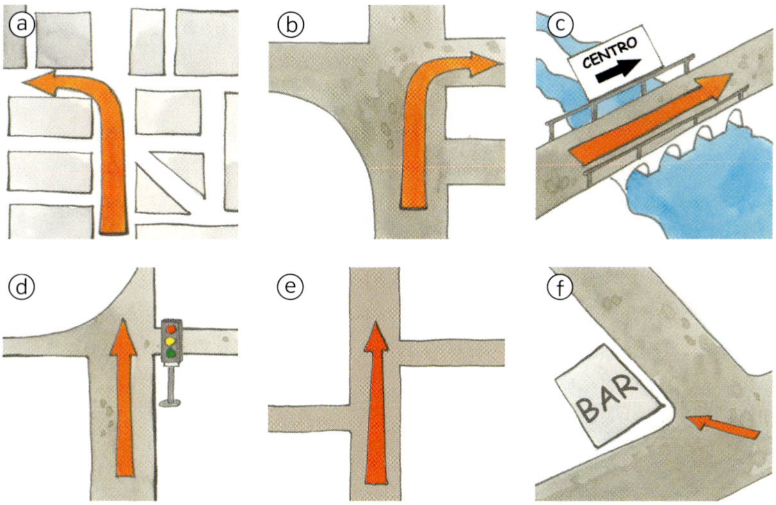

1. Primeiro segues em direção ao centro.
2. Continuas em frente depois do semáforo.
3. Depois de três quarteirões viras à esquerda.
4. Segues em frente.
5. Viras à direita.
6. Na esquina está o bar do João.

10

Wann verwendet man welchen Ausdruck? Ordnen Sie die rechte Spalte der deutschen Übersetzung zu. Hören Sie anschließend die verschiedenen Ausdrücke und sprechen Sie sie nach.

1 51

1. Desculpe.	a) Sie wollen an jemandem vorbeigehen.
2. Obrigado.	b) Sie wollen sich entschuldigen.
3. Com licença.	c) Sie werden jemandem vorgestellt.
4. Muito prazer.	d) Jemand soll den Satz wiederholen.
5. Queria por favor ...	e) Sie heißen jemanden willkommen.
6. Fala devagar, por favor.	f) Sie wollen sich bedanken.
7. Pode repetir, por favor?	g) Sie formulieren Ihren Wunsch sehr höflich.
8. Bem-vindo!	h) Sie fordern jemanden auf, langsam zu sprechen.
9. Tudo de bom!	i) Sie wünschen jemandem alles Gute.

Estou muito cansado!

1

2 01

Bei einem Telefongespräch erzählt António Teresa von seiner anstrengenden **semana de trabalho** *Arbeitswoche*. Hören Sie sich den Dialog an. Markieren Sie die Wörter im Text, die Sie aus der Arbeitswelt kennen. Die deutsche Übersetzung können Sie im Anhang nachlesen.

das Handy

Während in Portugal das Handy **o telemóvel** genannt wird, trägt dieses in Brasilien die Bezeichnung **o celular**.

Wortschatz

In Portugal werden die Anglizismen **o e-mail** und **a internet** umgangssprachlich abgekürzt, so dass dann von **o mail** und **a net** gesprochen wird.

Teresa: Olá António. Conta lá como vão as coisas?
António: Estou com muito trabalho! Tenho de terminar o projecto até ao fim do mês. E tu?
Teresa: Também estou cheia de trabalho e a internet lá em casa não está a funcionar. Devo ter um vírus no computador.
António: Como trabalho o dia inteiro com o computador, à noite já não tenho vontade de escrever e-mails para os meus amigos no Brasil.
Teresa: Estás mesmo estressado! Acho melhor ires mais cedo para casa hoje.
António: Infelizmente não posso. Tenho de ir à reunião com os engenheiros e depois vou participar numa vídeo-conferência com dois clientes.
Teresa: Não é à toa que estás cansado. É sempre assim durante a semana?
António: É sim. E ainda tenho que fazer uma viagem de negócios por mês. Para a semana vou ao Porto.
Teresa: Bom, então desejo-te uma boa viagem!
António: Obrigado Teresa! No regresso a gente fala.

2

2 01

Hören Sie sich den Dialog noch einmal an und lesen Sie die Sätze. Stimmen die Aussagen? Kreuzen Sie bei *richtig* **certo** und bei *falsch* **errado** an.

	certo	errado
1. A Teresa tem que terminar o projecto até ao fim do mês.	○	○
2. A Teresa tem muito trabalho.	○	○
3. A internet está a funcionar bem em casa da Teresa.	○	○
4. O computador da Teresa possivelmente tem um vírus.	○	○
5. O António escreve e-mails para os amigos.	○	○
6. O António participa numa reunião e numa vídeo-conferência.	○	○
7. A Teresa acha que o António trabalha pouco.	○	○
8. O António vai ao Porto para a semana.	○	○
9. O António tem que fazer duas viagens de negócios por mês.	○	○
10. O António está muito cansado.	○	○

3

Lernen Sie Antónios Arbeitsalltag kennen! Achten Sie auf die Fragen von Teresa links und ordnen Sie die passenden Antworten von António zu. Haben Sie Frage und Antwort richtig verbunden, können Sie die Minidialoge hören.

2 02

1. Percebes de computadores?
2. Tens internet em casa?
3. Em quantas reuniões participas?
4. Quando escreves e-mails?
5. Tens um telemóvel?
6. Como falas com os clientes?
7. Quantas vezes viajas em trabalho?

a) Participo numa reunião por semana.
b) Sim, trabalho com eles o dia inteiro.
c) Escrevo e-mails todos os dias.
d) Claro! Falo muito ao telemóvel.
e) Sim, navego muito na internet.
f) Faço vídeo-conferências com frequência.
g) Faço uma viagem de negócios por mês.

4

In der modernen Arbeitswelt ist vor allem **o tempo** *die Zeit* sehr wichtig. Hören Sie sich zunächst die Sätze an und lernen Sie einige Zeiteinheiten kennen. Ergänzen Sie anschließend die fehlenden Wörter. Die Übersetzung finden Sie im Anhang.

2 03

semanas • dia • minutos • sete • ano

1. A hora tem 60 ____________.
2. O ____________ tem 24 horas.
3. A semana tem ____________ dias.
4. O mês tem 4 ____________.
5. O ____________ tem 12 meses.

5

Sehen Sie sich die folgenden Bilder an und hören Sie die Sätze über Dinge der modernen Arbeitswelt. Kreuzen Sie an, welche Adjektive vorkommen.

2 04

1. o computador

2. o telemóvel

3. a internet

4. o monitor

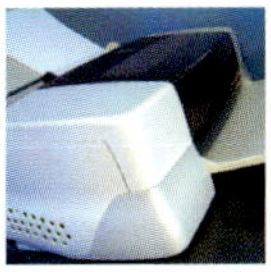
5. a impressora

6. a viagem

7. a agenda

8. a disquete

- prático
- bom
- longa
- boa
- prática
- longo
- pequeno
- moderno
- grande
- cheia
- pequena
- rápida

Estou muito cansado!

6

Sie sehen hier den *Terminkalender* **agenda** von António. Die verschiedenen Termine von Montag bis Mittwoch sind in Stichwörter angegeben. Ordnen Sie die passenden Ausdrücke auf Portugiesisch den entsprechenden deutschen Substantiven zu.

1. die Reise: ____________________
2. die Geschäfte: ____________________
3. die Sitzung: ____________________
4. das Büro: ____________________
5. die Arbeit: ____________________
6. die Nachricht: ____________________
7. das Projekt: ____________________
8. das Treffen: ____________________
9. die Rückkehr: ____________________
10. die Kunden: ____________________

viagem de negócios

segunda-feira	terça-feira	quarta-feira
10 h: reunião	trabalho com o computador	10h30 encontro com clientes
entrar em contacto com o escritório	enviar mensagem electrónica para o Brasil	regresso do Porto

7

Lesen Sie sich den Text mehrmals laut vor. Auch hier ist nicht entscheidend alles zu verstehen, sondern in erster Linie die Hauptgedanken zu erfassen. Kreuzen Sie unten an, ob die Aussagen richtig oder falsch sind.

Uma semana de trabalho em Portugal tem no mínimo 40 horas. A maioria das pessoas prefere começar a trabalhar mais tarde e por isso saem do trabalho bastante tarde. Os colegas de trabalho são muito importantes para o ambiente de trabalho. Normalmente tratam-se por **você,** mas usam o nome próprio. Esta forma não é tão informal como o **tu** e é menos formal que o **senhor**. Quando uma pessoa tem um título, os colega tratam-na por esse título, p. ex.: **senhor director**, **senhor professor**, **senhor doutor**, etc. À hora de almoço os portugueses fazem um intervalo de um hora ou mais. Por isso têm tempo para ir almoçar a um restaurante. Entre as 12:30h e as 14:30h os restaurantes estão sempre muito cheios.

certo errado

1. Die Portugiesen arbeiten weniger als 40 Stunden in der Woche.
2. Die Portugiesen sprechen ihre Kollegen meistens mit dem Vornamen an.
3. Die Restaurants sind in der Mittagszeit immer sehr voll.
4. Die Portugiesen fangen meistens sehr früh zu arbeiten an.

Estou muito cansado!

Decisões importantes

Viele wichtige Entscheidungen in den **empresas** *Unternehmen* werden in Portugal nicht in den **reuniões de trabalho** *Arbeitsbesprechungen* oder am Verhandlungstisch, sondern oft bei einem **cafezinho** oder bei einem anschließenden **almoço** *Mittagessen* oder **jantar** *Abendessen* getroffen.

Sprachtipp

In Brasilien ist der Umgang unter Kollegen per *du*, was aber dort der **você**-Form entspricht. Nur die **patrões** *Chefs* werden normalerweise mit **senhor** *Sie* angesprochen.

8

Sie haben bereits im Kapitel 3 gelernt, wie im Portugiesischen das Verb *müssen* ausgedrückt wird. Sie verwenden also **ter de** oder **ter que** *müssen* + Infinitiv, wenn Sie eine Notwendigkeit ausdrücken möchten. Nach dem Verb **ter** kann beliebig **de** oder **que** benutzt werden.

Im Gegensatz zu **ter de/que** wird mit dem Verb **dever** *sollen* eher eine Empfehlung oder eine moralische Pflicht ausgedrückt.

Devemos trabalhar mais rapidamente. *Wir sollen schneller arbeiten.*
A Teresa deve fazer mais desporto. *Teresa soll mehr Sport machen.*

Darüber hinaus wird mit dem Verb **dever** eine Vermutung geäußert, wie Teresa im Dialog sagt: **Devo ter um vírus no computador.** *Ich habe vermutlich einen Virus im Computer.*

Um ein Verbot auszudrücken, wird die verneinte Form des Verbs **dever** gebraucht.
Não devemos trabalhar tanto. *Wir dürfen nicht so viel arbeiten.*

Welches Verb bedeutet was? Ordnen Sie die portugiesischen Sätze der deutschen Bedeutung zu.

a) moralische Pflicht • b) Empfehlung/Ratschlag • c) Notwendigkeit/Pflicht • d) Vermutung • e) Verbot

1. O António tem que (de) fazer uma viagem de negócios por mês.
2. A Teresa e o António devem ir hoje à noite ao cinema.
3. Para navegar na internet deves ter um computador rápido.
4. Eu tenho que (de) trabalhar com o computador.
5. Não devemos trabalhar tantas horas.
6. Devemos ser simpáticos para com os nossos colegas de trabalho.
7. Nós temos que (de) participar na reunião.

Estou muito cansado!

9

§11

Sprachtipp

Vor einem Verb muss man die Form **do que** verwenden.

Sprachtipp

Beim Adjektiv **pequeno** wird in Portugal als Steigerungsform eher **mais pequeno** gebraucht, während die Brasilianer die Form **menor** bevorzugen.

Um einen Vergleich im Portugiesischen anzustellen, gebraucht man die Form **mais ... (do) que** *mehr ... als* oder **menos ... (do) que** *weniger ... als*
Eu tenho **mais** trabalho **(do) que** tu. *Ich habe mehr Arbeit als du.*

A viagem de negócios é **menos** importante **(do) que** a vídeo-conferência.
Die Geschäftsreise ist weniger wichtig als die Video-Konferenz.

Um zu beschreiben, dass eine Sache oder eine Situation gleich wie eine andere ist, verwendet man **tão ... como** *genauso ... wie*.
Estou **tão** estressado **como** tu. *Ich bin genauso gestresst wie du.*

Achtung! Bei einigen Adjektive gibt es eine Sonderform der Steigerung:
O meu computador é **bom**, mas o teu computador é **melhor**!
Mein Computer ist gut, aber dein Computer ist besser!

Dasselbe gilt für:
mau *schlecht* → **pior** *schlechter*
grande *groß* → **maior** *größer*
pequeno *klein* → **menor** *kleiner*

O elefante é maior do que o rato
e o rato é mais pequeno do que o elefante.

Tragen Sie die passende Form der angegebenen Adjektive links in die Lücke ein und bilden Sie daraus, im zweiten Teil des Satzes, die Steigerungsform.

1. (cheio) A agenda do António está ____________________,
   mas a agenda da Teresa está ____________________ ainda.
2. (pequeno) O telemóvel do António é ____________________,
   mas o telemóvel da Teresa é ____________________ ainda.
3. (rápido) A internet do António é ____________________,
   mas a internet da Teresa é ____________________ ainda.
4. (bom) A ideia do António é ____________________,
   mas a ideia da Teresa é ____________________ ainda.
5. (grande) A empresa do António é ____________________,
   mas a empresa da Teresa é ____________________ ainda.

10

2 05

Hören Sie sich folgende Sätze mehrmals an, bis Sie glauben, deren Inhalt verstanden zu haben. Schreiben Sie die Sätze anschließend auf Portugiesisch auf.

1. ____
2. ____

Estou muito cansado!

11

An einem ganz normalen Arbeitstag hat António viele verschiedene Aufgaben zu erledigen. Vervollständigen Sie den Lückentext mit dem passenden Verb.

telefonar • ter • dever • ter de/que • escrever • trabalhar • usar • participar • fazer • navegar

1. O António é arquitecto e ________________ numa construtora.
2. Ele ________________ no seu escritório um computador com internet, uma impressora e um telefone.
3. Todos os dias ele ______________ e-mails, ______________ na internet, ______________ para os clientes e ______________ a impressora para imprimir documentos.
4. Frequentemente ele ______________ em reuniões e ______________ vídeo-conferências.
5. O António ________________ viajar uma vez por mês.
6. Ele anda muito estressado, por isso __________ tirar férias no fim do mês!

Wortschatz

a construtora – *die Baufirma*
todos os dias – *jeden Tag*
imprimir documentos – *Dokumente ausdrucken*
frequentemente – *häufig, oft*
andar estressado/a – *gestresst sein*
por isso – *deshalb*
tirar férias – *Urlaub nehmen*

12

§ 12

Bildung der Adverbien

Bis jetzt sind Ihnen schon einige Adverbien begegnet wie **bem** *gut*, **mal** *schlecht*, **muito** *viel*, **perto** *nah* usw.

Darüber hinaus gibt es im Portugiesischen Adverbien, die von einem Adjektiv abgeleitet werden. Sie werden durch Anhängen der Endung **-mente** an die weibliche Form des Adjektivs gebildet: nov**a** + **-mente** → novamente *noch einmal, erneut*

Durch Anhängen der Endung -**mente** verlagert sich die Betonung auf die vorletzte Silbe des Wortes, so dass der Akzent wegfällt, z. B. **rápida** + **-mente** → **rapidamente** *schnell*

Bei Adjektiven, die nur eine Form für männlich und weiblich haben wird die Endung an diese Form angehängt: **feliz** *glücklich* + **-mente** → **felizmente** *glücklicherweise*

A excepção à regra/*Ausnahmen bestätigen die Regel*

Nicht alle Adjektive werden zu Adverbien, indem man die Endung -**mente** anhängt. Das Adjektiv **bom/boa** hat als Adverb die Form **bem,** während **mau/má** zu **mal** wird.

Achten Sie auf den Unterschied bei den folgenden Sätzen:
Eu estou bem. *Mir geht es gut.* **O trabalho está bom.** *Die Arbeit ist gut.*

2 06

Verwandeln Sie folgende Adjektive in Adverbien. Achten Sie darauf, dass sich in manchen Fällen die Betonung verschiebt.

1. fácil ______________ 2. má ______________ 3. infeliz ______________
4. bom ______________ 5. prático ______________ 6. rápido ______________

Estou muito cansado!

13

2 07

Kennen Sie noch die portugiesischen Begriffe dafür? Hören Sie sich nochmals die Aussprache an und sprechen Sie die Begriffe dann nach.

14

2 08

Um telefonema na empresa do António. Ein Kunde ruft in der Baufirma an und will António sprechen. Dieser ist aber auf Geschäftsreise und kommt erst am Ende der Woche wieder. Zum Glück kann man ihn ja auch auf dem Handy erreichen. Hören Sie den gesamten Dialog und lesen Sie ihn laut mit. Übernehmen Sie anschließend die Rolle des **cliente** und versuchen Sie, mit der Sekretärin zu sprechen.

Secretária: Construtora Linha Nova, bom dia.
Cliente: Bom dia. Gostaria de falar com o senhor engenheiro António, por favor.
Secretária: Desculpe, mas de momento ele não está. Encontra-se no Porto numa viagem de negócios.
Cliente: Quando é que posso falar com ele novamente?
Secretária: Ele deve voltar no fim da semana.
Cliente: Tenho que falar com ele urgentemente. Ele tem telemóvel?
Secretária: Tem sim. O número é 91-658-34921.
Cliente: Muito obrigado e boa semana.
Secretária: Obrigada, igualmente.

15

Versuchen Sie, diese Sätze auf Portugiesisch zu bilden. Wie sagen Sie also, ...

1. ... dass Sie mit dem Herrn Direktor sprechen möchten?
2. ... dass er aber im Augenblick nicht da ist?
3. ... dass Sie dringend mit ihm sprechen müssen?
4. ... dass er vermutlich am Sonntag zurück kommen wird?
5. ... dass er aber ein Handy hat?

Estou muito cansado!

16

Diese Fragen sind durcheinander geraten. Bringen Sie die einzelnen Wörter in die richtige Reihenfolge und bilden Sie sinnvolle Fragesätze. Denken Sie daran, dass in manchen Fällen die Fragefloskel **é que** dabei sein könnte.

1. telefone • ao • secretária • diz • é • que • O • que • a

 ______________________________?

2. Com • o • de • cliente • falar • quem • gostaria • é • que

 ______________________________?

3. o • António • está • Onde

 ______________________________?

4. é • o • volta • Quando • que • António

 ______________________________?

5. o • o • do • telemóvel • quer • António • cliente • número • Porque • do

 ______________________________?

6. é • o • telefonema • o • termina • Como • que • cliente

 ______________________________?

Wortschatz

Hier können Sie noch einmal die Fragewörter wiederholen:
quem = *wer*
como = *wie*
onde = *wo*
porque = *warum*
o que = *was*
quando = *wann*

17

Einige dieser Wörter kennen Sie zwar noch nicht, doch Sie können sie sicherlich von anderen bekannten Wörtern ableiten. Bilden Sie Wortfamilien und tragen Sie den passenden Begriff in die Lücke ein.

Substantiv	**Adjektiv**	**Adverb**
____________	estressado	____________
a urgência	____________	____________
a igualdade	____________	____________
a novidade	____________	____________
____________	mensal	____________
____________	____________	diariamente
a felicidade	____________	____________
____________	____________	semanalmente
a frequência	____________	____________

Como está o tempo?

1

2 09

Die Monatsnamen im Portugiesischen sind nicht sehr schwer zu erkennen. Hören Sie sich die Namen an und sprechen Sie sie nach.

1. Janeiro	2. Fevereiro	3. Março	4. Abril
5. Maio	6. Junho	7. Julho	8. Agosto
9. Setembro	10. Outubro	11. Novembro	12. Dezembro

Sprachtipp

Die Monate haben keinen Artikel. Sie sind also weder männlich noch weiblich. Man sagt deshalb nur: **em Janeiro** *in Januar*, oder: **no mês de Janeiro** *im Monat Januar*.

2

2 10

As quatro estações do ano *die vier Jahreszeiten*. Hören Sie sich zunächst die Sätze dazu an und ordnen Sie sie den entsprechenden Bildern zu.

Die **estações do ano** *die Jahreszeiten* auf der südlichen Hälfte der Weltkugel sind genau umgekehrt. Ist in Brasilien Winter, dann ist in Portugal Sommer, und umgekehrt.

1. De Junho a Setembro é Verão.
2. De Dezembro a Março é Inverno.
3. De Setembro a Dezembro é Outono.
4. De Março a Junho é Primavera.

3

2 11

Como está o tempo? *Wie ist das Wetter?* Hören Sie sich die Sätze an und lesen Sie sie mehrmals. Welches Bild passt zu welchem Satz? Kreuzen Sie an.

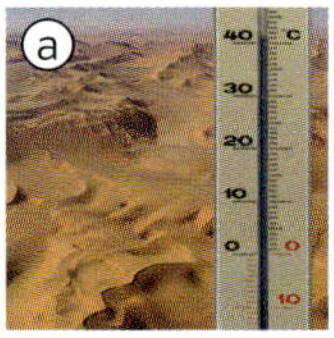

Como está o tempo?

	a)	b)	c)	d)	e)	f)	g)	h)	i)	j)
1. Chove muito.										
2. Faz muito sol.										
3. Há neblina.										
4. O mar é azul.										
5. A temperatura está alta.										
6. Faz muito calor.										
7. Está a nevar.										
8. O céu está nublado.										
9. Faz frio.										
10. Há muito vento.										

4

Teresa erzählt António von ihrem Urlaub in Brasilien und zeigt ihm ihre Bilder. Leider sind sie durcheinander geraten. Hören Sie zuerst Teresas Bericht und bringen Sie dann die Bilder unten in die richtige Reihenfolge.

2 12

Quando cheguei à tua cidade natal, fiquei maravilhada com o mar, as montanhas e a floresta em redor (a). É mesmo tudo belíssimo!
Ficámos num hotel antigo mas muito luxuoso (b). Olha aqui!
No primeiro dia visitei o Cristo Redentor e conheci os Arcos da Lapa (c).
No segundo dia estivemos na famosa praia de Copacabana (d).
Lá na praia tomei uma água de coco e comi camarões fritos.
Com a Cristina estive numa aldeia pequena, em Búzios (e).
Gostei imenso de lá ir. Fizemos um passeio de barco maravilhoso!
Tirei muitas fotos como podes ver.
À noite saímos e só voltámos de madrugada ao hotel (f).
Divertimo-nos muitíssimo.
Na verdade, fiquei com muitas lembranças boas da tua terra.
Tive também muita sorte com o tempo. Não choveu nenhum dia.
Pelo contrário, fez sempre sol e calor.

Wortschatz

a cidade natal – *die Geburtsstadt*
a floresta – *der Wald*
em redor – *ringsumher*
Arcos da Lapa – *die Bögen eines Aquädukts im Altstadtteil Lapa in Rio de Janeiro*
a aldeia – *das Dorf*
Búzios – *eine ca. 300 km entfernte Halbinsel im Bundesland Rio de Janeiro*
um passeio de barco – *eine Bootsfahrt*
de madrugada – *im Morgengrauen*
as lembranças – *die Erinnerungen*
muita sorte – *viel Glück*

1.

2.

3.

4.

5.

6.

Como está o tempo?

5

2 12

Hören Sie sich jetzt Teresas Urlaubsbericht in Brasilien ein zweites Mal an. Stimmen diese Aussagen? Kreuzen Sie an.

	richtig	falsch
1. A Teresa esteve de férias no Rio de Janeiro.	○	○
2. Choveu muito e também fez muito sol e calor.	○	○
3. A Teresa conheceu a praia de Copacabana.	○	○
4. Ela comeu camarões fritos no restaurante.	○	○
5. A Teresa gostou muito de Búzios.	○	○
6. Ela não tirou muitas fotos.	○	○
7. A Teresa e a Cristina saíram à noite.	○	○
8. Elas chegaram ao hotel de madrugada.	○	○

6

§24

Bei Teresas Bericht über ihren Urlaub in Brasilien haben Sie viele Verben in der Vergangenheit kennen gelernt. Die Verben standen im **Pretérito Perfeito Simples**, dem einfachen Perfekt.
Das einfache Perfekt wird für abgeschlossene Handlungen in der Vergangenheit verwendet. Die Form der regelmäßigen Verben lassen sich durch Anhängen von bestimmten Endungen je nach Konjugationstyp bilden.

tom**ar**	conhec**er**	part**ir**
tom-**ei**	conhec-**i**	part-**i**
tom -**aste**	conhec-**este**	part-**iste**
tom -**ou**	conhec-**eu**	part-**iu**
tom -**ámos**	conhec-**emos**	part-**imos**
tom -**aram**	conhec-**eram**	part-**iram**

2 13

Hören Sie sich die Sätze an und wählen Sie die passende Verbform aus. Lesen Sie anschließend die korrekte Version laut vor.

1. A Teresa (visito/visitou/visitam) a estátua do Cristo Redentor.
2. Depois ela (comi/come/comeu) camarões na praia de Copacabana.
3. Mais tarde (saiu/saio/saíram) para dançar com uma amiga.

7

§26

Das einfache Perfekt hat im Portugiesischen viele unregelmäßige Formen. Einige wichtige haben Sie bereits im Text kennen gelernt: **estar, ter** und **fazer**.

Sie können sie trotz ihrer Unregelmäßigkeit sicher wiedererkennen.

Lesen Sie die Sätze und versuchen Sie die Grundform der jeweiligen Verben herauszufinden.

Como está o tempo?

1. No Verão eles tiveram sorte com o tempo. → ____________
2. No Inverno o António não esteve na praia. → ____________
3. No Outono ela fez uma viagem de barco. → ____________
4. Na Primavera elas estiveram de férias na Madeira. → ____________

Die Verben **ir** *gehen* und **ser** *sein* haben im Perfekt dieselbe Form. Da der Kontext ausschlaggebend ist, gibt es in der Regel keine Missverständnisse.

fui
foste
foi
fomos
foram

Lerntipp für das Perfekt von estar/ter/fazer

Bei diesen unregelmäßigen Verben bietet sich an, sie auswendig zu lernen.

estar *(sein)*	**ter** *(haben)*	**fazer** *(machen)*
estive	tive	fiz
estiveste	tiveste	fizeste
esteve	teve	fez
estivemos	tivemos	fizemos
estiveram	tiveram	fizeram

Lesen Sie nun den folgenden Brief. Haben Sie die Perfektformen erkannt? Unterstreichen Sie sie und überlegen Sie welche Person des Verbs gemeint ist.

Querida Catarina

Ainda não te contei como foram as nossa férias de Páscoa. Já estiveste alguma vez na Madeira? Eu fui lá pela primeira vez em Abril. Estive lá com uns amigos franceses. Ficámos num hotel pequeno no Funchal e passeámos muito a pé. Adorei a paisagem e as casa típicas! Tivemos muita sorte com o tempo. Não fez frio e não choveu. Foi maravilhoso. Quando voltámos para casa decidimos voltar lá brevemente. E tu e o Jorge? O que é que vocês fizeram pela Pascóa?

Beijinhos
Rita

Wortschatz

ainda não – *noch nicht*
a Páscoa – *Ostern*
adorar – *sehr lieben*
a paisagem – *Landschaft*

8

Sehen Sie sich die Bilder an und hören Sie sich dazu die Begriffe an. Ordnen Sie dann die Wörter den entsprechenden Bildern zu.

2 14

a) a cidade
b) aldeia
c) a paisagem
d) o campo
e) a montanha
f) a praia
g) a floresta
h) o mar

Como está o tempo?

9

2 15

Hören Sie, was Teresa außerdem noch in ihrem Urlaub unternommen hat. Sie können die Sätze auch mitlesen. Schreiben Sie dann in der 3. Person, was Teresa gemacht hat.

1. Dormi todos os dias até às 9. A Teresa ______________________.
2. Tomei o pequeno-almoço e li o jornal. A Teresa ______________________.
3. Fiz compras no supermercado. A Teresa ______________________.
4. Estive no museu da cidade. A Teresa ______________________.
5. Visitei o centro histórico da cidade. A Teresa ______________________.

10

Schauen Sie sich die Bilder an und ergänzen Sie, was diese Personen gestern gemacht haben. Die vorgegebenen Verben helfen Ihnen dabei. Denken Sie daran, dass Sie hierzu das einfache Perfekt verwenden müssen.

tirar • fazer • comer • estar • ir • ver

1. Ela ______________ compras no supermercado.

2. Ele ______________ uma sanduíche.

3. Nós ______________ na universidade.

4. Eu ______________ uma fotografia.

5. Ele ______________ tarde para o trabalho.

6. Eles ______________ o pôr do sol.

11

Erinnern Sie sich noch an die portugiesischen Monatsnamen? Vervollständigen Sie die Sätze, indem Sie den passenden Monat eintragen.

1. Na Europa faz sempre muito frio em ______________, no último mês do ano.
2. Em ______________________ festeja-se o carnaval.
3. A Primavera começa no mês de ______________________.

4. Em ____________________ muitas pessoas estão de férias.
5. O Inverno vai de Dezembro a ____________________.
6. Normalmente a Páscoa é em ____________________.
7. O Verão vai até ____________________.
8. No Brasil faz sempre muito calor no primeiro mês do ano, em ______________.

12

Ein Superlativ drückt das Höchste aus, was man über eine Sache, Situation oder eine Person sagen kann, z. B. *etwas ist äußerst interessant*. Hören Sie sich die Sätze an. Sie enthalten jeweils einen absoluten Superlativ. Welche Endung am Adjektiv drückt dies aus? Vervollständigen Sie die Sätze.

1. O Rio de Janeiro é bel ______________!
2. A praia de Copacabana é famos ______________!

Die Steigerung der Adjektive – der Superlativ

Die Bildung des absoluten Superlativs erfolgt durch das Anhängen der Endung **-íssimo, -íssima** an den Stamm des Adjektivs, der Endungsvokal entfällt: belo > bel- + -íssimo > bel**íssimo**.

Das Gleiche kann auch durch das Adverb **muito** *viel, sehr* vor dem Adjektiv ausgedrückt werden, z. B.: **O Rio de Janeiro é muito belo.** *Rio de Janeiro ist sehr/besonders schön.*

Generell wird die Bildung mit **-íssimo** als stärker empfunden.

Vergessen Sie nicht die Endung des Adjektivs dem dazugehörigen Substantiv anzupassen: A cidade do Rio de Janeiro é muito bel**a**/belíssim**a**.

Wie schon beim Komparativ in Lektion 6 gibt es auch im Superlativ Sonderformen: **grande** *groß* → **enorme** *sehr groß*, **bom** *gut* → **óptimo** *sehr gut*, **mau** *schlecht* → **péssimo** *sehr schlecht*

13

Bilden Sie den absoluten Superlativ.

1. O sol no Verão é muito quente , ele é ____________________!
2. A praia é muito grande, ela é ____________________!
3. A paisagem é muito linda, ela é ____________________!
4. O restaurante é mau, ele é ____________________!

Como está o tempo?

Aussprache und Schreibweise

Vor **e** und **i** wird das **c** immer als **s** gesprochen, man braucht in diesem Fall die Buchstaben **qu**, um den [**k**]-Laut beizubehalten.

Ähnliches gilt für das **g**, das vor **e** und **i** wie in *Gara**ge*** ausgesprochen wird. Deshalb braucht man, um das deutsche **g** beizubehalten die Buchstaben **gu**.

Merken Sie sich am besten zu jeder Buchstabenkombination ein einfaches Wort in Aussprache und Schreibweise als Beispiel: **ficar > fiquei; chegar > cheguei.**

14

§22

Wie auch im Präsens haben auch einige Verben im einfachen Perfekt eine orthographische Veränderung in der 1. Person Singular, wie z. B. **chegar – eu cheguei** und **ficar – eu fiquei.**

Versuchen Sie folgende Sätze laut zu lesen. Achten Sie darauf, dass bei **qu** und **gu** das **u** stumm bleibt, wenn danach ein **e** oder **i** folgt.

1. Eu quero chegar cedo a casa.
2. Eu fiquei com boas lembranças do Brasil.
3. Eu joguei capoeira na Bahia.
4. Eu toquei piano no conservatório.
5. Eu paguei a viagem ao Miguel.

15

Atenção!

Bezieht sich die Zeitangabe auf einen Zeitpunkt, dann verwendet man im Portugiesischen **desde:** **Moro em Lisboa <u>desde</u> 1975.** *Ich wohne in Lissabon <u>seit</u> 1975.* **Moro em Lisboa <u>há</u> um ano.** *Ich wohne in Lissabon <u>seit</u> einem Jahr.*

Neben der Bedeutung *es gibt* wird **há** (3. Person Singular des Hilfsverbs **haver**) für Zeitangaben benötigt.

Wenn **há** mit einem Verb in der *Vergangenheit* vorkommt, wird es mit *<u>vor</u>* übersetzt.

Cheguei aqui <u>há</u> dois dias. *Ich kam <u>vor</u> zwei Tagen hier an.*

Wenn in einem Satz **há** mit einem Verb im *Präsens* vorkommt, bedeutet dies *<u>seit</u>*.

Moro em Lisboa <u>há</u> um ano. *Ich wohne in Lissabon <u>seit</u> einem Jahr.*

Hören Sie sich die Sätze an und lesen Sie sie mit. Wann bedeutet **há** *seit* und wann *vor?* Kreuzen Sie an und sprechen Sie dann die Sätze nach.

2 *17*

	vor	*seit*
1. Tiraste férias há um ano.	○	○
2. Estive nas montanhas há dois meses.	○	○
3. Cheguei a casa há duas horas.	○	○
4. Não vejo os meus amigos há anos.	○	○
5. O António está em Portugal há dois meses.	○	○

Como está o tempo?

16

Hören Sie sich die Fragen an und ordnen Sie dann die Antworten den richtigen Fragen zu.

2 18

1. Quando estiveste no Brasil?
2. Nevou hoje?
3. Gostarias de passear na floresta agora?
4. Há quanto tempo não chove?
5. Houve muito vento no mar?
6. Há quantos dias faz sol?

a) Não, prefiro passear depois.
b) Não chove há um mês.
c) Estive no Brasil há seis meses.
d) Faz sol e muito calor há um mês.
e) Sim, como sempre fez muito vento.
f) Não, nevou ontem.

Und Sie?

Há quanto tempo estuda português?
Conhece Portugal ou o Brasil?
Há quanto tempo é que lá esteve?

17

Hören Sie sich die Sätze an. Welcher Satz beinhaltet keine Vergangenheit? Kreuzen Sie an.

2 19

1.
a) Tu saíste de madrugada.
b) Eles saíram à noite.
c) Você saiu ontem.
d) Ela sai para dançar.

2.
a) Ontem nós não estivemos em casa.
b) Vocês não estiveram na praia de Copacabana.
c) Na praia está muito calor.
d) Em Junho ele esteve de férias.

3.
a) No Verão tivemos temperaturas altas.
b) No Inverno cai muita neve.
c) Ele teve férias na Primavera.
d) Tiveste sorte?

4.
a) Teresa toma um banho de sol na praia.
b) Vocês tomaram um duche ontem?
c) Não tomaste o pequeno-almoço.
d) Nós tomámos água de coco.

5.
a) Eles conheceram o centro histórico.
b) Conheci o museu da cidade.
c) Conheço bem essa aldeia.
d) Conheceste o Rio de Janeiro?

Este é o meu pai.

1

2 20 Teresa beschreibt ihre **família**. Hören Sie sich die Sätze mehrmals an und sprechen Sie sie nach. Im Anhang finden Sie die Sätze mit ihrer Übersetzung.

Das Adjektivpaar groß – klein

Bei dem Adjektivpaar **alto – baixo** *hoch, groß – niedrig, klein* handelt es sich um die Höhe eines Gebäudes oder die Größe einer Person. Das Adjektivpaar **grande – pequeno** *groß – klein* dagegen benutzt man, um die Größe allgemein zu beschreiben.

1. Os meus avós são velhos.

2. Os meus tios são baixos.

3. Os meus pais são altos.

4. Os meus irmãos são jovens.

5. O meu irmão é gordo.

6. A minha tia é magra.

7. A minha sobrinha é morena.

8. O meu tio é loiro.

9. A minha irmã é casada.

10. Os meus sobrinhos são pequenos.

2

Qual é o contrário de …? *Was ist das Gegenteil von …?* Adjektive lassen sich am einfachsten merken, wenn man sie in Paaren lernt. Ordnen Sie die Adjektive auf der linken Seite den Gegensatzpaaren auf der rechten Seite zu.

1. alto	a) casado
2. velho	b) pequeno
3. grande	c) baixo
4. moreno	d) magro
5. gordo	e) jovem
6. solteiro	f) loiro

Este é o meu pai.

3

Bei jedem Mensch gibt es einschneidende Lebensabschnitte. Hier lesen und hören Sie einige davon. Hören Sie sich die portugiesischen Sätze an und ordnen Sie sie der deutschen Übersetzung zu.

2 21

1. A minha sobrinha nasceu hoje.
2. O teu pai fez anos.
3. A sua irmã casou-se.
4. O nosso irmão formou-se no liceu.
5. O vosso avô morreu.

a) *Euer Großvater ist gestorben.*
b) *Dein Vater hatte Geburtstag.*
c) *Meine Nichte ist heute geboren.*
d) *Seine/Ihre Schwester hat geheiratet.*
e) *Unser Bruder hat sein Abitur gemacht.*

Wortschatz

Wenn jemand einen Schul-, Ausbildungs-, oder Universitätsabschluss macht, sagt man dazu: **Formou-se no liceu/na universidade/em física.** *Er/Sie hat seinen/ihren Abschluss am Gymnasium/an der Universität/in Physik gemacht.*

4

Teresa zeigt António einige Fotos von ihrer Familie. Hören Sie sich den Dialog zwischen Teresa und António an. Haben Sie die Verwandtschaftsbezeichnungen erkannt? Unterstreichen Sie die, die Sie kennen gelernt haben.

2 22

Teresa: Esta foto é do casamento da minha irmã. Ela casou-se há 3 anos.
António: E estes são os teus pais ou os teus tios?
Teresa: Esta aqui é a minha mãe e ao lado está o irmão dela, o meu tio. E estes são os meus sobrinhos.
António: Então já és tia duas vezes?
Teresa: Não, sou tia três vezes. A minha irmã teve uma filhinha há dois meses. A minha sobrinha Ana nasceu em Maio.
António: A tua família é mesmo grande. A minha é pequena. Sou filho único.
Teresa: Pois não és mimado como os filhos únicos! E tens tios ou avós?
António: Tenho só uma avó, a mãe do meu pai. Os outros avós já morreram. Os meus tios são todos mais velhos.
Teresa: Na semana passada foi o aniversário do meu pai. Ele fez 60 anos de idade.
António: Quem de vocês é o caçula?
Teresa: É o meu irmão Pedro que se formou há um ano. Ele é o mais novo.
António: Os caçulas e os filhos únicos são sempre os mais mimados da família.

Sprachtipp

Geburtstag haben wird im Portugiesischen mit dem Verb **fazer** *machen ausgedrückt*, z. B.: **Eu faço/fiz anos.** *Ich habe/hatte Geburtstag.* Den *Geburtstag feiern* dagegen heißt: **festejar o aniversário.**

Sprachtipp

Der Ausdruck **caçula** *Nesthäkchen/der Jüngste* wird in Brasilien häufig verwendet, in Portugal hingegen sagt man dazu **o benjamin** oder einfach **o mais novo.**

Este é o meu pai.

5

Beantworten Sie die Fragen zum vorangegangenen Dialog, indem Sie die richtige Lösung ankreuzen. Mehrere Antworten können richtig sein.

1. O que é que a Teresa mostrou ao António?
   a) O casamento do irmão dela.
   b) A foto do casamento da irmã dela.
   c) Uma foto com toda a sua família.
   d) A foto do irmão mais mimado.

2. A família do António é grande?
   a) Não, ele é filho único.
   b) Não, ele não tem irmãos.
   c) Sim, a família do António é grande.
   d) Sim, o António tem dois sobrinhos.

3. Quantos sobrinhos tem a Teresa?
   a) Ela tem três sobrinhos.
   b) Ela tem só uma sobrinha.
   c) Ela não tem sobrinhos.
   d) Ela é tia três vezes.

4. Quais são os parentes do António?
   a) O António tem tios e uma avó.
   b) Ele não tem irmãos.
   c) Três avós do António já morreram.
   d) O António tem uma sobrinha.

5. O que é que a Teresa contou sobre o pai dela?
   a) Ele é muito jovem.
   b) O pai dela já morreu.
   c) Ele fez anos na semana passada.
   d) Ele fez 60 anos.

6. Quem é o mais novo da família da Teresa?
   a) A mãe da Ana.
   b) O seu irmão Pedro.
   c) A Teresa é a mais nova da família.
   d) Todos são mais velhos na família.

Sprachtipp

Die Possessivpronomen für die 3. Person Singular können zu Missverständnissen führen: **o seu carro** = *sein Auto, ihr Auto* oder *Ihr Auto*. Um Missverständnisse zu vermeiden, wird vorzugsweise die Verschmelzungsform **dele(s)** bzw. **dela(s)** (Präposition **de** + **ele(s)**, **ela(s)** = *von ihm, ihr bzw. ihnen*) verwendet. Diese Formen werden dem Substantiv nachgestellt.

Das besitzanzeigende Fürwort – das Possessivpronomen

Das Possessivpronomen richtet sich in Geschlecht und Zahl nach dem Substantiv. Es steht meistens vor dem Substantiv und ihm wird im europäischen Portugiesisch der bestimmte Artikel vorangestellt.

A minha mãe, **o meu** pai e **os meus** irmãos.
Meine Mutter, mein Vater und meine Geschwister.

Zusammen mit dem unbestimmten Artikel wird das Pronomen dem Substantiv nachgestellt.
Um amigo **meu** e uma amiga **minha**. *Ein Freund von mir und eine Freundin von mir.*

Singular/Plural

	männlich	weiblich
eu	meu, meus	minha, minhas
tu	teu, teus	tua, tuas
você	seu, seus	sua, suas
ele, ela	seu, seus (dele), (dela)	sua, suas (dele), (dela)
nós	nosso, nossos	nossa, nossas
vocês	vosso, vossos, de vocês	vossa, vossas, de vocês
eles, elas	seu, seus (deles), (delas)	sua, suas (deles), (delas)

Este é o meu pai.

6

Bilden Sie Sätze nach dem folgenden Muster und verwenden Sie dabei die passende Form des jeweiligen Possessivpronomens.

§19

filho	ela	O seu filho./O filho dela.
tia	tu	___
pais	vocês	___
avós	eu	___
sobrinha	ele	___
primos	eles	___
irmãos	nós	___
neta	eu	___

No Brasil:

Im Großen und Ganzen herrschen in Brasilien dieselben Familienstrukturen wie in Portugal vor. Die Brasilianer sind absolute Familienmenschen, was sich u.a. an den kinderreichen Familien zeigt. Junge Erwachsene verbleiben meistens bis zur Heirat im Elternhaus. Dies wird in der Gesellschaft keineswegs als seltsam angesehen, sondern ist einfach der Normalfall.

In Portugal ist die Großfamilie durchaus noch vorhanden. So bedeutet **família** für die Portugiesen nicht nur **os pais, os filhos e os irmãos**, sondern auch **os tios, os avós, os sobrinhos, os primos** *die Cousins*, **os cunhados** *Schwager und Schwägerin*, **os genros** *Schwiegersohn und Schwiegertochter* und **os sogros** *Schwiegervater und Schwiegermutter*. Die **parentes** oder **familiares** *Verwandte* werden häufig besucht und zu jedem festlichen Anlass selbstverständlich eingeladen. Die Zahl der Kinder **numa família portuguesa típica** beträgt heute im Durchschnitt ungefähr drei **filhos**. Das ist in den westlichen Ländern der Europäischen Union Rekord. Diese Tendenz ist jedoch fallend, denn die Mehrheit der portugiesischen Frauen sind *berufstätige Mütter* **mães**, die ihre Kinder der Fürsorge eines Familienmitglieds überlassen müssen, da die private Kinderbetreuung für viele zu teuer ist. So wird eine ganze Generation von Kindern von ihren *Großmüttern* **avós** erzogen. Der Familienzusammenhalt in Portugal ist daher ein wichtiger gesellschaftlicher Faktor.

Die Familie auf Portugiesisch

Bei der Verwandtschaftsbezeichnung ist die männliche Form im Plural meistens gleichzeitig die Bezeichnung für die männliche und die weibliche Person zusammen: **os pais** *die Eltern*, **os irmãos** *die Geschwister*, etc. Ausnahmen: **os avós** *die Großeltern*, die gemeinsame Bezeichnung bildet sich aus der weiblichen Form. Bei **o genro** *der Schwiegersohn*, **a nora** *die Schwiegertochter*, muss man beide Namen einzeln erwähnen. Je nach Kontext kann es aber auch die Mehrzahl der männlichen Form bedeuten: **os pais** *die Väter*, **os irmãos** *die Brüder*, **os filhos** *die Söhne*, etc.

7

Welcher Begriff passt zu welcher Definition? Ordnen Sie zu.

1. São os maridos das minhas filhas.	a) os primos
2. São os filhos dos meus irmãos.	b) os parentes
3. São os irmãos dos meus pais.	c) os genros
4. São as mães dos meus pais.	d) os sobrinhos
5. É um grupo de pessoas da mesma família.	e) os tios
6. São os filhos dos meus tios.	f) as avós
7. É a mulher do meu irmão.	g) a cunhada

Este é o meu pai.

8

Schreiben Sie die entsprechenden Possessivpronomen in die Lücken.

1. Os [tu] ________________ pais ainda são novos.
2. Esta foto foi do casamento [ele] ________________.
3. Quando é que [você] visitou a ________________ família?
4. Este aqui é o [nós] ________________ filho.
5. Gostaria muito de conhecer a [tu] ________________ família.
6. A Ana é a filha da [eu] ________________ irmã.
7. Quem são os [vocês] ____________________ parentes na foto?
8. Estes são os filhos pequenos [eles] ________________.

9

Schreiben Sie die Possessivpronomen der 3. Person Singular oder Plural in die Lücken. Nehmen Sie die zusammengesetzte Form.

1. Esta é a família do António. Esta é a família ________________.
2. Gostei muito da família da Teresa. Gostei muito da família ________________.
3. Nós somos os tios da Ana e da Teresa. Nós somos os tios ________________.
4. Este é o avô do António. Este é o avô ________________.
5. Esta foto é da sobrinha da Teresa. Esta é a foto da sobrinha ______________.
6. Esta é a casa dos pais da Teresa. Esta é a casa ________________.

10

Diese Verben sind bei der Beschreibung der Lebensabschnitte notwendig. Ergänzen Sie, indem Sie die richtige Verbform im einfachen Perfekt in die Lücken schreiben.

Achtung!

Ela teve um bébé bedeutet *Sie bekam ein Baby!* und nicht *Sie hatte ein Baby!*

casar-se • fazer • nascer • morrer • ter

1. Os meus pais ____________________ há muitos anos.
2. O teu irmão ____________________ anos na semana passada.
3. A sua sobrinha ____________________ ontem.
4. O vosso avô já ____________________.
5. A minha irmã ____________________ uma filha.

11

2 23

Erinnern Sie sich noch an die Formen des einfachen Perfekts von **ser** *sein* und **ir** *gehen*? Sie sind identisch und lassen sich nur durch den Kontext voneinander unterscheiden. Hören Sie sich die Sätze an und tragen Sie dann die Verbformen von **ser** oder **ir** im einfachen Perfekt in die Lücken ein. Kreuzen Sie anschließend an, um welches Verb es sich bei den einzelnen Sätzen handelt.

Este é o meu pai.

	ir	ser
1. Quando _______________ o casamento da sua irmã?	○	○
2. Na minha família eu _______________ o mais mimado.	○	○
3. Quando é que tu _______________ visitar os teus pais?	○	○
4. Acho que _______________ no mês passado.	○	○
5. Nas férias do Verão vocês _______________ à praia?	○	○
6. Nós _______________ os caçulas na família.	○	○
7. _______________ tu o primeiro a chegar ontem?	○	○
8. A Teresa e o António _______________ viajar juntos.	○	○

12

Schreiben Sie zu den deutschen Possessivpronomen die entsprechenden portugiesischen Formen in die Lücke.

1. Os [*meine*] _______________ irmãos são mais velhos do que eu.
2. Eles não conheceram os avós [*ihre*] _______________.
3. Esta é a [*deine*] _______________ mãe?
4. Não, ela é a [*meine*] _______________ tia.
5. Quando é que se casaram os [*eure*] _______________ pais?
6. Fomos à festa de finalistas do [*unsere*] _______________ irmão mais novo.
7. A [*Ihre*] _______________ irmã é mais loira do que você.
8. A avó [*seine*] _______________ morreu há anos.
9. A sobrinha [*ihre*] _______________ nasceu ontem.
10. Os [*Ihre*] _______________ filhos já se formaram?
11. No fim-de-semana visitámos a [*unsere*] _______________ família.

13

Und nun kommen Sie an die Reihe. Jemand, der nur Portugiesisch spricht, stellt Ihnen Fragen zu Ihrer Familie. Versuchen Sie diese schriftlich zu beantworten.

1. A sua família é grande? _______________.
2. Quantos irmãos tem? _______________.
3. Você tem filhos? _______________.
4. Você é casado/a? _______________.
5. A sua família é muito importante para você? _______________.
6. Tem uma boa relação com a sua família? _______________.

Este é o meu pai.

14

2 24

Hören Sie sich die Sätze an. Welches Beispiel passt nicht zu den übrigen? Kreuzen Sie die unpassende Aussage an.

1.
- a) Sou casado.
- b) Casei-me.
- c) Ontem foi o meu casamento.
- d) Hoje vou casar-me.

2.
- a) Ela é filha única.
- b) Ela não tem irmãos.
- c) Ela não tem tios.
- d) Os pais dela têm só uma filha.

3.
- a) Eles nunca estudaram.
- b) Eles formaram-se.
- c) Eles foram ao liceu.
- d) Eles tiveram uma formatura.

4.
- a) O filho dele nasceu há um mês.
- b) O filho dele faz anos daqui a um mês.
- c) O filho dele tem um mês de idade.
- d) O filho dele é pequeno.

5.
- a) O meu avô morreu.
- b) Já não tenho avô.
- c) O pai da minha mãe morreu.
- d) O meu avô é muito velho.

15

2 25

Hier sehen Sie verschiedene Personen. Jeder hat ein markantes Merkmal. Hören Sie sich die Sätze an und sprechen Sie sie mehrmals nach.

Wortschatz

os óculos – *die Brille* (Achtung: **os óculos** ist ein Pluralwort!)
loiro, -a – *blond*
moreno, -a – *dunkelhaarig*
a barba – *Vollbart*
o bigode – *Schnurrbart*

1. O meu avô é muito velho.

2. O teu tio tem óculos.

3. O sobrinho dela é loiro.

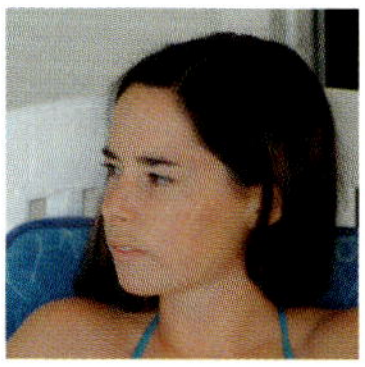

4. A nossa irmã é morena.

5. O vosso pai tem barba.

6. A minha tia é muito mais baixa do que o meu tio.

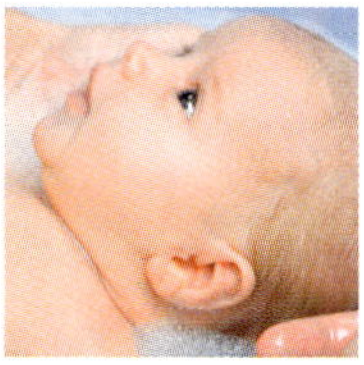

7. O irmão deles é o mais novo da família.

8. O seu tio tem bigode.

Und wie sehen Ihre Verwandten aus? Können Sie sie beschreiben?

Este é o meu pai.

Steigerung der Adjektive – Der Superlativ

Eine weitere Superlativform ist der relative Superlativ. Dieser drückt aus, dass jemand oder eine Sache am größten, am kleinsten, usw. ist. Er wird gebildet, indem man den bestimmten Artikel **o/a** vor das Substantiv oder auch vor ein Adjektiv im Komparativ setzt, z. B.

Ele é **o** meu tio mais velho. *Er ist mein ältester Onkel.*
O meu tio é **o** mais velho. *Mein Onkel ist der Älteste.*

16

Hören Sie sich die Beschreibung der Familienangehörigen an. Lesen Sie mit. Sprechen Sie die Sätze nach und ordnen Sie sie der deutschen Übersetzung zu.

2 26

1. O meu pai é o mais gordo.	a) *Meine Schwester ist die Jüngste.*
2. A minha sobrinha é a mais pequena.	b) *Meine Nichte ist die Kleinste.*
3. A minha irmã é a mais nova.	c) *Mein Vater ist der Dickste.*

17

Wie sagen Sie folgende Sätze auf Portugiesisch? Hören Sie sich im Anschluss die portugiesischen Sätze an und vergleichen Sie.

2 27

1. Dieses Foto ist von der Hochzeit meiner Schwester. Sie hat vor 3 Jahren geheiratet.
2. Deine Familie ist wirklich groß. Meine ist klein. Ich bin Einzelkind.
3. Letzte Woche war der Geburtstag meines Vaters. Er wurde 60 Jahre alt.
4. Ich habe nur eine Großmutter, die Mutter meines Vaters. Die anderen Großeltern sind schon gestorben. Meine Tanten und Onkel sind alle älter.

18

Wie würden Sie diese Menschen charakterisieren?

1. Carlos ist verheiratet.	Ele é ...
2. Rita ist die jüngste Tochter.	Ela é ...
3. Nuno ist der älteste Sohn.	Ele é ...
4. Mariana ist ein dunkler Typ.	Ela é ...
5. Pedro ist groß gewachsen.	Ele é ...
6. Paula ist blond.	Ela é ...
7. Mariazinha ist klein.	Ela é ...
8. Jaime ist Einzelkind.	Ele é ...

Kultur

In Portugal bestehen die Namen aus zwei *Vornamen* **nomes proprios** und zwei *Nachnamen* **apelidos.** Die Nachnamen setzen sich zusammen aus den **apelidos da mãe** und **do pai**, z. B. **Maria Teresa Torres de Castro**. Der Familiennamen, **Torres,** entstammt der Familie der Mutter und **de Castro** der Familie des Vaters.

De que cor é o teu casaco?

1

2 28

Hören Sie sich **as cores** *die Farben* mehrmals an. Üben Sie die Aussprache, indem Sie die Wörter laut nachsprechen. Einige Farben können Sie sicherlich von anderen Sprachen ableiten. Ordnen Sie sie der deutschen Entsprechung zu.

Sprachtipp

Die Farben als Substantive sind männlich. Es heißt **o amarelo** *das Gelb*, **o preto** *das Schwarz*, **o vermelho** *das Rot*, usw. Meistens werden die Farben jedoch als Adjektive verwendet und als solche richten sie sich in Zahl und Geschlecht nach dem Substantiv, z. B.: **as casas brancas e verdes** *die weißen und die grünen Häuser*.

1. branco	a) *braun*
2. amarelo	b) *schwarz*
3. cor-de-laranja	c) *grau*
4. vermelho	d) *blau*
5. cor-de-rosa	e) *grün*
6. verde	f) *orange*
7. azul	g) *rosa*
8. preto	h) *gelb*
9. cinzento	i) *rot*
10. castanho	j) *weiß*

2

2 29

Sehen Sie sich diese Kleidungsstücke an und hören Sie sich die Beschreibungen an. Ordnen Sie dann die Sätze dem jeweiligen Bild zu.

Wörter aus dem Englischen

Das englische Wort **t-shirt** *das T-Shirt* hat sich in Portugal etabliert und gehört inzwischen zum portugiesischen Wortschatz.

① 
② 
③ 
④ 
⑤ 
⑥ 
⑦ 
⑧ 

a) A camisa é branca.
b) As calças são verdes.
c) O vestido é vermelho.
d) A saia é cor-de-rosa.
e) O casaco é preto.
f) Os sapatos são castanhos.
g) Os ténis são azuis.
h) O pulôver é cinzento.

De que cor é o teu casaco?

3

2 30

In einem Bekleidungsgeschäft probiert Teresa zwei Kleidungsstücke an. Die Verkäuferin berät sie. Hören Sie sich die Fragen und die Antworten auf der rechten Seite an. Ordnen Sie die Antworten den richtigen Fragen links zu. Wenn Sie wollen, können Sie anschließend die Übersetzung im Anhang nachlesen.

1. Por favor, procuro um vestido verde.		a) 45 euros.
2. Onde posso provar o vestido?		b) A senhora gosta deste aqui?
3. O vestido serve-lhe?		c) Acho que visto o 38.
4. Que número veste?		d) A cabine é ali.
5. Como estou com este vestido?		e) Não, fica-me um pouco grande.
6. Quanto custa?		f) A caixa é logo ali.
7. Vou levar este. Onde posso pagar?		g) Ah, esse vestido cai-lhe muito bem.

4

2 31

Für Teresas Geburtstag wird eine *Überraschungsparty* **festa surpresa** organisiert. *Die Gäste* **os convidados** müssen eingeladen werden, für Getränke muss gesorgt werden, aber vor allem, was ist das richtige *Geschenk* **o presente** für das Geburtstagskind? Hören Sie sich den Dialog mehrmals an. Kreuzen Sie an, welche Aussage auf welche Person zutrifft. Wenn Sie unsicher sind, können Sie den Dialog auf der nächsten Seite lesen.

	António		Paulo		Noémia	
	sim	não	sim	não	sim	não
1. Pediu o bolo de aniversário na pastelaria.						
2. Comprou a bebida e o champanhe.						
3. Escreveu os convites e enviou-os aos convidados.						
4. Quer dar à Teresa como presente um livro e um CD.						
5. Vai passear no sábado com a aniversariante.						
6. Preparam tudo no dia da festa.						

Wortschatz

A aniversariante bedeutet *das Geburtstagskind* und wird nur in Brasilien gebraucht.

De que cor é o teu casaco?

§16

Das direkte und das indirekte Objektpronomen

Wenn man das Objekt eines Satzes nicht wiederholen möchte, verwendet man stattdessen ein Objektpronomen: *Er gibt Teresa ein Buch.*
Es kann das indirekte Objektpronomen: *Er gibt ihr ein Buch.* (wem?)
oder das direkte Objektpronomen sein: *Er gibt es Teresa.* (was?)

Auch das Portugiesische kennt direkte und indirekte Objektpronomen. Man spricht auch von Akkusativ- und Dativobjektpronomen.

	Personal-pronomen	direktes Objektpro.	indirektes Objektpro.
Sing.	eu	me	me
	tu	te	te
	você	o/a	
	ele	o	lhe
	ela	a	
Pl.	nós	nos	nos
	vocês (vós)	vos	vos
	eles	os	lhes
	elas	as	

5

31

Hören Sie sich den Dialog noch einmal an und lesen Sie ihn diesmal gleichzeitig mit. Können Sie aus dem Zusammenhang herausfinden, welche Wörter im Dialog Objektpronomen sind?

Kultur

António Lobo Antunes gehört in Portugal zur Generation der erfolgreichen Schriftsteller nach der Nelkenrevolution 1974. Seine Romane handeln oft von den Erlebnissen und Auswirkungen des Kolonialkrieges in Angola, wo er als Soldat dienen musste. Er ist heute einer der erfolgreichsten portugiesischen Schriftsteller.

António: E então, como vão os preparativos para a festa?
Paulo: Os convidados já receberam o convite. Enviei-os ontem via internet.
Noémia: As bebidas ainda vou comprá-las amanhã. Mas, e o champanhe?
Paulo: Tenho-o em casa. Sobrou muito da última festa.
António: Óptimo. O bolo de aniversário, também já o pedi na pastelaria.
Noémia: E o presente?! Não temos ainda um presente para a aniversariante!
Paulo: O que podemos oferecer-lhe no aniversário? Vocês têm alguma ideia?
Noémia: Sei que a Teresa gosta muito de roupa. Que tal um vestido vermelho?
António: Não sei... Acho que ela prefere a cor azul ou verde.
Paulo: Por que não compramos uma camisola ou uma blusa azul? É clássico.
Noémia: Que número é que ela veste?
António: Ah, não sei...
Paulo: Então não podemos presenteá-la com roupa. Que tal o novo livro de António Lobo Antunes?
Noémia: Boa ideia. Vou comprá-lo. Podemos dar-lhe também um CD, de acordo?
António: Perfeito. No sábado, então, vou convidá-la para um passeio e vocês preparam tudo o que falta para a festa.

De que cor é o teu casaco?

§16

Stellung der Objektpronomen im Satz

Sie haben sicherlich gemerkt, dass die Objektpronomen sich unterschiedlich verhalten, je nachdem wo sie stehen. Folgende Regel sollte dabei beachtet werden:
Die Objektpronomen stehen, ähnlich wie die Reflexivpronomen, in der Regel nach dem Verb und werden mit diesem durch einen Bindestrich verbunden:
Dou um CD à Teresa. - Dou-**lhe** um CD. *Ich schenke Teresa eine CD. - Ich schenke ihr eine CD.*
Prova a saia? - Prova-**a**? *Probieren Sie den Rock an? - Probieren Sie ihn an?*

Eine Voranstellung des Pronomens erfolgt dagegen:

- bei Fragesätzen mit Fragepronomen: *Quem* **o** chamou? *Wer hat ihn gerufen?*
- bei verneinten Sätzen: *Não* **lhe** comprei o livro. *Ich habe ihr/ihm/Ihnen das Buch nicht gekauft.*
- in Nebensätzen: Acho *que* **os** vou comprar. *Ich denke, dass ich sie kaufen werde.*
- bei einigen Adverbien: *Já* **as** paguei. *Ich habe sie schon bezahlt.*

6

Wo muss das Objektpronomen stehen? Kreuzen die richtige Version an.

1. Ele encomendou o bolo de aniversário.
   a) Ele o encomendou.
   b) Ele encomendou-o.

2. Quando convidaste a Ana?
   a) Quando a convidaste?
   b) Quando convidaste-a?

3. Paulo enviou os convites via internet.
   a) Paulo os enviou via internet.
   b) Paulo enviou-os via internet.

4. Eles já compraram o presente à Teresa.
   a) Eles já lhe compraram o presente.
   b) Eles já compraram-lhe o presente.

7

Sehen Sie sich die Bilder an. Welche Aussagen passen zu jedem Bild? Kreuzen Sie an. Es können mehrere richtig sein.

1. Eles estão a beber champanhe.
2. Eles não gostam de champanhe.
3. A festa surpresa já começou.

1. Eu gosto muito de comprar sapatos.
2. Não sei que sapatos comprar.
3. Eu prefiro sapatos usados.

1. Recebemos um convite para uma festa.
2. Estamos convidados para uma festa.
3. Já sei o que comprar na pastelaria.

De que cor é o teu casaco?

8

Ergänzen Sie die Sätze mit dem passenden Pronomen in der 3. Person und entscheiden Sie ob es links oder rechts vom Verb stehen muss.

o • a • os • as • lhe • lhes

1. Já encomendaste <u>o bolo</u>?	Já _______ encomendaste _______?
2. Eu comprei <u>dois livros</u>.	Eu _______ comprei _______.
3. Não encontrei <u>a Joana</u>.	Não _______ encontrei _________.
4. Eles levam um presente <u>ao chefe</u>?	Eles _______ levam _______ um presente?
5. Ele pediu dinheiro <u>aos pais</u>.	Ele _______ pediu _______ dinheiro.
6. Nós já convidámos a <u>Carolina e a Ana</u>.	Nós já _______ convidámos _______.

Die Veränderung der direkten Objektpronomen bei Nachstellung

Sie haben bisher direkte Objektpronomen mit Voran- oder Nachstellung gesehen. Bei der Nachstellung der direkten Objekte treten jedoch folgende Veränderungen auf:

Wenn die Verbformen auf **-r, -s** oder **-z** enden, entfällt der letzte Buchstabe des Verbs, während die Pronomen in der 3. Person zu **lo, la, los, las** werden.

Eu cham**o** a Teresa. – Eu cham**o**-**a**. *Ich rufe Teresa. – Ich rufe sie.*

ABER: Nós chamámo**s** a Teresa. – Nós chamámo-**la.**
Wir haben Teresa gerufen. – Wir haben sie gerufen.

Ist der letzte Buchstabe nach dem Wegfall von **-r, -s** oder **-z** ein **-a** bekommt dieser einen Akzent (**á**), ist es ein **-e** erhält dieser einen Zirkumflex (**ê**):

Vamos compra**r** as bebidas. – Vamos compr**á**-**l**as.
Wir werden die Getränke kaufen. – Wir werden sie kaufen.

Ela fe**z** o jantar. – Ela f**ê**-**l**o. *Sie hat das Abendessen gemacht. – Sie hat es gemacht.*

Wenn das Verb auf einen Nasallaut endet (**-m, -ão, -õe**), werden die Pronomen in der 3. Person zu **-no, -na, -nos, -nas**.

Eles convidara**m** todos os amigos. – Eles convidara**m**-**n**os todos.
Sie haben alle Freunde eingeladen. – Sie haben sie alle eingeladen.

Ele p**õe** os ténis. – Eles p**õe**-**n**os. *Er zieht die Sportschuhe an. – Er zieht sie an.*
Eles d**ão** os presentes. – Eles d**ão**-**n**os. *Sie geben die Geschenke. – Sie geben sie.*

9

Vervollständigen Sie die Sätze mit dem Verb und dem nachgestellten direkten Objektpronomen, z. B.: Ela vai convidar **a Ana?** Sim, ela vai convidá-**la**.

1. Eles receberam o convite? Sim, eles ________________________________.
2. Eles vão preparar a surpresa? Sim, eles ________________________________.

De que cor é o teu casaco?

3. Eles compraram um livro e um CD? Sim, eles ____________________.
4. Ela vai preferir o pulôver azul? Sim, ela ____________________.

In **Brasilien** werden die Pronomen vor das konjugierte Verb gestellt. Daher findet man die Objektpronomen der 3. Person in den unveränderten Formen wieder, z. B.: **Eles os convidaram todos.** *Sie luden sie alle ein.*

Wenn in einem Satz zwei Objekte, ein direktes und ein indirektes, zusammen kommen, dann verschmelzen beide. Die Endung wird von der Form des direkten Objektpronomens bestimmt.

Ele deu o presente à Teresa. *Er gab Teresa das Geschenk.*
Ele deu-**lhe** o presente. *Er gab ihr das Geschenk.*
Ele deu-**o** à Teresa. *Er gab es Teresa.*
Ele deu-**lho**. *Er gab es ihr.*

§16

10

Ersetzen Sie die unterstrichenen Wörter durch das passende Objektpronomen und fügen Sie es dem bereits vorhandenen Pronomen zu. Achten Sie besonders auf die Veränderungen, die beim Zusammenziehen der Pronomen entstehen können.

1. Ele dá-me o presente. – Ele dá-________.
2. Os amigos fizeram-nos um bolo. – Os amigos fizeram-________.
3. O Paulo enviou-lhes o convite. -O Paulo enviou-________.
4. Comprei-te uma camisa. – Comprei-________.
5. Servi-as aos convidados. – Servi-________.
6. A Ana deu-vos o CD? – Ana deu-________?

Atenção!

Bei den Dativpronomen **nos** und **vos** entfällt das Endungs- **s** und das Akkusativpronomen wird zu **lo(s)**, **la(s):** A Teresa mostrou-**nos o seu presente de aniversário**. A Teresa mostrou-**no-lo**. *Teresa zeigte uns ihr Geburtstagsgeschenk. Teresa zeigte es uns.*

11

Sehen Sie sich die Bilder an und ergänzen Sie die Sätze, indem Sie die unterstrichenen Objekte durch direkte oder indirekte Objektpronomen ersetzen.

1. As gravatas? Comprei-______ todas!

2. Os familiares? Convidei-______ todos!

3. O convite da Paula? Enviei-______ hoje!

4. O livro de Lobo Antunes? Já ______ li todo!

De que cor é o teu casaco?

12

2 32

Hören Sie sich die Sätze an und lesen Sie mit. Achten Sie besonders auf Ihre Aussprache. Falls Sie noch nicht ganz zufrieden sind, wiederholen Sie die Übung.

1. Estou de calças e casaco pretos.

2. Ele usa uma camisa azul.

3. Muitíssimo obrigado pelo presente!

4. Muitos parabéns pelo seu aniversário!

13

2 33

Hören Sie sich den kleinen Dialog zwischen Teresa und der Verkäuferin an und lesen Sie ihn mit. Sprechen Sie die einzelnen Sätze nach. Ersetzen Sie nun im Dialog **o vestido** durch **a saia** und beachten Sie alle Elemente, die sich dadurch ändern.

Vendedora: Então, minha senhora, gostou do vestido?
Teresa: Gostei. Tem também um cor-de-rosa?
Vendedora: Qual é o seu número?
Teresa: Visto o 38.
Vendedora: Sinto muito. Só temos números maiores.
Teresa: Posso provar um, mesmo assim?
Vendedora: Claro, a cabine é ali. ... E então, serve-lhe?
Teresa: Serve. Vou levá-lo. Onde fica a caixa?
Vendedora: É ao fundo da loja.
Teresa: Posso pagar com cartão de crédito?
Vendedora: Infelizmente não. Só aceitamos dinheiro.

14

Wie äußern Sie auf Portugiesisch folgende Wünsche? Bilden Sie korrekte Sätze aus den Wörtern. Lesen Sie dann die Sätze laut vor.

1. ____________________________________.
Sie geben Ihre Konfektionsgröße an, z. B. 40.

quarenta • o • visto

2. ____________________________________?
Sie fragen, ob Sie eine Hose anprobieren können.

estas • provar • posso • calças

De que cor é o teu casaco?

3. ____?
Sie fragen, wo die Umkleidekabine ist.

a • é • onde • cabine

4. ____?
Sie möchten mit Kreditkarte zahlen und erkundigen sich.

crédito • pagar • com • de • posso • cartão

15

2 34

Wissen Sie noch, wie die Farben auf Portugiesisch lauten? Machen Sie eine Liste mit allen Farben, die Ihnen spontan einfallen. Hören Sie sich anschließend die Farben an, die wir zusammengestellt haben. Wenn Ihre Farbe dabei ist, dürfen Sie sie durchstreichen. Wenn Sie alle Farben haben: **Parabéns, você é um excelente aluno!**

Wir gratulieren! Parabéns!
Das Geburtstagslied **„Parabéns a você“** wird nach der Melodie von „Happy Birthday to you“ gesungen. Möchten Sie es mal versuchen?

Parabéns a você
nesta data querida
muitas felicidades,
muitos anos de vida.

Hoje é dia de festa
cantam as nossas almas,
para a menina Teresa
uma salva de palmas!

O mês de Junho é um mês de festa.

As festas juninas sind Volksfeste zu Ehren der *drei Volksheiligen* **santos populares: Santo António** *hl. Antonius* am 13. Juni, **São *João*** *hl. Johannes* am 24. Juni und **São Pedro** *hl. Petrus* am 29. Juni. Sie werden sowohl in Portugal als auch in Brasilien gefeiert. Der gebürtige Lissabonner, **Santo António**, wird in seiner Heimatstadt besonders gefeiert. Da er als Heiratsvermittler bekannt ist, finden in Portugal viele **casamentos de Santo António** statt. Getanzt werden auch die **marchas populares**, in Brasilien **quadrilhas** genannt. **São João**, wird vor allem in Porto und Braga groß gefeiert. Mit **São Pedro** enden die Feierlichkeiten mit viel *Feuer* **fogueiras** oder einem großen Feuerwerk. In Brasilien gibt es zu diesem Anlass verschiedene Süßspeisen wie z. B. **bolo de milho** *Maiskuchen* oder **batata doce** *Süßkartoffeln*. Man vertreibt den Winter **Inverno** mit viel **vinho quente** *Glühwein* oder in São Paulo auch mit dem **quentão**, (ein heißes Ingwer-Getränk mit Schnaps). Im Nordosten Brasiliens kommen regionale Besonderheiten wie Prozessionen und Rosenkranzgebete hinzu. Auch wenn der **Carnaval** das bekannteste Volksfest **do Brasil** ist, erfreuen sich die **festas juninas** *Junifeste* nach wie vor einer großen Beliebtheit und Popularität.

Um passeio por Portugal.

1

2 35

Teresa und António planen eine gemeinsame Rundreise durch Portugal. Sie suchen mögliche *Unterkünfte* **alojamento** für die Reise. Hören Sie sich zunächst die Sätze an und lesen Sie den Text laut mit.

1. A diária desta pensão é com o pequeno-almoço incluído.
2. Aquele hotel só tem quartos individuais livres.
3. Nessa pousada reservámos um quarto duplo.
4. Daquela quinta tem-se uma vista maravilhosa.
5. Este lugar de campismo está totalmente lotado.

Welche ist die richtige Antwort? Kreuzen Sie an.

1. Was ist im Tagespreis inbegriffen?
   a) das Frühstück b) das Mittagessen c) das Abendessen
2. Dieses Hotel hat nur folgende Zimmer frei:
   a) Einzelzimmer b) Doppelzimmer c) keine Zimmer
3. Wo haben wir ein Doppelzimmer reserviert?
   a) in einer Pension b) in einem Hotel c) in einer historischen Herberge
4. Von wo aus hat man eine wunderbare Aussicht?
   a) von diesem Landgut b) von diesem Turm c) von diesem Berg
5. Dieser Campingplatz ist ...
   a) leer b) ausgebucht c) geschlossen

2

2 36

Hören Sie sich die Wörter mehrmals an und sprechen Sie sie nach. Ordnen Sie sie der deutschen Entsprechung zu.

1. o castelo

2. a catedral

3. o mosteiro

4. o monumento

5. a paisagem

6. o guia turístico

7. a casa de banho

8. o duche

9. o quarto

10. a cama

Um passeio por Portugal.

a) *das Zimmer*
b) *die Dusche*
c) *die Landschaft*
d) *der Reiseführer*
e) *das Badezimmer*
f) *das Denkmal*
g) *die Burg*
h) *die Kathedrale*
i) *das Kloster*
j) *das Bett*

Lerntipp

Versuchen Sie die touristischen Sehenswürdigkeiten gleich auf Portugiesisch zu lernen wie z. B. **Castelo de São Jorge (em Lisboa), o Palácio da Pena (em Sintra)**.

3

Sie wollen eine *Zimmerreservierung* **reserva de quarto** machen und wollen Auskünfte über Preis und Zimmerausstattung erhalten. Folgende Sätze können Sie möglicherweise gebrauchen.
Hören Sie sich die Fragen an und lesen Sie mit. Was würde man Ihnen an der Rezeption antworten? Hören Sie im Anschluss die Antworten und ordnen Sie sie der passenden Frage zu.

2 37

1. Quanto custa a diária desta pousada?
2. O pequeno-almoço está incluído na diária?
3. É possível reservar um quarto com vista para o mar?
4. O senhor tem um quarto individual?
5. Há um duche neste quarto?

a) Todos os quartos têm uma casa de banho.
b) Infelizmente não. Está tudo lotado.
c) A diária custa 20 Euros por pessoa.
d) Sim, e também o jantar.
e) Não, mas o quarto tem duas camas.

Kultur

Die **pousadas** *Herberge* sind in Portugal und in Brasilien beliebte Wohnmöglichkeiten für den Urlaub. In Portugal sind viele **pousadas** in alten historischen Gebäuden untergebracht und sind in der gehobenen Preisklasse anzusiedeln. In Brasilien dagegen handelt es sich eher um kleine Familienbetriebe.

4

Teresa und António machen eine große Rundreise durch Portugal, erst durch den Norden und anschließend geht es in den Süden, in den Alentejo und an die Algarve. Im Augenblick sind sie unterwegs nach Guimarães im Norden Portugals. Hören Sie sich den Text mehrmals an und versuchen Sie folgende Frage zu beantworten. Wenn Sie möchten, können Sie auf der nächsten Seite den Dialog mitlesen. Welche Städtenamen und Regionen Portugals kommen im Gespräch zwischen Teresa und António vor?

2 38

___

___

___

Um passeio por Portugal.

5

2 38 Hören Sie sich den Dialog noch einmal an und lesen Sie ihn mit. Lesen Sie dann die Aussagen und kreuzen Sie an, ob sie richtig oder falsch sind.

Teresa: Onde é que nos vamos hospedar em Guimarães?
António: Sei lá! Porque é que não procuramos uma pousada também, como em Braga?
Teresa: Para mim tanto faz. Infelizmente não pude informar-me antes sobre hospedagens.
António: Não faz mal. Com certeza há uma pensão ou um hotel na cidade.
Teresa: No Porto há muito que ver. Vamos ficar pelo menos três dias. Depois continuamos a viagem para Coimbra, não é?
António: Isso mesmo. Eu sempre quis conhecer Coimbra. Lá podemos ficar numa pousada da juventude.
Teresa: Claro! No Alentejo vamos dormir na quinta dos pais da Aninhas. Vais gostar muito de Évora.
António: É essa a cidade histórica com a catedral, o castelo e o mosteiro?
Teresa: É sim. Ela é património histórico mundial. E a paisagem da região também é muito bonita.
António: E quando chegamos a Sagres? Quero muito acampar na praia.
Teresa: Campismo?! Isso não é comigo. Pensei em arrendar uma casa na praia.
António: Mas isso não vai sair muito caro, Teresa?
Teresa: Deixa a organização comigo. Vou achar alguma coisa barata.
António: Está bem! És a minha guia turística.

Kulturtipp

Guimarães ist die Geburtsstadt des ersten portugiesischen Königs, **Dom Afonso Henriques** und bekannt als **o berço de Portugal**, *die Wiege Portugals*. Sie liegt im Nordwesten des Landes.

	certo	errado
1. O António e a Teresa não sabem onde passar a noite em Guimarães.	○	○
2. A Teresa informou-se bastante acerca de Guimarães.	○	○
3. O António e a Teresa planeiam ficar três dias no Porto.	○	○
4. Évora é uma cidade no Algarve.	○	○
5. A Teresa adora acampar.	○	○

Wortschatz

O guia turístico *der Reiseführer* kann sowohl ein Buch als auch eine Person sein. Eine Frau, die als Reiseführerin arbeitet heißt dann: **a guia turística**.

Im einfachen Perfekt ist **poder** unregelmäßig:
eu pude,
tu pudeste,
vôce/ele/ela pôde,
nós pudemos,
vocês/eles/elas puderam

Der Zirkumflex beim **ô** in der 3. Pers. Sg. (pôde) kennzeichnet die geschlossene Aussprache. Dies dient der Unterscheidung von Gegenwart und Vergangenheit.

Um passeio por Portugal.

6

Die portugiesischen Sätze auf der linken Seite passen nicht zu den deutschen Übersetzungen auf der rechten Seite. Ordnen Sie diese den entsprechenden Sätzen links zu.

1. Informei-me sobre as reservas do hotel.
2. Nessa cidade há muitos monumentos?
3. O nosso guia turístico está no hotel.
4. Nesta pousada há poucos quartos livres.
5. Essa paisagem aí é muito bonita.
6. O pequeno-almoço está incluído na diária?

a) *In dieser Pousada gibt es wenige freie Zimmer.*
b) *Diese Landschaft ist sehr schön.*
c) *Gibt es in dieser Stadt viele Denkmäler?*
d) *Ist das Frühstück im Preis inbegriffen?*
e) *Unser Reiseführer ist im Hotel.*
f) *Ich habe mich über die Hotelreservierungen informiert.*

7

Hören Sie sich sehr aufmerksam die unterschiedlichen Aussprachen von **poder** in der 3. Pers. Sg. Präsens und Perfekt an.

2 39

Hoje ele pode ir ao museu.	*Heute kann er ins Museum gehen.*
Ontem ele pôde ir ao museu.	*Gestern konnte er ins Museum gehen.*

8

Im einfachen Perfekt ist **querer** ebenfalls unregelmäßig. Sie werden aber sicherlich einige der Formen an der Endung erkennen. Wählen Sie die richtige Verbform von **querer** im einfachen Perfekt aus.

quis • quiseram • quiseste • quis • quisemos

1. Eu ______________________ conhecer a catedral.
2. Tu ______________________ hospedar-te num hotel?
3. Eles ______________________ alugar um carro.
4. Nós ______________________ ficar numa pousada.
5. Vocês ______________________ visitar Braga?

Um passeio por Portugal.

9

§29

Wie war der Urlaub? Bejahen Sie folgende Fragen mit der passenden Verbform im einfachen Perfekt. Denken Sie daran, dass Sie dabei lediglich das Verb benötigen. Bsp.: Estiveste no Brasil? **Estive.**

1. Vocês alugaram uma casa no Alentejo? ______________________.
2. Visitaste o sul de Portugal? ______________________.
3. Acampaste nas tuas férias? ______________________.
4. Conheceste pessoas muito interessantes neste país? ______________________.
5. Vocês deixaram a organização nas mãos deles? ______________________.
6. Pudeste ficar mais tempo no Porto? ______________________.
7. A família hospedou-se neste hotel? ______________________.
8. Quiseste ir de férias com eles? ______________________.

Lerntipp

Versuchen Sie, die Verben immer mit der dazugehörenden Präposition zu lernen! Zum Beispiel: **ficar em** *vereinbaren*, **informar-se sobre** *sich informieren über*, **pensar em** *an etwas/jmdn denken*, **gostar de** *an etwas/jmd. mögen*.

Das Personalpronomen nach Präpositionen

Im Dialog haben Sie die Form **mim** im Satz: **Para mim tanto faz**. *Mir ist das egal.* kennen gelernt.

Mim *mir/mich* ist ein sog. betontes Objektpronomen. Diese stehen immer nach Präpositionen.

	Personal-pronomen	**nach einer Präposition**	**nach der Präposition „com"**
Singular	eu	mim	comigo
	tu	ti	contigo
	você	si	consigo
	ele, ela	ele, ela	com ele, com ela
Plural	nós	nós	connosco
	(vós) vocês	(vós) vocês	convosco
	eles, elas	eles, elas	com eles, com elas

10

Sehen Sie sich die Personen in der Klammer an und schreiben Sie dann die passende Form des betonten Pronomens in die Lücke.

1. Ele não quis ir de férias com (eu) __________!
2. Aluguei uma casa para (tu) __________!
3. Ela preferiu ficar com (nós) ______________.
4. Ela pediu-me a (eu) __________ para eu lhe mostrar Lisboa.

Um passeio por Portugal.

5. Já ouvi muito falar de (você) ____________!
6. Este presente é para (vocês) ____________.

11

Hören Sie, was Teresa über ihre gemeinsame Reise mit António erzählt. Geben Sie dann die Aussagen in der 3. Person wieder.

2 40

1. Eles __________________ o mosteiro de Évora.
2. Eles __________________ três horas neste castelo.
3. Eles não __________________ ver a paisagem.
4. Eles __________________ em arrendar essa casa.
5. Eles __________________ ficar naquela pousada.
6. Eles __________________-se sobre estes monumentos.

§ 20

Die Demonstrativpronomen – die hinweisenden Fürwörter

Im Portugiesischen gibt es drei Demonstrativpronomen: **este** *der hier*, **esse** *der da* und **aquele** *der dort/jener*. Wie Adjektive richten sie sich in Zahl und Geschlecht nach dem Substantiv.

Este(s), **esta(s)** beziehen sich auf Personen und Sachen, die in der Nähe des Sprechers sind. Dazu passt das Adverb **aqui** *hier*:

Esse(s), **essa(s)** beziehen sich auf Personen und Sachen, die in der Nähe der angesprochenen Person sind. Dazu passt das Adverb **aí** *da*:

Aquele(s), **aquela(s)** beziehen sich auf Personen und Sachen, die weder in der Nähe des Sprechers noch bei der angesprochenen Person sind. Dazu passt das Adverb **ali** *dort*:

Die Formen **isto** *das hier*, **isso** *das da* und **aquilo** *das dort* sind unveränderlich. Sie haben die Funktion eines Neutrums, das sich auf ein Ganzes bezieht. Es steht deshalb immer ohne Substantiv, weil es sich wie ein solches verhält.

12

Hören Sie sich folgende Sätze an und tragen Sie das passende Demonstrativpronomen in die Lücke ein.

2 41

1. ____________ aqui é o guia turístico.
2. ____________ aí é o seu quarto?
3. ____________ quinta ali é dos pais da Ana.
4. ____________ cidade é muito antiga.
5. ____________ hotéis estão lotados.
6. ____________ paisagem é bonita.

Um passeio por Portugal.

13

42

Sie suchen eine Unterkunft und gehen an die **recepção** *Rezeption* eines Hotels, um nach zwei Einzelzimmern oder einem Doppelzimmer zu fragen. Übernehmen Sie im Dialog die Rolle des Kunden und machen Sie Ihre Angaben auf Portugiesisch. Hören Sie sich anschließend den gesamten Dialog an. Den vollständigen Text finden Sie im Anhang.

Cliente: *Sie fragen nach, ob es freie Zimmer gibt.*
Recepcionista: Quarto duplo ou individual?
Cliente: *Sie möchten zwei Einzelzimmer oder ein Doppezimmer mit 2 Betten.*
Recepcionista: Com ou sem casa de banho?
Cliente: *Die Zimmer sollen mindestens mit Dusche sein.*
Recepcionista: O quarto pode ser virado para a rua?
Cliente: *Sie möchten lieber ein Zimmer mit Blick zum Meer.*
Recepcionista: Sinto muito. Esses estão lotados.
Cliente: *Dann nehmen Sie die Zimmer mit Blick auf die Straße. Sie fragen nach, ob es Einzelzimmer gibt.*
Recepcionista: Só temos livre um quarto duplo com casa de banho.
Cliente: *Sie fragen nach dem Tagespreis.*
Recepcionista: Custa 25 Euros por pessoa.
Cliente: *Sie möchten wissen, ob das Frühstück inbegriffen ist.*
Recepcionista: Está sim.
Cliente: *Sie sind damit einverstanden und beschließen zu bleiben.*
Recepcionista: Aqui estão as chaves. O quarto é o número 23.

14

43

Hören Sie sich den Dialog von der Hotelrezeption nochmals an. Lesen Sie dann die folgenden Sätze. Stimmen die Aussagen?

	sim	não
1. A cliente quer dois quartos duplos.	○	○
2. O recepcionista tem só um quarto livre com duas camas.	○	○
3. Os quartos com vista para o mar estão lotados.	○	○
4. Não há quartos virados para a rua.	○	○
5. A cliente recebe um quarto virado para a rua com casa de banho.	○	○
6. O pequeno-almoço está incluído na diária.	○	○

Um passeio por Portugal.

E agora um passeio pela história de Portugal

Das westlichste Land Europas, Portugal, hat eine lange und bewegte **história**.

Bereits 2000 v. Chr. ließen sich die Iberer auf der Region des heutigen Portugals und Spaniens nieder. Viele andere Völker folgten nach: u. a. die Phönizier, **os romanos** und **os árabes**.

Bereits im 11. Jh. wurde eine Grafschaft um Porto gegründet, die dem Land seinen heutigen Namen gab. Diese Grafschaft war der Grundstein für den Nationalstaat Portugal, den der erste König, Dom Afonso Henriques, 1139 proklamierte.

Im 15. Jh. erlebte Portugal seinen historischen Höhepunkt, als portugiesische Seefahrer **o mundo** eroberten und Länder in **África**, **Ásia** und zuletzt **Brasil** kolonisierten. Dadurch stieg Portugal zur Weltmacht auf.
1580 fiel Portugal in eine schwere politische Krise. Das Land verlor seine **independência** an Spanien und wurde vom Nachbarland bis 1640 regiert.
Nach der wiedererlangten Unabhängigkeit erlitt Portugal zu Beginn des 19. Jahrhunderts einen weiteren Rückschlag: Der *königliche Hofstaat* **a corte real** Portugals floh, bedroht durch Napoleons Truppen, 1807 nach Brasilien. Der portugiesische *König* **rei** kehrte 1820 in seine Heimat zurück und überließ seinem Sohn die Regierung Brasiliens. 1822 erklärte dieser schließlich die Unabhängigkeit Brasiliens.

Anfang des 20. Jahrhunderts wurde die Monarchie abgeschafft und Portugal fiel nach einer politisch sehr turbulenten Zeit der Republik unter eine **ditadura,** die von Oliveira Salazar geführt wurde.
Unterstützt durch den Widerstand **do povo português** konnte das Militär am 25. April 1974, ohne Blutvergießen, die Diktatur in Portugal stürzen. Als Gedenken an die Nelkenrevolution, **a Revolução dos Cravos**, feiert Portugal seitdem am **25 de Abril** seinen wichtigen **feriado nacional.**
Die restlichen Kolonien, **Angola**, **Moçambique**, **Guiné-Bissau**, **São Tomé e Príncipe, Cabo Verde, Timor Leste** und **Macau** wurden nach und nach unabhängig gesprochen, so dass Portugal heute nur aus dem Mutterland und den Inselgruppen **Madeira** und **Açores** besteht.

Die Berührung mit den vielen Völkern im Laufe der Geschichte hinterließ auf die eine oder andere Art ihre Spuren, die sich heute in der **cultura** und **mentalidade** der Portugiesen wiederspiegelt.

Kulturtipp

A revolução dos cravos, die Nelkenrevolution erhielt ihren Namen nach den Nelken, die die aufständischen Soldaten in ihren Gewehrläufen steckten. Die rote Nelke wurde daraufhin zum Symbol dieses Volksaufstandes.

1

Schreiben Sie den passenden Begriff unter das jeweilige Bild.

o vinho • a ponte • o quarto • a fruta • os sapatos • a bicicleta • o bolo • os livros • os legumes • as calças

1. ____________

2. ____________

3. ____________

4. ____________

5. ____________

6. ____________

7. ____________

8. ____________

9. ____________

10. ____________

2

Salada de letras! Trennen Sie diese Buchstabenschlangen in einzelne Wörter, indem Sie an der entsprechenden Stelle ein Leerzeichen setzen.

1. EmJaneiroosbrasileirostiramfériasnapraia.
2. Otempoébomcommuitosolecalor.
3. JunhoéomêsdasfestasnoBrasil.
4. NaEuropafazfrioenevanoInverno.
5. APrimaveraéaestaçãodoanomaisbonita.
6. Nãogostoquandochoveefazmuitovento.
7. Naquelaaldeiahásempremuitaneblina.
8. ORiodeJaneirotemflorestamontanhaseomar.

3

2 44

Hören Sie sich die folgenden Sätze einzeln an. Können Sie den Sätzen ihre Übersetzung zuordnen? Hören Sie sich die Sätze ruhig mehrmals an und versuchen Sie sich die Übersetzung zu merken.

a) *Ich weiß, dass du gern Sport machst.*
b) *Wie viele Sprachen sprechen Sie?*
c) *Ich denke, dass ihr im Winter nicht reisen solltet.*
d) *Meine Großeltern sind schon achtzig Jahre alt.*
e) *Am Sonntag haben wir bis spät geschlafen.*
f) *Mein Bruder ist älter als ich.*

4

Finden Sie die geeignete Satzendung und bilden Sie sinnvolle Sätze.

1. Em 1997 ...
2. Hoje ...
3. Quando fiz anos ...
4. Esta noite ...
5. Desculpe, mas neste momento ele ...
6. Ontem ...

a) vamos ao cinema com o Pedro e a Joana.
b) convidei os meus amigos para a minha festa.
c) é domingo e por isso não trabalho.
d) está a falar ao telefone.
e) nasceu a minha filha.
f) o Filipe e o Manuel foram à praia.

5

Sehen Sie sich das Substantiv an. Sehen Sie sich dann die vier Adjektive an. Welches passt nicht dazu? Kreuzen Sie das falsche an.

1. um presente	caro	cheio	simples	de aniversário
2. uma pousada	antiga	jovem	longe	grande
3. uma família	pequena	feliz	cara	portuguesa
4. um jogo	verde	de futebol	simples	novo
5. um monumento	importante	alto	frio	famoso
6. um telemóvel	moderno	prático	velho	quente
7. um casaco	divertido	preto	velho	bonito
8. uma comida	boa	típica	baixa	alemã

6

Hören Sie sich die Sätze an. Zu welchem Bild passt der Satz am besten? Kreuzen Sie das dazugehörige Bild an. Falls Sie Hilfe benötigen, können Sie im Anhang die Sätze mitlesen.

2 45

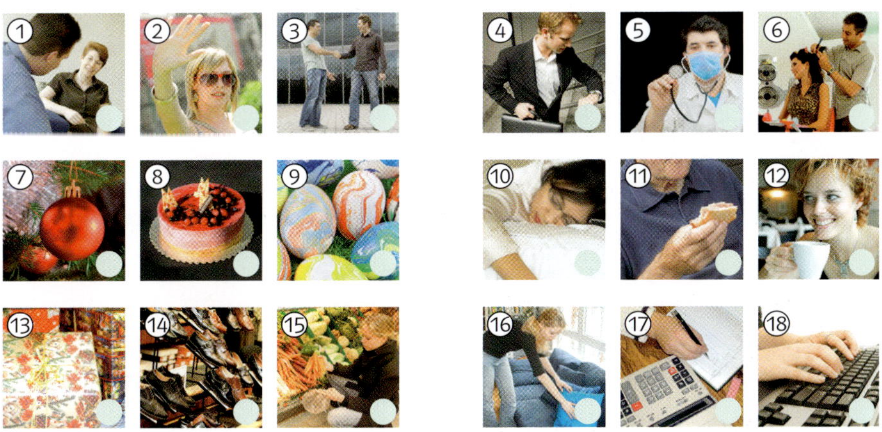

7

2 46

Hören Sie sich die Fragen an. Welche Antwort könnte dazu passen? Markieren Sie die zutreffende Antwort.

- a) Vamos de carro com os nossos amigos.
- b) Estive numa reunião de negócios até mais tarde.
- c) Ele sai ao meio-dia em ponto.
- d) Fica ali na próxima esquina.

8

Lesen Sie die Sätze und vervollständigen Sie sie mit Hilfe der Illustration. Es handelt sich um eine Wegbeschreibung.

1. Primeiro a senhora segue em ______________________.
2. Vai até ao ______________________.
3. Depois vira na próxima esquina ______________________.
4. Continua mais dois ______________________.
5. Entra na rua ______________________.
6. O supermercado fica na ______________________.

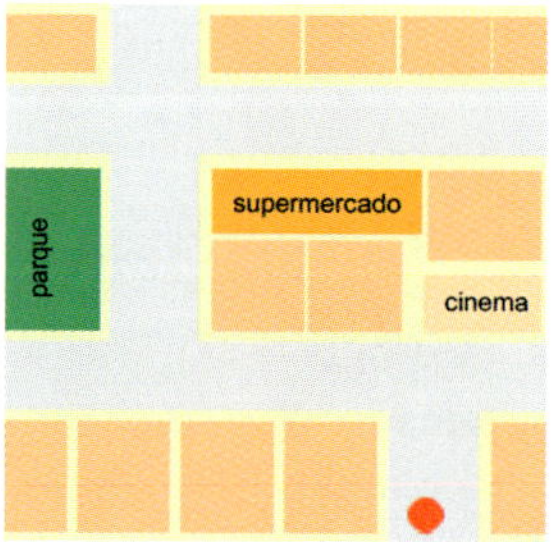

9

Diese Sätze sind durcheinander geraten. Bringen Sie die einzelnen Wörter in die richtige Reihenfolge. Achten Sie auf die Stellung der Pronomen!

1. para • -o • ir • chamei • cinema • ao

____

2. presentes • -lhes • comprámos

____

3. não • vê • pude • -la

____

4. deram • vocês • -nos • novas • roupas

____

5. em • ontem • pensaste • mim• ?

____

6. contigo • à • vou • cidade

___

7. tudo • eles • -lhe • contaram

___

8. o • deu • -me • um • empregado • de • água • copo

___

10

Verbinden Sie die Satzenden von rechts mit dem richtigen Satzanfang links, so dass sinnvolle Sätze entstehen. Achten Sie dabei besonders auf Singular und Plural, sowie auf die männlichen oder weiblichen Endungen der Adjektive.

1. Gosto de beber	a) desportos diferentes.
2. Ele gosta de muitos	b) são muito simpáticos.
3. Acho que esse empregado	c) computadores muito modernos.
4. A biblioteca agora	d) cerveja no Verão.
5. Os espanhóis	e) está aberta.
6. Tenho um	f) é novo aqui.
7. Vocês gostam dos	g) é muito simpática.
8. No escritório temos	h) computador antigo.
9. A tua família	i) professores do curso?
10. As férias na montanha	j) foram muito interessantes.

11

Wie war diese Wiederholung für Sie? Nehmen wir an, sie war **einfach**, **sehr interessant**, **ziemlich lustig** und Sie haben vor allem **sehr, sehr viel** gelernt. Dann kreuzen Sie jetzt das Zutreffende an.

A revisão foi ...

○ fácil	○ facilíssima	○ bastante fácil
○ pouco interessante	○ muito interessante	○ interessantíssima
○ um pouco divertida	○ bastante divertida	○ muito divertida

e sobretudo você aprendeu ...

○ muito!	○ muito muito!	○ muitíssimo!

1 Lektionswortschatz

Lektion 1

	a best. *Art. f. Sg.*	die (der, das)	[ɐ]
	a *Präp.*	zu, an, in, nach	
	a pé	zu Fuß	[ɐ'pɛ]
	a senhora mora ...	Sie *(f)* wohnen ...	
o	abacaxi *Br.*	Ananas	[ɐbɐkɐ'ʃi]
	adeus	Auf Wiedersehen	[ɐ'deuʃ]
	agora	jetzt	
a	alemã	Deutsche	[ɐlə'mɐ̃]
a	Alemanha	Deutschland	[ɐlə'mɐɲɐ]
o	alemão	Deutsch, Deutscher	[ɐlə'mɐ̃u]
a	amiga	Freundin	
o	amigo	Freund	[ɐ'migu]
o	ananás	Ananas	
o	angolano	Angolaner	
o	ano	Jahr	['ɐnu]
	antigo	alt, antik	
	aonde	wohin	
	as *best. Art. f. Pl.*	die	[ɐʃ]
	até	bis	
a	atenção	Aufmerksamkeit	[ɐtẽ'sɐ̃u]
	Atenção!	Achtung!	
a	Áustria	Österreich	
a	austríaca	Österreicherin	
o	austríaco	Österreicher	
	bem-vindo	willkommen	[bɐ̃i 'vĩndu]
	bom, boa *m., f.*	gut	[bõ], [boɐ]
o	Brasil	Brasilien	
a	brasileira	Brasilianerin	
o	brasileiro	Brasilianer	
	breve	kurz	
a	canção	Lied	[kɐ̃'sɐ̃u]
a	casa	Haus	
a	casa de banho	Badezimmer	['kazɐ də 'bɐɲu]
o	centro	Zentrum	['sẽntru]
o	céu	Himmel	[sɛu]
o	chá	Tee	[ʃa]
	chamar-se	heißen	[ʃɐm'arsə]
	chama-se	er/sie heißt	
	chamo-me	ich heiße	['ʃɐmumə]
a	chatice	Mist (als Ausruf)	[ʃɐ'tisə]
	chegar	ankommen	[ʃə'gar]
a	cidade	Stadt	[si'dadə]
o	colombiano	Kolumbianer	
	com	mit	[kõ]
	como	wie	
o	curso	Kurs	
	de	von, aus	
	de manhã	morgens, Vormittags	[də mɐ'ɲɐ̃]
	de nada	keine Ursache (Antwort auf Danke)	
	de onde	woher	
	de que	aus welcher, aus welchem	[də 'kə]
	Desculpe!	Entschuldigen Sie!	[dʃ'kulpə]
	Dezembro	Dezember	[də'zẽmbru]
	dezoito	achtzehn	[də'zɔitu]
o	dia	Tag	
	Diga-me...	Sagen Sie mir ...	
a	Dinamarca	Dänemark	
o	dinamarquês	Dänisch, Däne	[dinɐmɐr'keʃ]

a	dinamarquesa	Dänin	
	dona	Frau (Anredeform)	
	e	und	[i]
	é	er, sie ist	[ɛ]
	ela, elas *f. Sg., Pl.*	sie	['ɛlɐ]
	ele, eles *m. Sg., Pl.*	er, sie	['elə]
	em	in	[ɐ̃i]
o	engenheiro	Ingenieur	[ẽʒə'ɲejru]
	então	dann	[ẽntɐ̃u]
a	entrevista	Interview	[ẽntrə'viʃtɐ]
	és	du bist	[ɛʒ]
o	escritório	Büro	[ʃkri'tɔrju]
	Espanha	Spanien	[ʃ'pɐɲɐ]
o	espanhol	Spanisch, Spanier	[ʃpɐ'ɲɔl]
a	espanhola	Spanierin	
	essa	diese	
os	Estados Unidos	Vereinigte Staaten	[ʃ'taduz‿u'niduʃ]
o, a	estudante	Student, -in	[ʃtu'dẽntə]
	eu	ich	[eu]
o	exemplo	Beispiel	[i'zẽmplu]
a	fábrica	Fabrik	['fabrikɐ]
	faço	ich mache	['fasu]
	falar	sprechen	[fɐ'lar]
	fazer	machen, tun	[fɐ'zer]
	França	Frankreich	['frɐ̃sɐ]
o	francês	Französisch, Franzose	[frɐ̃'seʃ]
a	francesa	Französin	[frɐ̃'sezɐ]
a	garagem	Garage	[gɐ'raʒɐ̃i]
o	gato	Katze	
a	guitarra	Guitarre	
	há	es gibt	[a]
	hoje	heute	['oʒə]
a	Holanda	Holland	
o	holandês	Holländisch, Holländer	
a	holandesa	Holländerin	
o	hotel	Hotel	[ɔ'tɛɫ]
o	idioma	Sprache	
a	Inglaterra	England	
o	inglês	Englisch, Engländer	[ĩŋ'gleʃ]
a	inglesa	Engländerin	
a	Itália	Italien	
a	italiana	Italienerin	
o	italiano	Italienisch, Italiener	
	já	gleich, schon	[ʒa]
o	jogo	Spiel	['ʒogu]
o, a	jornalista	Journalist, Journalistin	[ʒurnɐ'liʃtɐ]
o	lápis	Bleistift	['lapiʃ]
a	língua	Sprache, Zunge	
o, a	lisboeta	Lissabonner, -in	
	logo	später	
a	maluquice	Unsinn	[mɐlu'kisə]
	mas	aber	
	máximo	maximal	['masimu]
	me	mich, mir	
o	mês	Monat	[meʃ]
	meu(s)	mein(e)	
	morar	wohnen	[mu'rar]
	moras	du wohnst	

o	motor	Motor	
	muito	sehr, viel	['mũintu]
a	mulher	Frau	[mu'ʎer]
	na (em + a)	in der	
a	nacionalidade	Nationalität	[nɐsjunɐli'dadə]
	não	nein, nicht	[nɐ̃u]
	não tem de quê	keine Ursache (Antwort auf Danke)	[nɐ̃u tɐ̃i də 'ke]
	nasci	ich bin geboren	
	no (em+o)	im	
a	noite	Nacht, Abend	['noitə]
o	nome	Name	['nomə]
o	norte-americano	US-Amerikaner	
	nos	uns	[nuʃ]
	nós	wir	
	novo	neu	
	o *best. Art. m. Sg.*	der (die, das)	[u]
	o que	was	['u kə]
	obrigada *f.*	danke	
	obrigado *m.*	danke	
	oi	hallo	
	olá	hallo	
	onde	wo	
	Onde é que nasceste?	Wo bist du geboren?	
	Onde é que nasceu?	Wo sind Sie geboren?	
a	origem	Herkunft	[u'riʒɐ̃i]
	os *best. Art. m. Pl.*	die	[uʃ]
os	pais	Eltern	
o	país	Land	[pɐ'iʃ]
	para	zu, nach, in	
o	pé	Fuß	
o	peixe	Fisch	['peiʃə]
	por favor	bitte	
	Portugal	Portugal	
o	português	Portugiesisch, Portugiese	[purtu'geʃ]
a	portuguesa	Portugiesin	
	pouco	wenig	
o	prazer	Vergnügen	[prɐ'zer]
o	problema	Problem	[pru'blemɐ]
o	professor	Lehrer/Professor	[prufə'sor]
a	profissão	Beruf	[prufi'sɐ̃u]
	qual *Sg.*, quais *Pl.*	welches, welcher, welche	[kwaɫ] [kwaiʃ]
	quanto	wie viel	['kwɐ̃ntu]
	quem	wer	[kɐ̃i]
o	quilo	Kilo	
a	região	Region	[ʀə'ʒjɐ̃u]
o	rio	Fluss	
o	russo	Russe, Russisch	
	são	sie sind	[sɐ̃u]
	se *Pron.*	sich	
a	secretária	Sekretärin	[səkrə'tarjɐ]
	sempre	immer	['sẽprə]
o	senhor	der Mann, Sie (Anrede m.)	[sə'ɲor]
a	senhora	die Frau, Sie (Anrede f.)	[sə'ɲorɐ]
	ser	sein (Verb)	
	seu, sua *m., f.*	ihr(e), sein(e), Ihr(e)	[seu], ['suɐ]
	sim	ja	[sĩ]
	só	nur	
o	sol	Sonne	
	solteiro, -a	ledig	
	somos	wir sind	
	sou	ich bin	
a	sueca	Schwedin	
a	Suécia	Schweden	['swɛsjɐ]
o	sueco	Schwedisch, Schwede	
a	suíça	Schweizerin	
a	Suíça	die Schweiz	
o	suíço	Schweizer	['swisu]
o	sul	Süden	
	também	auch	[tɐ̃m'bɐ̃i]
a	tarde	Nachmittag	['tardə]
o	táxi	Taxi	
	tchau	Tschüß	
	te	dich, dir	
o	telefone	Telefon	
	trabalhar	arbeiten	[trɐbɐ'ʎar]
o	trabalho	Arbeit	[trɐ'baʎu]
	tu	du	
	um, uma	ein(e)	[ũ], [umɐ]
a	união	Vereinigung	[u'njɐ̃u]
a	universidade	Universität	[univərsi'dadə]
	uns *m. Pl.*	einige	[ũʃ]
	você	Sie (Anredeform für m. + f. Sg.)	[vɔ'se]
	vocês	ihr	[vɔ'seʃ]
	vós (veralt.)	ihr	

Lektion 2

o	aeroporto	Flughafen	[ɐɛrɔ'portu]
a	água	Wasser	['agwɐ]
	ali	dort	
	aqui	hier	
a	arquite(c)ta	Architektin	[ɐrqui'tɛtɐ]
a	arquite(c)tura	Architektur	[ɐrquitɛ'turɐ]
	Atenção!	Achtung!	[ɐtẽ'sɐ̃u]
o	autocarro	Bus	
o	avião	Flugzeug	[ɐ'vjɐ̃u]
a	bagagem	Gepäck	[bɐ'gaʒɐ̃i]
	bem *Adv.*	gut	[bɐ̃i]
a	bicicleta	Fahrrad	
o	bilhete	Flugschein	[bi'ʎetə]
o	café	Kaffee, Café	
a	capital	Hauptstadt	
o	carnaval	Karneval	
o	carro	Auto	
o	clima	Klima	
o, a	colega	Kollege, Kollegin	
a	colonização	Kolonialisierung	[kulunizɐ'sɐ̃u]
o	comboio	Zug	[kõm'bɔju]
o	compositor	Komponist	[kõmpuzi'tor]
	contente	zufrieden/froh	
o	continente	Kontinent	
o	costume	Sitte, Gewohnheit	[kuʃtumə]
a	cultura	Kultur	
o	desembarque	Ausstieg	[dəzẽm'barkə]
o, a	dentista	Zahnarzt/-ärztin	
o	embarque	Einstieg	
o	empregado de mesa	Kellner	
a	entrada	Eingang/Einstieg	
a	escola	Schule	[ʃkɔlɐ]
	esta	diese	['ɛʃtɐ]
	está	er, sie ist	[ʃta]
	estão	sie sind	[ʃtɐ̃u]
	estar	sein (Verb)	[ʃtar]

	este	dieser	
	estou	ich bin	
a	família	Familie	
o	fim	Ende	[fĩ]
a	firma	Firma	
o	hospital	Krankenhaus	[ɔʃpi'taɫ]
a	informação	Information	[ĩfurmɐ'sɐ̃u]
	ir	gehen	
o	irmão	Bruder	[ir'mɐ̃u]
	isso	das da, dies	
	isso mesmo	genau	
o	japonês	Japaner, Japanisch	[ʒɐpu'neʃ]
o	javali	Wildschwein	[ʒɐvɐ'li]
o, a	jornalista	Journalist, -in	
	juntos	zusammen	['ʒũntuʃ]
	lá	dort	
	levar	bringen, mitnehmen	
	limpar	putzen, reinigen	
o	local	Platz, Ort	
o	lugar	Platz, Ort	
	mais	mehr, plus	[maiʃ]
a	mala	Koffer	
a	mão	Hand	[mɐ̃u]
o	médico	Arzt	
	menos	weniger, minus	
	mesmo	selbst	['meʒmu]
o	metro	U-Bahn	
o	minuto	Minute	
a	motocicleta	Motorrad	
a	mulher a dias	Putzfrau	
a	nação	Nation	[nɐ'sɐ̃u]
o	navio	Schiff	
	neste, nesta	in diesem, dieser	
o, a	o(p)timista	Optimist, -in	[ɔti'miʃtɐ]
	Olha!	Schau!	['ɔʎɐ]
o	ônibus *Br.*	Bus	
o	original	Original	[ɔriʒi'naɫ]
	ou	oder	
o	pão	Brot	[pɐ̃u]
o	passageiro	Passagier	[pɐssɐ'ʒeiru]
o	passaporte	Reisepass	
a	pessoa	Person	
a	praia	Strand	
o	rapaz	Junge	[ʀɐ'paʃ]
a	religião	Religion	[ʀəli'ʒjɐ̃u]
o	restaurante	Restaurant	
a	saída	Ausgang	[sɐ'idɐ]
o	tabu	Tabu	
o, a	taxista	Taxifahrer, -in	
a	televisão	Fernseher	[tələvi'zɐ̃u]
a	tradição	Tradition	[trɐdi'sɐ̃u]
o	trem *Br.*	Zug	
	vai	er, sie geht	
	vais	du gehst	[vaiʃ]
	vamos	wir gehen	
	vão	sie gehen	[vɐ̃u]
	vem	er, sie kommt	
	vir	kommen	
o	voo	Flughafen	[vo-u]
o	voo não fumador	Nichtraucherflug	[vo-u nɐ̃u fumɐ'dor]
	vou	ich gehe	[vo]

Lektion 3

	adiante	weiter, da vorn, vorwärts	
	algo	etwas	
	algum	irgendein	[aɫ'gũ]
	almoçar	zu Mittag essen	[aɫmu'sar]
o	almoço	Mittagessen	[aɫ'mosu]
	Alô!	Hallo! (Telefon)	
	alto	hoch, laut	
	amanhã	morgen	[amɐ'ɲɐ̃]
	atravessar	überqueren	
a	avenida	Allee	
o	bacalhau	Stockfisch	[bɐkɐ'ʎau]
	bastante	sehr, ziemlich	
	bonito	schön	[bu'nitu]
o	castelo	Schloss	[kɐʃ'tɛlu]
	catorze	vierzehn	[kɐ'torzə]
	cem	hundert (100)	[sɐ̃i]
	cento	hundert (ab 101)	
	cinco	fünf	['sĩŋku]
o	cinema	Kino	
	cinquenta	fünfzig	[sĩŋ'kwẽntɐ]
a	coisa	Ding, Sache	
	começar	anfangen, beginnen	[kumə'sar]
	comer	essen	
a	comida	Essen	
	complicado	kompliziert	
a	compra	Einkauf	
o	cruzamento	Kreuzung	[kruzɐ'mẽntu]
	daqui	von hier	
	de noite	abends, nachts	
	de tarde	nachmittags	
	depois	danach	[də'poiʃ]
	dez	zehn	[dɛʃ]
	dezanove	neunzehn	[dəzɐ'nɔvə]
	dezasseis	sechzehn	[dəzɐ'seiʃ]
	dezassete	siebzehn	[dəzɐ'sɛtə]
	difícil	schwer, schwierig	[di'fisiɫ]
	direita	rechts	
	dobrar	abbiegen	[du'brar]
	dois, duas *m., f.*	zwei	[doiʃ] [duɐʃ]
	dormir	schlafen	[dur'mir]
	doze	zwölf	
	durmo	ich schlafe	
o	elé(c)trico	Straßenbahn	[i'lɛtriku]
o	elevador	Aufzug	
	em frente	geradeaus	[ɐ̃i 'frẽntə]
	em frente de	gegenüber	
	em ponto	Punkt, pünktlich	
	encontrar-se	sich treffen	[ẽŋkõn'trarsə]
o	encontro	Treffen	[ẽŋ'kõntru]
	entrar	eintreten, hinein gehen	
	esquerda	links	[ʃ'kerdɐ]
a	esquina	Straßenecke	[ʃ'kinɐ]
a	estátua	Statue	[ʃ'tatwɐ]
	estranho	fremd, seltsam, komisch	
	estreito	schmal, eng	
	fácil	leicht, einfach	['fasiɫ]
	feio	hässlich	
	ficar	bleiben, sich befinden	
o	filme	Film	
o	futebol	Fußball	
	gostar	mögen, gefallen, schmecken	[guʃ'tar]
	grande	groß	
a	hora	Stunde, Uhr	['ɔrɐ]

a	idade	Alter	
	interessante	interessant	
	jogar	spielen	[ʒu'gar]
	jovem	jung	['ʒɔvẽi]
o	largo	Platz	
	longo	lang	
	meio	halb	
o	meio-dia	Mittag	
	mil	tausend	
a	música	Musik	
	Não é verdade?!	Nicht wahr?!	[nẽu ɛ vər'dadə]
	nove	neun	['nɔvə]
	noventa	neunzig	
o	número	Zahl, Nummer	['numəru]
	oitenta	achtzig	
	oito	acht	
	onze	elf	['õze]
	passar	vorbei gehen, laufen	
a	pausa	Pause	
	pequeno	klein	[pə'kenu]
	poder	können	[pu'der]
a	ponte	Brücke	
	pontual	pünktlich	[põn'twał]
	porque	weil, denn	['purkə]
	porquê?	warum?	[pur'kə]
	posso	ich kann	['pɔsu]
	pôxa!	wau!	
a	praça	Platz	['prasɐ]
o	prédio	Gebäude	['prɛdju]
	próximo	nächster	['prɔsimu]
	quarenta	vierzig	[kwɐ'rẽntɐ]
o	quarteirão	Häuserblock	[kwɐrtei'rẽu]
o	quarto de hora	Viertelstunde	
	quase	fast, quasi	
	quatorze	vierzehn	[kɐ'torzə]
	quatro	vier	['kwatru]
	quinze	fünfzehn	[kĩzə]
o	realizador	Regisseur	[ʀjalizɐ'dor]
	romântico	romantisch	
a	rotunda	Kreisverkehr	
a	rua	Straße	
	sair	ausgehen, hinausgehen	[sɐ'ir]
	seguir	folgen	[sə'gir]
	seis	sechs	[seiʃ]
o	semáforo	Ampel	[sə'mafuru]
a	semelhança	Ähnlichkeit	[səmə'ʎẽsɐ]
	sessenta	sechzig	
	sete	sieben	
	setenta	siebzig	
	simpático	sympathisch	
	simples	einfach	
a	sorte	Glück	
	tão	so	[tẽu]
	telefonar	telefonieren, anrufen	
	tem	er, sie hat	[tẽj]
	têm	ihr habt, sie haben	[tɐ̃iẽi]
	temos	wir haben	
o	tempo	Zeit	['tẽmpu]
	tenho	ich habe	['teɲu]
	tens	du hast	[tẽiʃ]
	tomar	nehmen, trinken	
a	torre	Turm	['toʀə]
	três	drei	[treʃ]
	treze	dreizehn	['trezə]
	trinta	dreißig	['trĩntɐ]
	triste	traurig	['triʃtə]
	umas *f.*	einige	
	velho	alt	['vɛʎu]
a	verdade	Wahrheit	[vər'dadə]
	viajar	reisen	[vjɐ'ʒar]
	vinte	zwanzig	['vĩntə]
	virar	drehen, umdrehen	
a	volta	Runde	
	zero	null	

Lektion 4

	a(c)tivo	aktiv	[a'tivu]
o	abraço	Umarmung, Gruß	[ɐ'brasu]
	Adoro isso!	Ich liebe das!	
	andar	laufen, gehen	
	andar a pé	wandern	
	antes de	vor, bevor	
	aprender	lernen	
	às vezes	manchmal	[aʃ 'vəzeʃ]
	assim	so	[ɐ'sĩ]
a	auto-estrada	Autobahn	[au'tɔ 'ʃtradɐ]
o	banho de sol	Sonnenbad	['bɐɲu də sɔł]
o	bar	Bar	
o	bosque	Wald	['bɔʃkə]
o	campo de jogos	Sportplatz	
a	capoeira	Capoeira	
o	clube	Klub, Verein	
	comigo	mit mir	[ku'migu]
	compreender	verstehen	[kõmprjẽn'der]
	correm	sie laufen/rennen	
	correr	rennen	[ku'ʀer]
	dançar	tanzen	
o	desporto	Sport	[dəʃ'portu]
a	discoteca	Discothek	
	divertir-se	sich amüsieren	[divər'tirsə]
o	domingo	Sonntag	[du'mĩŋgu]
	durante	während, im Laufe	
o	e-mail	E-Mail	
o	entusiasmo	Begeisterung	
a	equipa	Mannschaft	[i'kipɐ]
	escrever	schreiben	[ʃkrə'ver]
	esquiar	Ski fahren	[ʃki'ar]
	Está bem!	In Ordnung!	
	excelente	ausgezeichnet	[ʃə'lẽntə]
o	fado	Fado	['fadu]
	faz	er/sie macht	[faʃ]
	fazer vela	segeln	
as	férias *f. Pl.*	Ferien, Urlaub	['fɛrjeʃ]
o	fim-de-semana	Wochenende	[fi də sə'mɐnɐ]
o	ginásio	Fitnessstudio	[ʒi'nazju]
	ginástica	Gymnastik	[ʒi'naʃtikɐ]
	gostava	ich würde/hätte gerne	
a	ideia	Idee	[i'dejɐ]
	imenso	riesig, sehr	
a	internet	Internet	
	jogam	sie spielen	['ʒɔgẽu]
	jogas	du spielst	['ʒɔgeʃ]
o	lazer	Freizeit	
	ler	lesen	
	livre	frei	
o	livro	Buch	

a	maioria	Mehrheit	[mɐju'riɐ]
o	mar	Meer	
	maravilhoso	wunderbar	[mɐrɐvi'ʎozu]
a	montanha	Berg	[mõ'tɐɲɐ]
	nada	nichts	
	nadar	schwimmen	
	não sei	ich weiß nicht	[nɐ̃u sei]
	navegar	im Internet surfen	
	nenhum,-a	keiner, keine	[nə'ɲũ]
	ninguém	niemand	[nĩŋ'gẽi]
	num	in einem	[nũ]
	nunca	nie	['nũŋkɐ]
	ó(p)timo	super, prima	
	ouço (= oiço)	ich höre	['osu] ['ojsu]
	outro	ein anderer	
	ouvir	hören	[o'vir]
o	parque	Park	
o	passatempo	Zeitvertreib	[passɐ'tẽmpu]
	passear	spazieren	[pɐ'sjar]
o	pastel de nata	port. Sahnetörtchen	[pɐʃ'tɛɫ də 'natɐ]
a	pastelaria	Konditorei	
o	piano	Klavier	
a	piscina	Schwimmbad	[pəʃ'sinɐ]
	pois	denn	[poiʃ]
	por isso	deshalb, deswegen	[pur‿'isu]
	possível	möglich	[pu'sivɛɫ]
	preferido	Lieblings...	
	primeiro	erster, zuerst	[pri'mejru]
a	quarta-feira	Mittwoch	['kwartɐ 'fejrɐ]
	Que bom!	Das ist gut!	
	Que giro!	Was für ein Spaß!	
	Que legal!	Super!, Schön!	
	que tal ...	wie wäre es ...	[kə taɫ]
	querer	wollen	[kə'rer]
	querido	lieber	
a	quinta-feira	Donnerstag	['kĩnta 'fejrɐ]
	quinto	fünfter	['kĩntu]
o	sábado	Samstag	
	saber	wissen	[sɐ'ber]
o	samba	Samba	
a	saudade	Sehnsucht	[sɐu'dadə]
a	segunda-feira	Montag	[sə'gũndɐ 'fejrɐ]
	sei	ich weiß	
a	semana	Woche	
a	sexta-feira	Freitag	['seiʃtɐ 'fejrɐ]
	sexto	sechster	['seiʃtu]
a	telenovela	Telenovela	
a	temperatura	Temperatur	
o	tempo livre	Freizeit	
a	terça-feira	Dienstag	['tersɐ 'fejrɐ]
o	tipo	Art, Typ	
	tocar	spielen (Instrument)	[tu'kar]
	todo	ganz, alle	['todu]
	vê	er, sie sieht	[ve]
	vêem	sie sehen	[ve'ẽi]
	vejo	ich sehe	['veiʒu]
a	vela	Segel	
	vemos	wir sehen	
	ver	sehen	
	vês	du siehst	[veʃ]
a	viola	Gitarre	
o	xadrez	Schach	[ʃɐ'dreʃ]

Lektion 5

	à parte	getrennt	[a 'partə]
o	acompanhamento	Beilage	[ɐcõmpɐɲɐ'mẽntu]
	ainda	noch	[ɐ'ĩndɐ]
a	alface	Blattsalat	[aɫ'facə]
	alguma	irgendeine	
o	arroz	Reis	[ɐ'ʀoʃ]
as	azeitonas	Oliven	[ɐʒei'tonɐʃ]
a	banana	Banane	
a	batata	Kartoffel	
as	batatas fritas	Pommes-Frites	[bɐ'tatɐʃ 'fritɐʃ]
	beber	trinken	[bə'ber]
a	bebida	Getränk	[bɐ'bidɐ]
a	beringela	Aubergine	[bə'rĩʒɛlɐ]
o	bife de vaca	Rinderschnitzel	['bifə də 'vakɐ]
a	bolacha	Keks	[bu'laʃɐ]
a	bolachinha	Kekschen	[bulɐ'ʃiɲɐ]
o	bolo	Kuchen	['bolu]
	Bom apetite!	Guten Appetit!	
a	cadeira	Stuhl	[kɐ'deirɐ]
a	caipirinha	Caipirinha	
o	caldo verde	Grünkohlsuppe	['kaldu 'verdə]
o	calor	Hitze, Wärme	[kɐ'lor]
o	cardápio *Br.*	Speisekarte	
a	carne	Fleisch	
a	cenoura	Karotte	[sə'norɐ]
a	cerveja	Bier	[sər'veʒɐ]
o	chá preto	Schwarztee	[ʃa 'pretu]
a	chávena	Tasse	['ʃavənɐ]
o	chocolate	Schokolade	
a	churrascaria	Grillrestaurant	[ʃurɐʃkɐ'riɐ]
o	churrasco	Grill	[ʃu'ʀɐʃku]
	claro	klar, hell	
a	colher	Löffel	[ku'ʎɛr]
	comprar	kaufen	[kõm'prar]
a	conta	Rechnung	['kõntɐ]
o	copo	Glas	
as	costeletas de porco	Schweinekotellets	
a	couve	Kohl	
	cozinhar	kochen	
	custar	kosten	
a	dúzia	Dutzend	['duzja]
a	ementa	Speisekarte	[i'mẽntɐ]
as	entradas	Vorspeisen	
	Está uma delícia!	Es ist (schmeckt) köstlich!	['ʃta umɐ də'lisiɐ]
	experimentar	kosten, probieren	[ʃpərimẽn'tar]
a	faca	Messer	
a	fatia	Stück, Scheibe	
a	febre	Fieber	
o	feijão	Bohne	[fei'ʒɐ̃u]
a	feijoada	Bohneneintopf	[feiʒu'adɐ]
a	fome	Hunger	
o	frango assado	Brathähnchen	['frɐ̃ngu a'sadu]
o	frio	Kälte	
a	fruta	Obst	
o	galão	Milchkaffee im Glas	[gɐ'lɐ̃u]
o	garfo	Gabel	
a	garrafa	Flasche	
a	gorjeta	Trinkgeld	[gur'ʒetɐ]
o	guardanapo	Serviette	
	incluído	inbegriffen	
a	laranja	Orange	[lɐ'rɐ̃ʒɐ]
os	legumes	Gemüse	
o	leite	Milch	

a	maçã	Apfel	[mɐ'sɐ̃]
a	manteiga	Butter	
a	massa	Nudel	
o	melão	Melone	[mə'lɐ̃u]
a	mesa	Tisch	
o	mexilhão	Muschel	[məʃi'ʎɐ̃u]
o	pacote	Päckchen	
	pagar	bezahlen	
	pago	bezahlt	
	peço	ich bestelle	
	pedir	bestellen, bitten	
o	pepino	Gurke	
o	pêssego	Pfirsich	['pesəgu]
a	praça	Markthalle	
o	prato do dia	Tagesgericht	['pratu du 'diɐ]
o	prato principal	Hauptgericht	['pratu prĩsi'paɫ]
	precisar (de)	brauchen, müssen	
o	preço	Preis	['presu]
	preferir	bevorzugen, vorziehen	[prəfə'rir]
	prefiro	ich ziehe vor	[prə'firu]
a	pressa	Eile	['prɛsɐ]
	provar	probieren, kosten	[pru'var]
o	pudim de caramelo	Karamellpudding	[pu'dĩ də kɐrɐ'mɛlu]
	queria	ich hätte gerne	[kə'riɐ]
a	salada	Salat	
	satisfeito	satt, zufrieden	[sɐtəʃ'feitu]
	Saúde!	Prost!	
a	sede	Durst	['sedə]
a	sobremesa	Nachtisch	[sobrə'mesɐ]
o	sono	Müdigkeit, Schlaf	
a	sopa	Suppe	
o	sumo	Saft	
o	supermercado	Supermarkt	
	típico	typisch	
o	tomate	Tomate	
o	troco	Kleingeld	['troku]
a	uva	Trauben	['uvɐ]
o	vinho	Wein	
o	vinho branco	Weißwein	
o	vinho do Porto	Portwein	['viɲu du 'portu]
o	vinho tinto	Rotwein	['viɲu 'tĩtu]
a	xícara *Br.*	Tasse	['ʃikɐrɐ]

Rückblick 1

o	cozinheiro	Koch	[kuzi'ɲeiru]
	devagar	langsam	[dəvɐ'gar]
	divorciado	geschieden	[divur'sjadu]
	doente	krank	
o	estado civil	Familienstand	['ʃtadu si'viɫ]
a	hospedeira	Flugbegleiterin	
o	jogador de futebol	Fußballspieler	[ʒugɐ'dor də futə'bɔɫ]
o	músico	Musiker	
	orientar	orientieren	
a	rádio	Radiosender	
	repetir	wiederholen	
	separado	getrennt	[səpɐ'radu]
	tratar	behandeln	[trɐ'tar]
	tudo	alles	
	viúvo	verwitwet	[vi'uvu]

Lektion 6

	achar	finden	[ɐ'ʃar]
a	agenda	Terminkalender	[ɐ'ʒẽdɐ]
o	almoço	Mittagessen	[aɫ'mosu]
o	ambiente de trabalho	Arbeitsklima	[ẽm'biẽntə]
	cansado	müde	[kɐ̃'sadu]
	cedo	früh	
o	celular *Br.*	Handy	
	cheio,-a	voll	['ʃeju]
o	cliente	Kunde	
o	computador	Computer	
a	construtora	Baufirma	
o	conta(c)to	Kontakt	[kõn'taktu]
	contar	erzählen, zählen	
a	decisão	Entscheidung	[dəsi'zɐ̃u]
	desejar	wünschen	[dəsə'ʒar]
	dever	sollen, müssen	
	diariamente	täglich	
	digo	ich sage	
o	dire(c)tor	Direktor	[dirɛ'tor]
o, a	disquete	Diskette	[dʃ'kɛtə]
	dizer	sagen	[di'zer]
	(do) que	als	[du kə]
o	documento	Dokument	
o	doutor	Doktor	[do'tor]
o	elefante	Elefant	
a	empresa	Unternehmer	[ẽm'presɐ]
o	endereço ele(c)trónico	E-Mail-Adresse	[ẽdə'res‿ilɛ'trɔniku]
	enviar	schicken, verschicken	
	estressado	gestresst	[ʃtrɛ'sadu]
a	felicidade	Glück	[fələsi'dadə]
a	frequência	Häufigkeit	[frə'kwẽsjɐ]
	frequentemente	häufig	
	funcionar	funktionieren	
o	funcionário	Arbeitnehmer	[fũsju'nariu]
a	gente *Sg.*	wir, Leute	
a	igualdade	Gleichheit	[igwaɫ'dadə]
	igualmente	ebenfalls	[igwaɫ'mẽntə]
	importante	wichtig	
a	impressora	Drucker	
	imprimir	ausdrucken	
	infeliz	unglücklich	[ĩfə'liʃ]
	infelizmente	leider, unglücklicherweise	
	inteiro	ganz	
o	intervalo	Pause	
o	jantar	Abendessen	[ʒẽn'tar]
	longo	lang	
	melhor	besser	[mə'ʎɔr]
a	mensagem	Nachricht	
a	mensagem ele(c)trónica	E-Mail	[mẽsaʒẽi ilɛ'trɔnikɐ]
	mensal *Adj.*	monatlich	
	mensalmente *Adv.*	monatlich	
o	mês	Monat	[meʃ]
	moderno	modern	
o	momento	Moment	
o	monitor	Bildschirm	[muni'tor]
os	negócios	Geschäfte	
	novamente	noch einmal, erneut	
a	novidade	Neuheit	
	participar	teilnehmen	[pɐrtəsi'par]
o	patrão	Chef	[pɐ'trɐ̃u]
	perceber	verstehen	
	perto	nah	

	prático	praktisch	
o	proje(c)to	Projekt	[pru'ʒɛtu]
	rápido	schnell	['ʀatu]
o	rato	Maus	
o	regresso	Rückkehr	
a	reunião	Sitzung	[ʀju'njɐ̃u]
	saem	sie gehen hinaus/ verlassen	
a	sala de reuniões	Besprechungsraum	
	semanalmente	wöchentlich	[səmɐnaɫ'mẽtə]
	tão...como	so...wie	[tɐ̃u...'komu]
o	teclado	Tastatur	
o	telefonema	Telefonanruf	
a	telefonista	Telefonistin	
o	telemóvel	Handy	
	ter de/que	müssen	[ter də/kə]
	terminar	beenden	
	tirar	nehmen	
o	título	Titel	
a	urgência	Dringlichkeit	[ur'ʒẽsjɐ]
	urgentemente	dringend	[urʒẽntə'mẽntə]
	usar	benutzen	
	via internet	per Internet	
a	viagem	Reise	['vjaʒɐ̃i]
	vídeo-conferência	Videokonferenz	['vidju kõfə'rẽsjɐ]
o	vírus	Virus	
a	vontade	Lust	[võn'tadə]

Lektion 7

	Abril	April	[ɐ'briɫ]
	adorar	besonders lieben	
	Agosto	August	[ɐ'goʃtu]
a	água de coco	Kokosnusswasser	
	ainda não	noch nicht	
a	aldeia	Dorf	[aɫ'deiɐ]
o	andar	Stockwerk	
	azul	blau	[ɐ'zuɫ]
	baixo	niedrig, klein	['baiʃu]
o	barco	Boot	
	belíssimo	wunderschön	[bə'lisimu]
	belo	schön	
	bem *Adv.*	gut	
	brevemente	in Kürze, bald	
os	camarões fritos	frittierte Schrimps	[kɐmɐ'rõiʃ 'frituʃ]
o	campo	Land, Acker, Feld	
o	Carnaval	Karneval	
	chover	regnen	[ʃu'ver]
a	chuva	Regen	
a	cidade natal	Geburtsstadt	
o	clima	Klima	
	conhecer	kennen	[kuɲə'ser]
	decidir	beschließen	
	de madrugada	im Morgengrauen	
	divertido	amüsant, lustig	
o	edifício	Gebäude	[idə'fisju]
	em redor	ringsherum	[ɐ̃i ʀə'dɔr]
a	estação do ano	Jahreszeit	
	famoso	berühmt	
a	festa	Fest, Feier	['fɛʃtɐ]
	Fevereiro	Februar	[fəvə'reiru]
a	floresta	Wald	[flu'rɛʃtɐ]
	Foi maravilhoso!	Es war wunderbar!	[foi mɐrɐvi'ʎozu]
a	foto	Foto	
	gordo	dick	
	há	vor, seit	[a]
	histórico	historisch	
o	Inverno	Winter	[ĩ'vɛrnu]
	Janeiro	Januar	[ʒɐ'neiru]
o	jornal	Zeitung	[ʒur'naɫ]
	Julho	Juli	['ʒuʎu]
	Junho	Juni	['ʒuɲu]
a	lembrança	Erinnerung	[lẽm'brɐ̃sɐ]
o	litoral	Küstenstreifen	
	loiro (=louro)	blond	
	luxuoso	luxuriös, schick	[lu'ʃwozu]
	magro	dünn	
	Maio	Mai	
	maior	größer	
	maravilhado	verzaubert	[mɐrɐvi'ʎadu]
	Março	März	['marsu]
	mau, *má f., m.*	schlecht	
	moreno	dunkelhaarig	[mu'renu]
o	museu	Museum	
a	neblina	Nebel	
	nevar	schneien	
a	neve	Schnee	['nɛvə]
	Novembro	November	
	nublado	bewölkt	
	ontem	gestern	['õntɐ̃i]
o	Outono	Herbst	
	Outubro	Oktober	
o	palácio	Palast	[pɐ'lasju]
o	parente	Verwandter	
	Páscoa	Ostern	['paʃkwɐ]
o	passeio	Spaziergang, Spazierfahrt	
	pelo contrário	im Gegenteil	
o	pequeno-almoço	Frühstück	[pə'ken‿aɫ'mosu]
a	Primavera	Frühling	[primɐ'vɛrɐ]
	quando	als (zeitlich), wann (Fragewort), wenn (bedingend)	[kwẽndu]
	quente	heiß	[kẽntə]
a	sanduíche (=sandes)	Sandwich, belegtes Brötchen	[sẽn'duiʃ], ['sẽndəʃ]
	Setembro	September	
	ter sorte	Glück haben	
a	terra	Erde, Heimat	['tɛʀɐ]
	tomar um banho de sol	sich sonnen	
o	vento	Wind	['vẽntu]
o	Verão	Sommer	[və'rɐ̃u]
	visitar	besuchen, besichtigen	
	voltar	zurückkehren	

Lektion 8

o	apelido	Familienname	
a	avó	Großmutter	[ɐ'vɔ]
o	avô	Großvater	[ɐ'vo]
os	avós	Großeltern	[ɐ'vɔʃ]
a	barba	Vollbart	
o	bigode	Schnurrbart	
	caçula *Br.*	Nesthäkchen	
	casado	verheiratet	
o	casamento	Hochzeit	[kɐzɐ'mẽntu]
	casar-se	heiraten	
os	cunhados	Schwägerin und Schwager	[ku'ɲaduʃ]
	de vocês	von euch, euer(e)	[də vɔ'seʃ]
	dela	von ihr, ihr(e)	['dɛlɐ]

	dele	von ihm, sein(e)	['dɛlə]
	fazer anos	Geburtstag haben	[fɐ'zer 'ɐnuʃ]
a	festa de formatura *Br.*	Abschlussfeier	
a	festa de finalistas *P.*	Abschlussfeier	['fɛʃtɐ də finɐ'liʃtɐʃ]
	festejar	feiern	[fəʃtə'ʒar]
a	filha	Tochter	['fiʎɐ]
o	filho	Sohn	['fiʎu]
o/a	filho único, -a	Einzelkind	
a	física	Physik	
	formar-se	einen Abschluss machen	
os	genros	Schwiegerkinder	['ʒẽʀuʃ]
a	irmã	Schwester	[ir'mẽ]
os	irmãos	Geschwister	[ir'mẽuʃ]
o	liceu	Gymnasium	
a	mãe	Mutter	[mẽi]
o	mais novo	der Jüngste	
	mimado	verwöhnt	
	minha *f.*	meine	['miɲɐ]
	morrer	sterben	[mu'ʀer]
	mostrar	zeigen	
	nascer	geboren werden	[nɐʃ'ser]
o	nome próprio	Vorname	
	nosso, nossa *m., f.*	unser, unsere	['nɔsɐ]
os	óculos *Pl.*	Brille	['ɔkuluʃ]
o	pai	Vater	
a	sobrinha	Nichte	[su'briɲɐ]
o	sobrinho	Neffe	[su'briɲu]
os	sobrinhos	Neffen	
os	sogros	Schwiegereltern	['sɔgruʃ]
	teu	dein	
a	tia	Tante	
o	tio	Onkel	
os	tios	Onkel und Tante	['tiuʃ]
	vosso *m.*	euer	

Lektion 9

	aceitar	akzeptieren, annehmen	
a	alma	Seele	['ałmɐ]
	amarelo	gelb	
o, a	aniversariante *m., f. Br.*	Geburtstagskind	[ɐniversɐrj'ẽntə]
o	aniversário	Geburtstag	[ɐnivər'sarju]
a	batata doce	Süßkartoffel	
a	blusa	Bluse	
o	bolo de milho	Maiskuchen	['bolu də 'miʎu]
	branco	weiß	
a	cabine	Kabine	
	cair bem	gut stehen (Kleidung)	
a	caixa	Kasse, Kiste, Schachtel	['kaiʃɐ]
as	calças *Pl.*	Hose	['kałsɐʃ]
a	camisa	Hemd	
a	camisola	Pullover	
o	cartão de crédito	Kreditkarte	[kɐr'tẽu də 'krɛditu]
o	casaco	Mantel	
o	casamento	Hochzeit, Trauung	
	castanho	braun	[kɐʃ'tɐɲu]
o	champanhe	Sekt	[ʃẽm'paɲə]
	cinzento	grau	[sĩ'zẽntu]
	clássico	klassisch	
o	convidado	(eingeladener) Gast	[kõvĩ'dadu]
	convidar	einladen	[kõvĩ'dar]
o	convite	Einladung	[kõ'vitə]
a	cor	Farbe	
	cor-de-laranja	orange	[kor də lɐ'rẽʒɐ]
	cor-de-rosa	rosa	[kor də 'ʀɔzɐ]
	dar	geben	
a	data	Datum	
	de acordo	einverstanden	[d͜ɐ'kordu]
o	dinheiro	Geld	[də'ɲeiru]
	encomendar	bestellen	[ẽŋkumẽn'dar]
	faltar	fehlen	
as	festas juninas *Br.*	Junifeste in Brasilien	
a	fogueira	Feuer	[fu'geirɐ]
	fundo	tief, hinten	
	lhe	ihm, ihr, Ihnen	[ʎə]
	lhes	ihnen, Ihnen	[ʎəʃ]
a	loja	Laden	['lɔʒɐ]
	maior	größer	
a	marcha	Marsch	
a	menina	Mädchen	
	oferecer	schenken, anbieten	
os	parabéns	Glückwünsche	[pɐrɐ'bẽiʃ]
	pelo (por+o)	durch den ...	['pelu]
	popular	volkstümlich	
	pôr	stellen, legen	[por]
	preparar	vorbereiten	
o	preparativo	Vorbereitung	
o	presente	Geschenk	[prə'zẽntə]
	presentear	(be)schenken	[prəzẽn'tjar]
	preto	schwarz	
	procurar	suchen	
o	pulôver	Pullover	[pu'lovɛr]
a	quadrilha	Quadrille	[kwɐ'driʎɐ]
o	quentão *Br.*	heißes Ingwergetränk	[kẽn'tẽu]
	receber	bekommen	
a	roupa	Kleidung	
a	saia	Rock	
a	salva de palmas	Beifall	['sałvɐ də 'pałmɐʃ]
os	santos populares	Volksheiligen	['sẽntuʃ pupu'larəʃ]
o	sapato	Schuh	
	servir	passen (Kleidung); servieren	
	sinto muito	es tut mir leid.	['sĩntu 'mũintu]
	sobrar	übrig bleiben	
a	surpresa	Überraschung	[sur'prezɐ]
os	ténis	Turnschuhe	['tɛniʃ]
	último	letzter	
	usado	gebraucht	[u'zadu]
	verde	grün	
	vermelho	rot	[vər'meʎu]
o	vestido	Kleid	[vəʃ'tidu]
	vestir	anziehen	[vəʃ'tir]
o	vinho quente	Glühwein	
	Viva!	Es lebe!	['vivɐ]

Lektion 10

	acampar	zelten	[ɐkẽm'par]
	acerca	über	
o	alojamento	Unterkunft	
	alugar	(ver)mieten	

	antes	vorher	
	aquele	jener dort	[ɐ'kelə]
	aquilo	jenes dort	[ɐ'kilu]
os	árabes	Araber	
	arrendar	(ver)mieten	
	bastante	ziemlich	[bɐʃ'tẽntə]
	barato	billig	
o	berço	Wiege	['bersu]
a	cama	Bett	
o	campismo	Camping	[kẽm'piʃmu]
	caro	teuer	
a	catedral	Kathedrale	
a	certeza	Gewissheit	[sər'tezɐ]
a	chave	Schlüssel	['ʃavə]
	com certeza	sicherlich	
	connosco	mit uns	[kõ'noʃku]
	consigo	mit Ihnen, mit sich selbst	[kõ'sigu]
	contigo	mit dir	[kõ'tigu]
	continuar	weiter machen, fortsetzen	
o	convento	Kloster	[kõ'vẽntu]
a	corte	Hofstaat	
o	cravo	Nelke	
	daquela (de + aquela)	von dieser (dort)	[dɐ'kɛlɐ]
	de preferência	am liebsten	[də prəfə'rẽsjɐ]
	deixar	lassen	[dei'ʃar]
	desta (de + esta)	von dieser (hier)	
a	diária	Tagespreis	
a	ditadura	Diktatur	
o	duche	Dusche	['duʃə]
	duplo	doppelt	
	esperar	warten	[ʃpə'rar]
	esse	jener hier	
o	feriado nacional	Nationalfeiertag	
o	guia turístico	Reiseführer	['giɐ tu'riʃtiku]
a	história	Geschichte	
a	hospedagem	Unterkunft	[ɔʃpə'daʒẽi]
	hospedar-se	übernachten (Gast)	
	independência	Unabhängigkeit	
	individual	Einzel	
	informar-se	sich erkundigen	
	isto	dies hier	
o	jantar	Abendessen	[ʒẽn'tar]
	lotado	voll, ausgebucht	
	militar	militärisch	
	mim	mich, mir	[mĩ]
o	monumento	Monument	
o	mosteiro	Kloster	[muʃ'teiru]
o	mundo	Welt	
	nessa (em + essa)	in jener	
	nesse (em + esse)	in jenem	
a	organização	Organisation	[orgɐnizɐ'sɐ̃u]
a	paisagem	Landschaft	[pai'zaʒẽi]
o	património histórico mundial	Weltkulturerbe	[pɐtri'mɔnju 'ʃtɔriku mũn'djaɫ]
a	pensão	Pension	[pẽ'sɐ̃u]
	planear	planen	[plɐ'njar]
	pôde	er/sie konnte	['podə]
	pode	er/sie kann	['pɔdə]
a	pousada	staatlich-private Hotels in besonders schönen Gegenden	
a	pousada da juventude	Jugendherberge	[po'zadɐ dɐ ʒuvẽn'tudə]
o	povo	Volk	
o	quarto	Zimmer, Schlafzimmer	['kwartu]
a	quinta	Landgut, Bauernhof	['kĩntɐ]
	real	königlich	
a	recepção	Rezeption	[ʀəsɛ'sɐ̃u]
o, a	recepcionista	Rezeptionist,-in	[ʀəsɛsju'niʃtɐ]
a	reserva de quarto	Zimmerreservierung	
	reservar	reservieren	
a	revolução	Revolution	[ʀəvulu'sɐ̃u]
os	romanos	Römer	[ʀu'mɐnuʃ]
	si	sich, Sie	
	sobre	über	
	tanto, -a	so sehr, so viele	
	tanto faz	egal	['tẽntu faʒ]
	ti	dich, dir	
o	turismo	Tourismus	
o	verbo	Verb	
	virado	gerichtet	
a	vista	Blick, Aussicht	['viʃtɐ]

2 Lösungen

Lektion 1

Übung 3
1. b; 2. a; 3. a; 4. c; 5. b

Übung 4
1. e); 2. d); 3. a); 4. b); 5. c)

Übung 5
1. Portugal; 2. a Suíça; 3. a Itália; 4. a Holanda; 5. Espanha; 6. França; 7. a Áustria; 8. a Inglaterra; 9. a Suécia; 10. a Alemanha

Übung 7
1. a), c), d); 2. a), c), d); 3. c), d); 4. a), c)

Übung 8
1. w.; 2. w.; 3. m.; 4. m.; 5. w.; 6. m.; 7. w.; 8. w.; 9. m.; 10. m.

Übung 9
1. no, em; 2. em, em; 3. na, na; 4. em, no

Übung 10
1. americana; 2. portuguesa; 3. alemã; 4. russa; 5. colombiana; 6. angolana; 7. francesa

Übung 11
1. falam; 2. trabalho; 3. fala; 4. chega; 5. mora; 6. trabalham

Übung 12
1. é, somos; 2. são; 3. são; 4. sou; 5. são

Übung 13
1. c); 2. h); 3. e); 4. d); 5. f); 6. b); 7. g); 8. a)

Übung 14
1. Como (é que) te chamas?; 2. (Nós) chamamo-nos Teresa e João.; 3. (Eu) chamo-me Ana.; 4. Como é que os senhores se chamam? oder Como se chamam os senhores?; 5. (Tu) chamas-te Carlos?

Übung 16
jo**g**os; e**x**emplo; á**gu**a; **v**inte e um; **c**arne; a**z**ul; se**nh**or; **gu**itarra; pei**x**e; **c**idade; **qu**ilo; mu**lh**er; **ch**á; **qu**em; até **j**á

Lektion 2

Übung 1
1. o passaporte; 2. a bagagem; 3. o voo; 4. a saída; 5. a entrada; 6. o lugar; 7. o embarque; 8. o bilhete

Übung 3
1. 4; 2. 2; 3. 3

Übung 4
<u>como vais</u>; <u>esta é</u>; <u>como está</u>

Übung 5
1. a); 2. a); 3. c); 4. b); 5. b)

Übung 6
1. e(rrado); 2. c(erto); 3. e; 4. e; 5. c; 6. e

Übung 7
1. c); 2. b); 3. a)

Übung 8
1. g); 2. f); 3. a); 4. e); 5. d); 6. b); 7. h); 8. c)

Übung 10
1. arquitectura; 2. praias; 3. capital; 4. cidade universitária; 5. religião; 6. língua; 7. tradições; 8. continentes; 9. cultura

Übung 11
1. c) os passaportes; 2. a) as profissões; 3. b) originais; 4. e) bons; 5. d) os compositores; 6. g) os irmãos; 7. f) os pães

Übung 12
1. vai; 2. de; 3. a; 4. vão; 5. ao; 6. de; 7. a

Übung 13
Richtige Verben: 1. estão; 2. está, estou; 3. somos; 4. é

Übung 15
1. <u>secretária</u>; 2. <u>professor</u> 3. <u>médico</u> 4. <u>jornalistas</u>
5. mulher <u>a dias</u> 6. <u>empregado de mesa</u>
7. <u>engenheiros</u> 8. <u>taxista</u>

Übung 16
1. secretária; 2. professora; 3. médico; 4. jornalista; 5. mulher a dias; 6. empregado de mesa; 7. engenheiro; 8. taxista

Übung 17
1. restaurante; 2. hospital; 3. escola; 4. televisão; 5. em casa da família Costa.; 6. escritório

Lösungen

Übung 19
1. a sa**í**da; 2. o avi**ão**; 3. tamb**ém**; 4. m**ui**to praz**er**; 5. secre**tá**ria; 6. **tá**xi; 7. ca**fé**; 8. **á**gua; 9. profiss**ão**

Lektion 3

Übung 1
1. um; 2. dois; 3. três; 4. quatro; 5. cinco ; 6. seis; 7. sete; 8. oito; 9. nove; 10. dez

Übung 2
1. uma hora; 2. cinco horas; 3. nove horas em ponto; 4. três e um quarto; 5. seis e meia da manhã; 6. onze menos cinco; 7. duas da tarde; 8. meio-dia; 9. oito e um quarto da noite; 10. meia-noite

Übung 3
1. meio-dia oder meia-noite; 2. onze menos cinco; 3. seis e meia da manhã; 4. três e um quarto; 5. uma hora; 6. cinco horas; 7. nove horas em ponto; 8. duas da tarde; 9. meio-dia oder meia-noite; 10. oito e um quarto da noite

Übung 4
António fragt: A que horas começa o filme?; Wegbeschreibung: Segue em frente até ao próximo semáforo, vira à direita e no cruzamento dobra no primeiro quarteirão à esquerda. Ali entras no largo do Chiado.

Übung 5
1. 2; 2. 4; 3. 6; 4. 3; 5. 7; 6. 1; 7. 5; 8. 8

Übung 6
1. cinquenta e cinco (55); 2. noventa e oito (98); 3. cinquenta e um (51); 4. cem (100); 5. quarenta e quatro (44)

Übung 7
1. tenho; 2. tens; 3. tem; 4. temos; 5. têm; 6. têm;
Tippbox: 1. vivo; 2. vivem; 3. vive

Übung 8
1. c); 2. a); 3. d); 4. e); 5. b);

Übung 9
1. hoje à noite; 2. muito bom; 3. a que horas; 4. lá; 5. em frente do

Übung 10
1. 4; 2. 3; 3. 5; 4. 1; 5. 2; 6. 6

Übersetzung:
1. An der Kreuzung links ist der Turm zu Belém.
2. Am Ende der Allee befindet sich die Praça do Comércio.
3. Mitten auf dem Platz ist die Statue von Camões.
4. Die Burg São Jorge ist oben auf dem Hügel.
5. In der Baixa rechts befindet sich der Aufzug Santa Justa.
6. Geradeaus liegt das Café Nicola.

Übung 12
1. vai viajar; 2. vão tomar; 3. vai começar; 4. vai chegar; 5. vamos falar

Übung 13
1. optimista; 2. grande; 3. simples; 4. bonitas; 5. pontual; 6. interessantes

Übung 15
1. A minha cidade tem poucos (muitos) prédios (museus, parques) bonitos (interessantes, grandes) 2. A minha cidade tem poucas (muitas) casas (ruas, praças) interessantes (grandes, modernas, antigas); 3. A minha cidade tem poucas (muitas) pessoas interessantes (fantásticas, simpáticas);

Übung 16
1. Nós gostamos de filmes românticos.; 2. Vocês vão chegar hoje?; 3. A ponte é antiga?; 4. O prédio fica na esquina.; 5. Ele gosta de cidades pequenas.; 6. Viro à direita?

Übung 17
1. quando; 2. como; 3. quem; 4. quantos; 5. que; 6. onde; 7. quem

Lektion 4

Übung 1
1. e); 2. a); 3. d); 4. g); 5. f); 6. b); 7. c)

Übung 3
1. a); 2. e); 3. b); 4. h); 5. g); 6. d); 7. f); 8. c);

Übung 5
1. T(eresa); 2. A(ntónio); 3. T; 4. T; 5. A; 6. T; 7. T; 8. A;

Übung 6
1. b); 2. e); 3. g); 4. a); 5. f); 6. d); 7 c)

Übung 7
1. pode; 2. posso; 3. sabem; 4. podem; 5. sabe; 6. pode; 7. sei; 8. podemos

Übung 8
1. a); 2. c); 3. c); 4. b)

Übung 9
1. errado; 2. certo; 3. errado

Übung 10
1. jogo; 2. nadam; 3. abrem; 4. quero; 5. navegas; 6. passeamos; 7. esquiar; 8. aprendem

Übung 11
1. ouvir; 2. fazer; 3. ver; 4. dormir; 5. divertir-se; 6. passear; 7. sair

Übung 12
1. d); 2. i); 3. g); 4. c); 5. a); 6. b); 7. h); 8. e); 9. f); 10. j)

Übung 13
1. Eles não fazem nada no fim-de-semana.;
2. Não vejo nunca televisão nas férias.; 3. Não quer ir ninguém comigo hoje ao cinema?

Übung 15
1. de/desporto; 2. o/domingo; 3. Eduardo/jogar; 4. tocar; 5. e

Übung 17
1. d); 2. g); 3. b); 4. e); 5. f); 6. h); 7. a); 8. c)

Übung 18
2. Na segunda-feira vamos visitar a Torre de Belém.; 3. Na terça-feira vamos passear pelo Chiado; 4. Na quarta-feira vamos ver o Castelo de São Jorge.; 5. Na quinta-feira vamos ir à praia.; 6. Na sexta-feira vamos comer a um restaurante típico.; 7. No sábado vamos fazer vela no Tejo.

Lektion 5

Übung 2
1. c); 2. a); 3. b); 4. d)

Übung 3
duas caipirinhas; uma garrafa de água; um prato do dia com bife; um prato do dia com frango; um pudim; um café

Übung 4
1. peço; 2. pedem; 3. prefiro; 4. preferem; 5. pedimos; 6. preferimos

Übung 5
1. d); 2. h); 3. f); 4. a); 5. g); 6. b); 7 c); 8. e)

Übung 6
1. a); 2. a), c); 3. a), b), c); 4. a), b)

Übung 7
1. a); 2. c); 3. b); 4. e); 5. d); 6. f)

Übung 8
1. b); 2. e); 3. c); 4. d); 5. a)

Übung 9
1. a couve; 2. o tomate; 3. o pepino; 4. a beringela; 5. a cenoura; 6. a uva; 7. a laranja; 8. o pêssego 9. a maçã; 10. o melão
1. b); 2. h); 3. e); 4. d); 5. i); 6. c); 7. j); 8. g); 9. f); 10. a)

Übung 10
1. um quilo de batatas; 2. Um quilo de maçãs; 3. pacote, dois quilos; 4. garrafa de vinho; 5. de bolo, café com leite.

1. Ela quer um quilo de batatas.; 2. Ele pede um quilo de maçãs.; 3. Ela compra um pacote de feijão e dois quilos de arroz.; 4. Ela prefere uma garrafa de vinho.; 5. Ele toma uma fatia de bolo e um café com leite.

Übung 11
fruta: um quilo de pêssegos/laranjas/maçãs; um quilo e meio de pêssegos/laranjas/maçãs; cinco pêssegos/laranjas/maçãs; um cacho de bananas; dois melões
legumes: meio quilo de cenouras/batatas; um quilo e meio de de cenouras/batatas
um pepino; duas beringelas/couves; uma beringela/couve
bebidas: seis latas de cerveja; seis garrafas de vinho verde/leite; quatro litros de vinho verde/leite; um pacote de chá/leite; um garrafão de cinco litros de água/vinho verde

Übung 12
1. a faca; 2. a cadeira; 3. a chávena; 4. o garfo; 5. o prato; 6. o copo; 7. a mesa; 8. a colher

Übung 13
sopa: sopa de legumes; caldo verde; **peixe:** bacalhau cozido; sardinhas assadas; peixe grelhado; **carne:** bife de vaca; costeletas de porco; frango no churrasco; **sobremesa:** salada de fruta; pudim de caramelo; fruta da época

Übung 16
1. b); 2. i); 3. f); 4. a); 5. d); 6. c); 7. e); 8. g); 9. h)

Übung 17
1. couve; 2. bolacha; 3. cerveja; 4. carne; 5. batatas; 6. salada de tomate; 7. vinho

Übung 18
1. Uma bica (Portugal)/Um cafezinho (Brasilien) se faz favor.; 2. Não gosto de tomates.; 3. Prefiro peixe.; 4. Queria a conta, por favor.; 5. Queria um copo de água mineral com gás, por favor.; 6. Olhe, se faz favor! Queria a ementa.

Rückblick 1

Übung 1
b) O Filipe José é português.Ele é de Portugal.
c) O Jean-François é francês. Ele é de França.
d) O Jens é alemão. Ele é da Alemanha.
e) A Nuria é espanhola. Ela é de Espanha.
f) A Isabella é brasileira. Ela é do Brasil.

Übung 2
Idade: 34 anos; **Nacionalidade:** brasileiro; **Apelido:** da Silva Torres; **Profissão:** arquitecto; **Estado civil:** solteiro; **Cidade:** Lisboa; **Nome:** António Manuel; **Passatempos:** futebol, cinema, dançar; **Morada:** Avenida das Flores nº 28, 1º D.; **Línguas estrangeiras:** inglês e alemão.

Übung 3
doze - 12; dezoito - 18; vinte - 20;trinta e cinco - 35 cinquenta e oito - 58; noventa e nove - 99; cem - 100; cento e um - 101

Übung 4
1. a); 2. c); 3. b); 4. a)

Übung 5
1. estás; 2. é; 3. é; 4. é; é; 5. está; 6. estão; 7. estou; 8. são

Übung 6
1. d); 2. b); 3. f); 4. a); 5. g); 6. c); 7. h); 8. e)

Übung 7
1. d); 2. e); 3. g); 4. f); 5. b); 6. c); 7. a)

Übung 8
1. peço; 2. posso; 3. durmo; 4. faço; 5. tenho; 6. prefiro; 7. sei; 8. vejo; 9. ouço

Übung 9
1. C; 2. D; 3. A; 4. E; 5. B; 6. F

Übung 10
1. b); 2. f); 3. a); 4. c); 5. g); 6. h); 7. d); 8. e); 9. i)

Lektion 6

Übung 1
trabalho; projecto; trabalho; internet; computador; computador; e-mails; estressado; reunião; vídeo-conferência; clientes

António: É sim. E ainda tenho que fazer uma viagem de negócios por mês. Para a semana vou ao Porto.
Teresa: Bom, então desejo-te uma boa viagem!
António: Obrigado Teresa! No regresso a gente fala.

Übung 2
1. (e)rrado; 2. c(erto), 3. e , 4. c, 5. e, 6. c, 7. e, 8. c, 9. e; 10.c

Übung 3
1. b); 2. e); 3. a); 4. c); 5. d); 6. f); 7. g)

Übung 4
1. minutos; 2. dia; 3. sete; 4. semanas; 5. ano

Übung 5
prático; moderno; rápida; grande; boa; longa; cheia; pequena

Übung 6
1. a viagem; 2. os negócios; 3. a reunião; 4. o escritório; 5. o trabalho; 6. a mensagem; 7. o projecto; 8. o encontro; 9. o regresso; 10. os clientes

Übung 7
1. errado; 2. certo; 3. certo; 4. errado

Übung 8
1. c); 2. d); 3. b); 4. c); 5. e); 6. a); 7. c)

Übung 9
1. cheia, mais cheia; 2. pequeno, mais pequeno; 3. rápida, mais rápida; 4. boa, melhor; 5. grande, maior

Übung 10
1. O monitor do computador é grande, mas a impressora é maior ainda.
2. A viagem é boa, mas o regresso é melhor ainda.

Übung 11
1. trabalha; 2. tem; 3. escreve, navega, telefona, usa; 4. participa, faz; 5. tem de (que); 6. deve

Übung 12
1. facilmente; 2. mal; 3. infelizmente; 4. bem; 5. praticamente; 6. rapidamente

Übung 15
1. Gostaria de falar com o senhor director, por favor.; 2. Ele neste momento não está.; 3. Tenho de falar com ele urgentemente.; 4. Ele deve voltar no domingo.; 5. Mas ele tem telemóvel.

Übung 16
Fragen: 1. O que é que a secretária diz ao telefone?; 2. Com quem é que o cliente gostaria de falar ?; 3. Onde está o António?; 4. Quando é que o António volta?; 5. Porque quer o cliente o número do telemóvel do António?; 6. Como é que o cliente termina o telefonema?

Übung 17
o estresse/estressadamente; urgente/urgentemente; igual/igualmente; novo/novamente; o mês/mensalmente; o dia/diário; feliz/felizmente; a semana/semanal; frequente/frequentemente

Lektion 7

Übung 2
1. b; 2. d; 3. c; 4. a

Übung 3
1. c); 2. f); 3. b); 4. g); 5. a); 6. h); 7. d); 8. i); 9. e); 10. j)

Übung 4
1. a; 2. c; 3. b; 4. f; 5. e; 6. d

Übung 5
1. r(ichtig); 2. f(alsch); 3. r; 4. f; 5.r; 6. f; 7. r; 8. r

Übung 6
1. visitou; 2. comeu; 3. saiu

Übung 7
Grammatikbox 1. ter; 2. estar; 3. fazer; 4. estar

Übung 7
contei (ich); foram (sie); estiveste (du); fui (ich), estive (ich), ficámos (wir); passeámos (wir); adorei (ich), tivemos (wir); fez (er); choveu (es), foi (es), voltámos (wir), decidimos (wir), fizeram (ihr)

Übung 8
a) 7; b) 5; c) 8; d) 4; e) 1; f) 2; g) 6; h) 3

Übung 9
1. Dormiu todos os dias até às 9.; 2. Tomou o pequeno-almoço e leu o jornal.; 3. Fez compras no supermercado.; 4. Esteve no museu da cidade.; 5. Visitou o centro histórico da cidade.

Übung 10
1. fez; 2. comeu; 3. estivemos; 4. tirei; 5. foi; 6. viram

Übung 11
1. Dezembro; 2. Fevereiro; 3. Março; 4. Agosto; 5. Março; 6. Abril; 7. Setembro; 8. Janeiro

Übung 12
belíssimo; famosíssima

Übung 13
1. quentíssimo; 2. enorme; 3. lindíssima; 4. péssimo

Übung 15
1. vor; 2. vor; 3. vor; 4. seit; 5. seit

Übung 16
1. c); 2. f); 3. a), 4. b) 5. c) 6. d)

Übung 17
1. d); 2. c); 3 b); 4 a); 5. c)

Lektion 8

Übung 2
1. c); 2. e); 3. b); 4. f); 5. d); 6. a)

Lösungen

Übung 3
1. c); 2. b); 3. d); 4. e); 5. a)

Übung 4
irmã; pais, tios, mãe, irmão, tio, sobrinhos, tia, tia, irmã, filhinha, sobrinha, filho, filhos, tios, avós, avó, mãe, pai, avós, tios, pai, irmão, filhos

Übung 5
1. b), c); 2. a), b); 3. a), d); 4. a), b), c); 5. c), d); 6. b)

Übung 6
2. A tua tia.; 3. Os vossos pais.; 4. Os meus avós.; 5. A sua sobrinha./A sobrinha dele.; 6. Os seus primos./Os primos deles; 7. Os nossos irmãos.; 8. A minha neta.

Übung 7
1. c); 2. d); 3. e); 4. f); 5. b); 6. a); 7. g)

Übung 8
1. teus; 2. dele; 3. sua ; 4. nosso; 5. tua; 6. minha; 7. vossos; 8. deles

Übung 9
1. dele; 2. dela; 3. delas; 4. dele; 5. dele; 6. deles

Übung 10
1. casaram-se; 2. fez; 3. nasceu; 4. morreu; 5 teve

Übung 11
1. foi (ser); 2. fui (ser); 3. foste (ir); 4. foi (ser); 5. foram (ir); 6. fomos (ser); 7. foste (ser); 8. foram (ir)

Übung 12
1. meus; 2. deles (delas/dela); 3. tua; 4. minha; 5. vossos; 6. nosso, 7. sua; 8. dele; 9. dela (deles/delas); 10. seus; 11. nossa

Übung 13
Mögliche Antworten: 1. Sim, é grande./Não, é pequena.; 2. Tenho ____ irmãos./Não tenho irmãos, sou filho/filha único/a; 3. Sim, tenho ______ filhos./Não tenho filhos.; 4. Sim, sou casado/a./Não, sou solteiro/a (divorciado/a, viúvo/a). ; 5. A minha família é muito/pouco importante para mim.; 6. Tenho uma óptima/péssima relação com a minha família./A relação com a minha família é muito boa/muito má.

Übung 14
1. d); 2. c); 3 a); 4. b); 5 d)

Übung 16
1. c); 2. b); 3. a)

Übung 18
1. casado; 2. a mais nova; 3. o mais velho; 4. morena; 5. alto; 6. loira; 7. baixa; 8. filho único.

Lektion 9

Übung 1
1. j); 2. h); 3. f); 4. i); 5. g); 6. e); 7. d); 8. b); 9. c); 10. a)

Übung 2
1. b); 2. a); 3. d); 4. c); 5. f); 6. e); 7. h); 8. g)

Übung 3
1. b); 2. d); 3. e; 4. c); 5. g); 6. a); 7. f)

Übung 4
1. António; 2. –; 3. Paulo; 4. António; Paulo; Noémia; 5. António; 6. Paulo; Noémia

Übung 5
Enviei-**os**; vou comprá-**las**; Tenho-**o**; já **o** pedi; oferecer-**lhe**; presenteá-**la**; Vou comprá-**lo**; Podemos dar-**lhe**; vou convidá-**la**

Übung 6
1. b); 2. a); 3. b); 4. a)

Übung 7
Bild 1: 1, 3; Bild 2: 1, 2; Bild 3: 1, 2.

Übung 8
1. Já **o** encomendaste?; 2. Eu comprei-**os**; 3. Não **a** encontrei.; 4. Eles levam-**lhe** um presente?; 5. Ele pediu-**lhes** dinheiro.; 6. Nós já **as** convidámos.

Übung 9
1. receberam-no; 2. vão prepará-la; 3. compraram-nos; 4. vai preferi-lo

Übung 10
1. dá-mo; 2. fizeram-no-lo; 3. enviou-lho.; 4. Comprei-ta.; 5. Servi-lhas.; 6. deu-vo-lo.

Übung 11
1. Comprei-as; 2. Convidei-os; 3. Enviei-lho; 4. Já o li

Übung 13
Vendedora: Então, minha senhora, gostou d**a saia**?
Teresa: Gostei. Tem também um**a** cor-de-rosa?

...
Teresa: Posso provar um**a**, mesmo assim?
Vendedora: Claro, a cabine é ali. ... E então, serve-lhe?
Teresa: Serve. Vou levá-l**a**. Onde fica a caixa?
...

Übung 14
1. Visto o quarenta.; 2. Posso provar estas calças?; 3. Onde é a cabine?; 4. Posso pagar com cartão de crédito?

Lektion 10

Übung 1
1. a); 2. a); 3. c); 4. a); 5. b)

Übung 2
1. g); 2. h); 3. i); 4. f); 5. c); 6. d); 7. e); 8. b); 9. a); 10. j)

Übung 3
1. c); 2. d); 3. b); 4. e); 5. a)

Übung 4
Guimarães; Braga; Porto; Coimbra; Alentejo; Évora; Sagres

Übung 5
1. r; 2. f; 3. r; 4. f; 5. f

Übung 6
1. f); 2. c); 3. e); 4. a); 5. b); 6. d)

Übung 8
1. quis; 2. quiseste; 3. quiseram; 4. quisemos; 5. quiseram

Übung 9
1. Alugámos.; 2. Visitei.; 3. Acampei.; 4. Conheci.; 5. Deixámos.; 6. Pude.; 7. Hospedeou-se.; 8. Quis.

Übung 10
1. comigo; 2. ti; 3. connosco; 4. mim; 5. si; 6. vocës

Übung 11
1. conheceram; 2. ficaram; 3. puderam; 4. pensaram; 5. quiseram; 6. informaram-se

Übung 12
1. Este; 2. Esse; 3. Aquela; 4.Esta; 5. Esses; 6. Aquela

Übung 14
1. não; 2. sim; 3. sim; 4. não; 5. sim; 6. sim

Rückblick 2

Übung 1
1. o quarto; 2. os livros; 3. o vinho; 4. o bolo; 5. os legumes; 6. as calças; 7. os sapatos; 8. a fruta; 9. a ponte; 10. a bicicleta

Übung 2
1. Em Janeiro os brasileiros tiram férias na praia.
2. O tempo é bom com muito sol e calor.
3. Junho é o mês das festas no Brasil.
4. Na Europa faz frio e neva no Inverno.
5. A Primavera é a estação do ano mais bonita.
6. Não gosto quando chove e faz muito vento.
7. Naquela aldeia há sempre muita neblina.
8. O Rio de Janeiro tem floresta montanhas e o mar.

Übung 3
a) 2; b) 1; c) 5; d) 4; e) 3; f) 6

Übung 4
1. e); 2. c); 3. b) 4. a); 5. d); 6. f)

Übung 5
1. cheio; 2. jovem; 3. cara; 4. verde; 5. frio; 6. quente; 7. divertido; 8. baixa

Übung 6
3; 5; 8; 11; 13; 18

Übung 7
a) 3; b) 4; c) 2; d) 1

Übung 8
1. frente; 2. cruzamento; 3. à esquerda; 4. quarteirões; 5. à direita; 6. esquina à direita

Übung 9
1. Chamei-o para ir ao cinema.
2. Comprámos-lhes presentes.
3. Não pude vê-la.
4. Vocês deram-nos roupas novas.
5. Pensaste em mim ontem?/Pensaste ontem em mim?
6. Vou contigo à cidade./Vou à cidade contigo.
7. Eles contaram-lhe tudo.
8. O empregado deu-me um copo de água.

Übung 10
1. d); 2. a); 3. f); 4. e); 5. b); 6. h); 7. i); 8. c); 9. g); 10. j)

Übung 11
fácil; muito interessante; bastante divertida; muitíssimo

3 Hörtexte zu CD 1

Lektion 1

Übung 1 – Track 1

1. bom dia – *Guten Morgen*
2. olá – *Hallo*
3. adeus – *Auf Wiedersehen*
4. até já – *Bis gleich*
5. tchau – *Tschüss*
6. até logo – *Bis später*
7. boa tarde – *Guten Tag*
8. boa noite – *Guten Abend, gute Nacht*

Übung 2+3 – Track 2

Teresa: Bom-dia! O meu nome é Teresa de Castro.
António: Muito prazer Dona Teresa. Eu chamo-me António da Silva.
Teresa: Muito prazer. O senhor é brasileiro?
António: Sou sim. A senhora também?
Teresa: Não, não sou. Sou portuguesa.
António: A senhora mora no Brasil?
Teresa: Não, moro em Portugal, em Lisboa.
António: Eu agora também moro em Lisboa.
Teresa: Então, bem-vindo a Portugal.
António: Muito obrigado.

Teresa: *Guten Morgen, mein Name ist Teresa de Castro.*
António: *Sehr erfreut, (Frau) Teresa, ich heiße António da Silva.*
Teresa: *Es freut mich Sie kennen zu lernen. Sind Sie Brasilianer?*
António: *Ja, Sie auch?*
Teresa: *Nein, ich bin Portugiesin.*
António: *Wohnen Sie in Brasilien?*
Teresa: *Nein, ich wohne in Portugal, in Lissabon.*
António: *Ich wohne jetzt auch in Lissabon.*
Teresa: *Na dann, willkommen in Portugal.*
António: *Vielen Dank.*

Übung 4 – Track 3

1. Boa noite e até logo.
2. Eu falo espanhol e alemão.
3. De que país és?
4. Ela é alemã e ele austríaco.
5. Muito prazer, Senhor António.

1. *Gute Nacht und bis später*
2. *Ich spreche Spanisch und Deutsch.*
3. *Aus welchem Land kommst du?*
4. *Sie ist Deutsche und er Österreicher.*
5. *Sehr erfreut, (Herr) António.*

Übung 5 – Track 4

1. Portugal – *Portugal*
2. a Suíça – *Schweiz*
3. a Itália – *Italien*
4. a Holanda – *Holland*
5. Espanha – *Spanien*
6. França – *Frankreich*
7. a Áustria – *Österreich*
8. a Inglaterra – *England*
9. a Suécia – *Schweden*
10. a Alemanha – *Deutschland*

Übung 15 – Track 5

1. chamar-se – *heißen*
2. senhor – *Herr*
3. mulher – *Frau*
4. céu – *Himmel*
5. cidade – *Stadt*
6. a Suíça – *Schweiz*
7. francês – *Französisch*
8. profissão – *Beruf*
9. casa – *Haus*
10. como – *wie*
11. curso – *Kurs*
12. quem – *wer*
13. quilo – *Kilo*
14. gato – *Katze*
15. guitarra – *Gitarre*
16. Rio de Janeiro
17. peixe – *Fisch*
18. exemplo – *Beispiel*
19. máximo – *maximal*
20. táxi – *Taxi*
21. Dezembro – *Dezember*
22. dez – zehn

Übung 16 – Track 6

1. jogos – *Spiele*
2. exemplo – *Beispiel*
3. água – *Wasser*
4. vinte e um – *einundzwanzig*
5. carne – *Fleisch*
6. azul – *blau*
7. senhor – *Herr*
8. guitarra – *Gitarre*
9. peixe – *Fisch*

10. cidade – *Stadt*
11. quilo – *Kilo*
12. mulher – *Frau*
13. chá – *Tee*
14. quem – *wer*
15. até já – *bis gleich*

Lektion 2

Übung 1 – Track 7

1. o passaporte – *der Pass*
2. a bagagem – *das Gepäck*
3. o voo – *der Flug*
4. a saída – *der Ausgang*
5. a entrada – *der Eingang*
6. o lugar – *der Sitzplatz*
7. o embarque – *der Einstieg*
8. o bilhete – *das Flugticket*

Übung 2 – Track 8

1. *Ihren Pass und Ihr Flugticket, bitte.*
2. *Ihr Sitzplatz ist gleich am Eingang.*
3. *Achtung, dies ist ein Nicht-Raucher Flug.*
4. *Sehr geehrte Passagiere, der Ausstieg ist in 5 Minuten.*
5. *Der Ausgang ist dort drüben.*

Übung 4+6 – Track 9

Inês: *Hallo Rui, wie geht es dir?*
Rui: *Es geht. António kommt nicht.*
Inês: *Wie, er kommt nicht?*
Rui: *Ah doch. Sieh mal, da kommt er.*
António: *Guten Tag, Rui.*
Rui: *Guten Tag, António. Das ist Inês.*
António: *Sehr erfreut, wie geht es Ihnen?*
Inês: *Mir geht es gut, danke.*
António: *Arbeiten Sie auch in dieser Firma?*
Inês: *Ja, wir sind Arbeitskollegen*
António: *Wirklich? Was machen Sie?*
Inês: *Ich bin Architektin.*
António: *Ach so, dann arbeiten wir zusammen?*
Inês: *Genau.*
Rui: *António, ich nehme das Gepäck!*
António: *Vielen Dank, nimm nur den Koffer.*
Rui: *Gut, dann gehen wir!*

Übung 8 – Track 10

1. o navio – das Schiff
2. o avião – das Flugzeug
3. o comboio – der Zug
4. o autocarro – der Bus
5. a motocicleta – das Motorrad
6. a bicicleta – das Fahrrad
7. o carro – das Auto
8. o metro – die U-Bahn

Übung 12 – Track 11

1. A Teresa vai de motocicleta para casa.
2. Eu vou de bicicleta ao centro da cidade.
3. Vamos de comboio a Lisboa.
4. Eles vão de autocarro para o Algarve.
5. Vamos de avião ao Brasil.
6. Tu vais de navio à Madeira.
7. Nós vamos a pé para o trabalho.

1. *Teresa fährt mit dem Motorrad nach Hause.*
2. *Ich fahre mit dem Fahrrad ins Stadtzentrum.*
3. *Wir fahren mit dem Zug nach Lissabon.*
4. *Sie fahren mit dem Bus an die Algarve.*
5. *Wir fliegen nach Brasilien.*
6. *Du fährst mit dem Schiff nach Madeira.*
7. *Wir gehen zu Fuß zur Arbeit.*

Übung 14 – Track 12

1. bom – *gut*
2. Coimbra – *Coimbra*
3. entrada – *Eingang*
4. as informações – *die Informationen*
5. Os engenheiros estão aqui. – *Die Ingenieure sind hier.*
6. Qual é a sua profissão? – *Was sind Sie von Beruf?*
7. O jornalista trabalha na televisão. – *Der Journalist arbeitet beim Fernsehen.*
8. Os aviões vão para o Brasil. – *Die Flugzeuge fliegen nach Brasilien.*

Übung 15 – Track 13

1. Ela é secretária. – *Sie ist Sekretärin.*
2. O senhor é professor? – *Sind Sie Lehrer?*
3. Ele é médico. – *Er ist Arzt.*
4. Eles são jornalistas. – *Sie sind Journalisten.*
5. Tu és mulher a dias. – *Du bist Putzfrau.*
6. Você é empregado de mesa. – *Sie sind Kellner.*
7. Nós somos engenheiros. – *Wir sind Ingenieure.*
8. Eu sou taxista. – *Ich bin Taxifahrer.*

Übung 17 – Track 14

1. O empregado de mesa trabalha no restaurante.
2. A médica vai de carro para o hospital.

3. A secretária está no escritório.
4. O professor ensina na escola.
5. O jornalista fala na televisão.
6. A mulher a dias limpa em casa da família Costa.

1. *Der Kellner arbeitet im Restaurant.*
2. *Die Ärztin fährt mit dem Auto ins Krankenhaus.*
3. *Die Sekretärin ist im Büro.*
4. *Der Lehrer unterrichtet in der Schule.*
5. *Der Journalist spricht im Fernsehen.*
6. *Die Putzfrau putzt im Haus von Familie Costa.*

Übung 19 – Track 15

1. a saída – *der Ausgang*
2. o avião – *das Flugzeug*
3. também – *auch*
4. muito prazer – *sehr erfreut*
5. secretária – *Sekretärin*
6. táxi – *Taxi*
7. café – *Kaffee*
8. água – *Wasser*
9. profissão – *Beruf*

Lektion 3

Übung 1 – Track 16

1. um – *eins*
2. dois – *zwei*
3. três – *drei*
4. quatro – *vier*
5. cinco – *fünf*
6. seis – *sechs*
7. sete – *sieben*
8. oito – *acht*
9. nove – *neun*
10. dez – *zehn*

Übung 2 – Track 17

1. *Wie viel Uhr ist es? Es ist ein Uhr.*
2. *Wie viel Uhr ist es? Es ist fünf Uhr.*
3. *Sie kommt um punkt neun Uhr an.*
4. *Es ist Viertel nach drei.*
5. *Es ist halb sieben morgens.*
6. *Es ist fünf vor elf.*
7. *Der Zug fährt um zwei Uhr nachmittags.*
8. *Das Mittagsessen ist um Mittag.*
9. *Um wie viel Uhr ist der Film? Um viertel nach acht Uhr abends.*
10. *Um Mitternacht schlafen sie.*

Übung 4 – Track 18

António: *Hallo!*
Teresa: *Hallo! Ist dort António?*
António: *Ja. Wer spricht da?*
Teresa: *Hier ist Teresa. Wie geht´s?*
António: *Gut, danke. Und dir?*
Teresa: *Gut, danke. Hast du heute Abend etwas vor?*
António: *Nein, habe ich nicht, warum?*
Teresa: *Weil heute ein sehr guter Film im Kino läuft. Du gehst doch gern ins Kino, oder?*
António: *Ja, schon. Um wie viel Uhr beginnt der Film?*
Teresa: *Um Punkt acht Uhr. Wir treffen uns im Chiado, in Ordnung?*
António: *Aber, wie komme ich dorthin?*
Teresa: *Das ist einfach. Geh geradeaus bis zur nächsten Ampel, dann biege rechts ab und an der Kreuzung geh dann an dem ersten Häuserblock rechts hinein. Dort bist du dann auf dem Chiadoplatz.*
António: *Ok, das ist nicht schwer. Können wir uns schon um sieben Uhr treffen, um etwas zusammen zu trinken?*
Teresa: *Ja, gern. Dann bis um sieben Uhr vor dem Kino. Bis dann.*
António: *Bis später.*

Übung 5 – Track 19

1. Vai em frente. – *Geh/fahr geradeaus.*
2. No cruzamento. – *An der Kreuzung.*
3. À esquerda. – *Links.*
4. À direita. – *Rechts.*
5. a rua – *die Straße*
6. Atravessa a ponte. – *Fahr über die Brücke.*
7. Em frente do cinema. – *Vor dem Kino.*
8. o semáforo – *die Ampel*

Übung 7 – Track 20

1. Eu tenho 25 anos de idade.
2. Tens tempo para ir hoje ao cinema?
3. A Sofia tem um carro novo.
4. Nós temos muita sorte.
5. Eles têm um encontro às cinco e trinta da tarde.
6. Portugal e o Brasil têm muitas semelhanças.

1. *Ich bin 25 Jahre alt.*
2. *Hast du Zeit, um heute ins Kino zu gehen?*
3. *Sofia hat ein neues Auto.*
4. *Wir haben viel Glück.*
5. *Sie haben eine Verabredung um 05:30 Uhr nachmittags.*
6. *Portugal und Brasilien haben viele Gemeinsamkeiten.*

Übung 11 – Track 21

1. *Heute Abend wird ein guter Film im Fernsehen laufen.*
2. *Teresa und António werden sich im Kino treffen.*

3. *Morgen Vormittag werde ich im Büro anrufen.*
4. *Wir werden in Deutschland in zwei Tagen ankommen.*

Übung 14 – Track 22

Teresa: *Das ist die schönste Straße von Lissabon.*
António: *Mensch, die Häuser sind alt.*
Teresa: *Schau, die Brücke dort ist so klein.*
António: *Und das Gebäude da vorne ist so groß!*
Teresa: *Hier sind die Straßen schmal.*
António: *Und die Gebäude sind ziemlich hoch.*
Teresa: *Und die Lissabonner? Seltsam?*
António: *Ich finde die Menschen von hier sehr nett und Lissabon ist eine sehr interessante Stadt. Ich mag die Stadt.*

Übung 16 – Track 23

Ele é médico. – *Er ist Arzt.*
Ele é médico? – *Ist er Arzt?*

Übung 16 – Track 24

1. Nós gostamos de filmes românticos.
2. Vocês vão chegar hoje?
3. A ponte é antiga?
4. O prédio fica na esquina.
5. Ele gosta de cidades pequenas.
6. Viro à direita?

1. *Wir mögen romantische Filme*
2. *Werdet ihr heute ankommen?*
3. *Ist die Brücke alt?*
4. *Das Gebäude ist an der Ecke.*
5. *Er mag kleine Städte.*
6. *Biege ich nach links ab?*

Übung 17 – Track 25

1. Quando nos encontramos então? – Amanhã às 10:30.
2. Como se vai para o castelo? – Segue em frente e depois vira à esquerda.
3. Quem vai também tomar café? – O João e a Ana vão também.
4. Quantos anos tens? – Tenho quase 30 anos.
5. Que horas são? – São duas e meia.
6. Onde é o cinema. – É no largo do Chiado.
7. Quem fala? – Aqui é a Teresa.

1. *Wann treffen wir uns dann? – Morgen um 10:30 Uhr.*
2. *Wie kommt man zur Burg? – Gehe geradeaus und biege dann nach links ab.*
3. *Wer kommt auch zum Kaffee trinken? João und Ana kommen auch.*
4. *Wie alt bist du? – Ich bin fast 30 Jahre alt.*
5. *Wie viel Uhr ist es? – Es ist halb drei.*
6. *Wo ist das Kino? – Es ist auf dem Chiadoplatz.*
7. *Wer spricht da? – Hier ist Teresa.*

Lektion 4

Übung 1 – Track 26

1. O primeiro dia da semana é o domingo.
2. Hoje é segunda-feira.
3. Amanhã vai ser terça-feira.
4. Depois de amanhã vai ser quarta-feira.
5. O quinto dia é a quinta-feira.
6. O sexto dia é a sexta-feira.
7. O fim-de-semana começa no sábado.

1. *Der erste Tag der Woche ist der Sonntag.*
2. *Heute ist Montag.*
3. *Morgen wird Dienstag sein.*
4. *Übermorgen wird Mittwoch sein.*
5. *Der fünfte Tag ist der Donnerstag.*
6. *Der sechste Tag ist der Freitag.*
7. *Das Wochenende beginnt am Samstag.*

Übung 2 – Track 27

1. tocar viola – *Gitarre spielen*
2. ouvir música – *Musik hören*
3. navegar na internet – *im Internet surfen*
4. ir à praia – *zum Strand gehen*
5. ver televisão – *fernsehen*
6. passear – *spazieren*
7. ler um livro – *ein Buch lesen*
8. dançar – *tanzen*

Übung 3 – Track 28

1. *Am Sonntag wandern wir in den Bergen.*
2. *Sie machen immer Capoeira.*
3. *Sie schwimmt am Montag.*
4. *Ihr fahrt jedes Jahr Ski.*
5. *Du spielst freitags Schach.*
6. *Er fährt Fahrrad.*
7. *Er segelt an den Wochenenden.*
8. *Wir laufen im Park.*

Übung 4+5 – Track 29

Teresa: *Morgen würde ich gern Gymnastik machen, aber ich kann nicht. Ich habe keine Zeit.*
António: *Ich gehe nicht gern ins Fitnessstudio. Deshalb laufe ich manchmal im Park.*
Teresa: *Ich laufe nicht gern, aber ich will unter der Woche Sport machen.*

António: *Du kannst im Schwimmbad vom Club schwimmen.*
Teresa: *Gute Idee! Gibt es dort ein Schwimmbad?*
António: *Ja. Es gibt auch viele Sportplätze.*
Teresa: *Und was für eine Sportart treibst du?*
António: *Freitags spiele ich Fußball und ich lerne auch Capoeira.*
Teresa: *Du bist wirklich aktiv! Ich mache fast nichts, aber ich gehe gern aus.*
António: *Am Wochenende gehe ich sehr gern tanzen. Wie wäre es, wenn wir am Samstag in eine Disco gehen?*
Teresa: *Es geht nicht. Ich kann nicht tanzen.*
António: *Dann wirst du es lernen. Gehen wir in eine Disco!*
Teresa: *In Ordnung. Du wirst dich aber sehr amüsieren.*

Übung 6 – Track 30

1. Tu aprendes capoeira.
2. Ela aprende a dançar.
3. Teresa quer uma bicicleta nova.
4. Nós queremos andar a pé nas montanhas.
5. Eles aprendem português juntos.
6. Eu quero ver televisão no domingo.
7. Vocês querem sair a noite.

1. *Du lernst Capoeira.*
2. *Sie lernt tanzen.*
3. *Teresa will ein neues Fahrrad.*
4. *Wir wollen in den Bergen wandern.*
5. *Sie lernen Portugiesisch.*
6. *Ich will am Sonntag fernsehen.*
7. *Ihr wollt heute abend ausgehen.*

Übung 11 – Track 31

1. *Montags höre ich Musik.*
2. *Dienstags mache ich Gymnastik.*
3. *Mittwochs sehe ich fern.*
4. *Donnerstags schlafe ich bis spät.*
5. *Freitags amüsiere ich mich in der Disco.*
6. *Samstags spaziere ich durch den Park.*
7. *Sonntags gehe ich mit António aus.*

Übung 14 – Track 32

1. sábado – *Samstag*
2. domingo – *Sonntag*
3. divertir-se – *sich amüsieren*
4. aeroporto – *Flughafen*
5. vinte e um – *einundzwanzig*
6. jogos – *Spiele*
7. gosto – *Geschmack*
8. compreender – *verstehen*

Übung 15 – Track 33

1. A Ana gosta de fazer desporto?
2. O fim-de-semana vai até domingo..
3. O Eduardo sabe jogar futebol?
4. Eu sei tocar viola.
5. São três e um quarto.

1. *Treibt Anna gern Sport?*
2. *Das Wochenende geht bis Sonntag.*
3. *Kann Eduardo Fußball spielen?*
4. *Ich kann Gitarre spielen.*
5. *Es ist Viertel nach drei.*

Übung 16 – Track 34

1. Que giro! – *Wie lustig!*
2. Boa ideia! – *Gute Idee!*
3. Que bom! – *Das ist gut!*
4. Adoro isso! – *Ich liebe das!*
5. Maravilhoso! – *Wunderbar!*
6. Gosto imenso disto! – *Das mag ich sehr!*
7. Óptimo! – *Super!*
8. Excelente! – *Ausgezeichnet!*

Lektion 5

Übung 1 – Track 35

salada de alface – *Blattsalat*
sopa – *Suppe*
bife de vaca – *Rinderschnitzel*
arroz – *Reis*
feijão – *Bohnen*
batata frita – *Pommes frites*
pudim de caramelo – *Karamellpudding*
água – *Wasser*
cerveja – *Bier*
café – *Kaffee*

Übung 2 – Track 36

1. *Eine Tasse Schwarztee, bitte.*
2. *Ich hätte gern ein Stück Schokokuchen, bitte.*
3. *Ich möchte gern ein Milchkaffee und ein Vanilletörtchen.*
4. *Bitte! Ich möchte gern einige Kekse.*

Übung 3 – Track 37

António: *Ich habe so einen Hunger Teresa, und du?*
Teresa: *Ich auch, aber zuerst muss ich etwas trinken. Ich habe Durst.*
Kellner: *Was möchten Sie bestellen?*
António: *Zwei Caipirinhas und eine Flasche Wasser, bitte.*

Kellner: *Sofort. Wollen Sie auch zu Mittag essen?*
António: *Ja. Was ist das Tagesgericht und wie viel kostet es?*
Kellner: *Rinderschnitzel oder Brathähnchen, mit Blattsalat, Reis, Bohnen und Karamellpudding als Nachtisch. Es kostet € 15,–.*
António: *Sind die Getränke auch im Preis inbegriffen?*
Kellner: *Nein, das nicht. Sie gehen extra.*
António: *Na gut. Dann ein Tagesgericht mit Rinderschnitzel und eines mit Brathähnchen, bitte.*

...

António: *Na, Teresa. Schmeckt dir das Fleisch?*
Teresa: *Es ist hervorragend António! Und die Bohnen mit Reis sind auch super.*
António: *Willst du nicht ein bisschen vom Hähnchen probieren? Es ist lecker!*
Teresa: *Nein, danke. Ich bin schon satt. Ich werde noch vom Karamellpudding kosten.*
António: *Und ich trinke noch einen Espresso.*
Teresa: *Können wir schon bezahlen?*
António: *Klar! Herr Ober! Einen Pudding, einen Espresso und die Rechnung, bitte.*
Kellner: *Jawohl. Nur eine Minute.*

Übung 4 – Track 38

Eu peço um café e ele pede um chá. –
Ich bestelle Kaffee und er Tee.
Eu prefiro carne e ele prefere peixe. –
Ich bevorzuge Fleisch und er Fisch.

Übung 9 – Track 39

1. a couve – *Kohl*
2. o tomate – *Tomate*
3. o pepino – *Gurke*
4. a beringela – *Aubergine*
5. a cenoura – *Karotte*
6. a uva – *Trauben*
7. a laranja – *Orange*
8. o pêssego – *Pfirsich*
9. a maçã – *Apfel*
10. o melão – *Melone*

Übung 10 – Track 40

1. Quero um quilo de batatas, por favor.
2. Um quilo de maçãs, por favor.
3. Um pacote de feijão e dois quilos de arroz, por favor.
4. Uma garrafa de vinho, por favor.
5. Tomo uma fatia de bolo e um café com leite.

1. *Ich möchte ein Kilo Kartoffel, bitte.*
2. *Ein Kilo Äpfel, bitte.*
3. *Ein Päckchen Bohnen und zwei Kilo Reis, bitte.*
4. *Ein Flasche Wein, bitte.*
5. *Ich nehme ein Stück Kuchen und einen Milchkaffee.*

Übung 12 – Track 41

o copo – *Glas*
o prato – *Teller*
o garfo – *Gabel*
a faca – *Messer*
a colher – *Löffel*
a chávena – *Tasse*
a mesa – *Tisch*
a cadeira – *Stuhl*

Übung 14 – Track 42

1. *Guten Appetit!*
2. *Die Speisekarte bitte.*
3. *Prost!*
4. *Das Trinkgeld ist in der Rechnung inbegriffen.*
5. *Haben Sie Kleingeld?*

Übung 15 – Track 43

1. bacalhau – *Kabeljau*
2. caldo verde – *Grünkohlsuppe*
3. feijoada – *Bohneneintopf*
4. churrasco – *gegrillter Fleischspieß*
5. vinho do Porto – *Portwein*
5. caipirinha – *Caipirinha*
6. pastel de nata – *Vanilletörtchen*
6. pudim de caramelo – *Karamellpudding*

Übung 16 – Track 44

1. Quando estou com sede, bebo um copo de água.
2. Quando estou com fome, como arroz com feijão.
3. No supermercado compro sumo e leite.
4. No café peço um chá.
5. No restaurante como frango com batata frita.
6. Na churrascaria come-se muita carne.
7. De manhã toma-se café.
8. Na pastelaria come-se bolo.
9. Em Portugal é típico comer peixe.

1. *Wenn ich durstig bin, trinke ich ein Glas Wasser.*
2. *Wenn ich hungrig bin, esse ich Reis mit Bohnen.*
3. *Im Supermarkt kaufe ich Saft und Milch.*
4. *Im Café bestelle ich einen Tee.*
5. *Im Restaurant esse ich Hähnchen mit Pommes.*

6. *In der Churrascaria isst man viel Fleisch.*
7. *Morgens trinkt man Kaffee.*
8. *In der Konditorei isst man Kuchen.*
9. *In Portugal ist es typisch Fisch zu essen.*

Übung 19 – Track 45

bife de vaca – *Rinderschnitzel*
frango assado – *gegrilltes Hähnchen*
peixe – *Fisch*
bacalhau – *Kabeljau*
feijoada – *Bohneneintopf*
arroz – *Reis*
couve – *Kohl*
salada de alface – *Blattsalat*
carne – *Fleisch*
chá – *Tee*
café – *Kaffee*
cerveja – *Bier*
água – *Wasser*
sumo – *Saft*
vinho – *Wein*
caipirinha – *Caipirinha*
leite – *Milch*
garfo – *Gabel*
faca – *Messer*
colher – *Löffel*
guardanapo – *Serviette*
prato – *Teller*
chávena – *Tasse*
copo – *Glas*
garrafa – *Flasche*
mesa – *Tisch*

Rückblick 1

Übung 3 – Track 46

doze – *12*
dezoito – *18*
vinte – *20*
trinta e cinco – *35*
cinquenta e oito – *58*
noventa e nove – *99*
cem – *100*
cento e um – *101*

Übung 4 – Track 47

São cinco e um quarto. – *5.15 Uhr*
São oito e meia. – *8.30 Uhr*
São duas menos vinte. – *1.40 Uhr*
É um quarto para o meio-dia. – *11.45 Uhr*

Übung 5 – Track 48

1. Onde estás no próximo fim de semana?
2. Ela tem 15 anos. Ela é jovem.
3. Qual é a profissão da Teresa?
4. É tarde. É meia-noite.
5. Ele está no restaurante.
6. Hoje as frutas estão boas.
7. Eu estou bem, obrigado.
8. Os autocarros em Londres são grandes.

1. *Wo bist du am nächsten Wochenende?*
2. *Sie ist 15 Jahre alt. Sie ist jung.*
3. *Was ist Teresas Beruf?*
4. *Es ist spät. Es ist Mitternacht.*
5. *Er ist im Restaurant.*
6. *Heute sind die Früchte gut.*
7. *Mir geht es gut, danke.*
8. *Die Busse in London sind groß.*

Übung 6 – Track 49

1. Onde moram a Ana e a Teresa?
2. Como é o filme?
3. Quem é a nova médica?
4. Quando vais trabalhar?
5. Quantos anos é que ele tem?
6. O que é que vocês fazem nos tempos livres?
7. De onde são eles?
8. Aonde vamos à noite?

1. *Wo wohnen Ana und Teresa?*
2. *Wie ist der Film?*
3. *Wer ist die neue Ärztin?*
4. *Wann gehst du arbeiten?*
5. *Wie alt ist er?*
6. *Was macht ihr in eurer Freizeit?*
7. *Woher sind sie?*
8. *Wo gehen wir heute Abend hin?*

Übung 9 – Track 50

1. *Zuerst fährst du in Richtung Zentrum.*
2. *Du fährst nach der Ampel weiter geradeaus.*
3. *Nach drei Häuserblocks biegst du links ab.*
4. *Fahr weiter geradeaus.*
5. *Biege rechts ab.*
6. *An der Straßenecke ist die Bar von João.*

Übung 10 – Track 51

1. Desculpe. – *Entschuldigen Sie.*
2. Obrigado. – *Danke. (männlich)*
3. Com licença. – *Mit Verlaub. (Darf ich bitte?)*
4. Muito prazer. – *Sehr erfreut.*
5. Queria por favor ... – *Ich hätte gern ...*
6. Fala devagar, por favor. – *Bitte, sprich langsamer.*
7. Pode repetir, por favor? – *Können Sie bitte wiederholen?*
8. Bem-vindo! – *Willkommen!*
9. Tudo de bom! – *Alles Gute!*

4 Hörtexte zu CD 2

Lektion 6

Track 1

Teresa: *Hallo, António. Erzähl mal, wie läuft es?*
António: *Viel Arbeit! Ich muss das Projekt bis zum Monatsende beenden. Und du?*
Teresa: *Ich habe auch viel Arbeit und das Internet zu Hause funktioniert nicht. Ich habe vermutlich ein Virus im Computer.*
António: *Da ich den ganzen Tag mit dem PC arbeite, habe ich abends keine Lust mehr, meinen Freunden in Brasilien E-Mails zu schreiben.*
Teresa: *Du bist wirklich gestresst! Ich finde, du solltest heute früher nach Hause gehen.*
António: *Leider kann ich nicht. Ich soll noch zur Sitzung mit den Ingenieuren gehen und danach werde ich an einer Videokonferenz mit Kunden teilnehmen.*
Teresa: *Kein Wunder, dass du müde bist. Ist das immer so unter der Woche?*
António: *Ja, so ist es. Und ich muss auch einmal im Monat auf Geschäftsreise. Diese Woche fahre ich nach Porto.*
Teresa: *Gut, dann wünsche ich dir eine gute Reise!*
António: *Danke Teresa! Bei meiner Rückkehr reden wir miteinander.*

Übung 3 – Track 2

1. *Verstehst du etwas von Computern? – Ja, ich arbeite damit den ganzen Tag.*
2. *Hast du zu Hause Internet? – Ja, ich surfe viel im Internet.*
3. *An wie vielen Besprechungen nimmst du Teil? – Ich nehme einmal in der Woche an einer Besprechung Teil.*
4. *Wann schreibst du E-Mails? – Ich schreibe jeden Tag E-Mails.*
5. *Hast du ein Handy? – Natürlich! Ich telefoniere viel mit dem Handy.*
6. *Wie sprichst du mit den Kunden? – Ich mache öfters Video-Konferenzen.*
7. *Wie oft verreist du geschäftlich? – Ich mache einmal im Monat eine Geschäftsreise.*

Übung 4 – Track 3

1. A hora tem 60 minutos. – *Die Stunde hat 60 Minuten.*
2. O dia tem 24 horas. – *Der Tag hat 24 Stunden.*
3. A semana tem 7 dias. – *Die Woche hat 7 Tage.*
4. O mês tem 4 semanas. – *Der Monat hat 4 Wochen.*
5. O ano tem 12 meses. – *Das Jahr hat 12 Monate.*

Übung 5 – Track 4

1. O computador é prático.
2. O telemóvel é moderno.
3. A internet é rápida.
4. O monitor é grande.
5. A impressora é boa.
6. A viagem é longa.
7. A agenda está cheia.
8. A disquete é pequena.

1. *Der Computer ist praktisch.*
2. *Das Handy ist modern.*
3. *Das Internet ist schnell.*
4. *Der Monitor ist groß*
5. *Der Drucker ist gut.*
6. *Die Reise ist lang.*
7. *Der Terminkalender ist voll.*
8. *Die Diskette ist klein.*

Übung 10 – Track 5

1. O monitor do computador é grande, mas a impressora é maior ainda.
2. A viagem é boa, mas o regresso é melhor ainda.

1. *Der Bildschirm ist groß, aber der Drucker ist noch größer.*
2. *Die Reise ist gut, aber die Rückkehr ist noch besser.*

Übung 12 – Track 6

Eu estou bem. – *Mir geht es gut.*
O trabalho está bom. – *Die Arbeit ist gut.*

Übung 13 – Track 7

o computador – *der Computer*
o monitor – *der Monitor*
o rato – *die Maus*
a impressora – *der Drucker*
o teclado – *die Tastatur*

Übung 14 – Track 8

Sekretärin: *Construtora Linha Nova, guten Tag.*
Kunde: *Guten Tag. Ich möchte gern mit dem Herrn Ingenieur (António) da Silva Torres sprechen, bitte.*

Hörtexte zu CD 2

Sekretärin: *Es tut mir leid, aber im Augenblick ist er nicht da. Er ist gerade auf einer Geschäftsreise in Porto.*
Kunde: *Wann kann ich wieder mit ihm sprechen?*
Sekretärin: *Er wird vermutlich gegen Ende der Woche zurück kommen.*
Kunde: *Ich muss dringend mit ihm sprechen. Hat er ein Handy?*
Sekretärin: *Ja, die Nummer ist 91-658-34921.*
Kunde: *Vielen Dank und eine schöne Woche.*
Sekretärin: *Vielen Dank, gleichfalls.*

Lektion 7

Übung 1 – Track 9

1. Janeiro – *Januar*
2. Fevereiro – *Februar*
3. Março – *März*
4. Abril – *April*
5. Maio – *Mai*
6. Junho – *Juni*
7. Julho – *Juli*
8. Agosto – *August*
9. Setembro – *September*
10. Outubro – *Oktober*
11. Novembro – *November*
12. Dezembro – *Dezember*

Übung 2 – Track 10

1. *Von Juni bis September ist Sommer.*
2. *Von Dezember bis März ist Winter.*
3. *Von September bis Dezember ist Herbst.*
4. *Von März bis Juni ist Frühling.*

Übung 3 – Track 11

1. *Es regnet viel.*
2. *Es ist sehr sonnig.*
3. *Es ist neblig.*
4. *Das Meer ist blau.*
5. *Die Temperatur ist hoch.*
6. *Es ist sehr heiß.*
7. *Es schneit gerade.*
8. *Der Himmel ist bewölkt.*
9. *Es ist kalt.*
10. *Es ist sehr windig.*

Übung 4+5 – Track 12

Quando cheguei à tua cidade natal, fiquei maravilhada com o mar, as montanhas e a floresta em redor. É mesmo tudo belíssimo!
Ficámos num hotel antigo mas muito luxuoso. Olha aqui!
No primeiro dia visitei o Cristo Redentor e conheci os Arcos da Lapa.
No segundo dia estivemos na famosa praia de Copacabana. Lá na praia tomei uma água de coco e comi camarões fritos.
Com a Cristina estive numa aldeia pequena, em Búzios. Gostei imenso de lá ir. Fizemos um passeio de barco maravilhoso! Tirei muitas fotos como podes ver. À noite saímos e só voltámos de madrugada ao hotel. Divertimo-nos muitíssimo.
Na verdade, fiquei com muitas lembranças boas da tua terra. Tive também muita sorte com o tempo. Não choveu nenhum dia. Pelo contrário, fez sempre sol e calor.

Als ich in deiner Geburtstadt ankam, war ich vom Meer, den Bergen und dem Wald ringsherum überwältigt. Es ist wirklich alles so wunderschön!! Wir wohnten in einem alten, aber sehr luxuriösen Hotel. Hier, sieh mal!
Am ersten Tag besuchte ich die Christus Statue und lernte die Lapa Bögen kennen. Am zweiten Tag waren wir am berühmten Strand Copacabana. Dort am Strand trank ich Kokosnusswasser und aß frittierte Schrimps. Mit Cristina war ich in einem kleinen Ort, in Búzios. Dort gefiel es mir sehr. Wir machten eine wunderschöne Bootsfahrt! Ich schoss viele Fotos, wie du sehen kannst. Abends gingen wir aus und kamen erst nachts ins Hotel zurück. Wir amüsierten uns sehr. Tja, mir blieben viele schöne Erinnerungen an deine Heimat. Ich hatte viel Glück mit dem Wetter. Es regnete an keinem Tag. Im Gegenteil, es war immer sonnig und warm.

Übung 6 – Track 13

1. A Teresa visitou a estátua do Cristo Redentor. – *Teresa besuchte die Christus Statue*
2. Depois ela comeu camarões na praia de Copacabana. – *Danach aß sie Schrimps am Strand von Copacabana.*
3. Mais tarde saiu para dançar com uma amiga. – *Später ging sie mit einer Freundin zum Tanzen.*

Übung 8 – Track 14

a cidade – *die Stadt*
a aldeia – *das Dorf*
a paisagem – *die Landschaft*
o campo – *das Land*
a montanha – *der Berg*
a praia – *der Strand*
a floresta – *der Wald*
o mar – *das Meer*

Übung 9 – Track 15

1. Dormi todos os dias até às 9. –
   Ich habe jeden Tag bis 9 geschlafen.
2. Tomei o pequeno-almoço e li o jornal. –
   Ich habe gefrühstückt und die Zeitung gelesen.
3. Fiz compras no supermercado. –
   Ich habe im Supermarkt eingekauft.
4. Estive no museu da cidade. –
   Ich war im Stadtmuseum.
5. Visitei o centro histórico da cidade. –
   Ich habe das historische Stadtzentrum besucht.

Übung 12 – Track 16

1. O Rio de Janeiro é belíssimo! –
   Rio de Janeiro ist sehr schön!
2. A praia de Copacabana é famosíssima –
   Der Strand von Copacabana ist sehr berühmt!

Übung 15 – Track 17

1. *Du nahmst vor einem Jahr Urlaub.*
2. *Ich war vor zwei Monaten in den Bergen.*
3. *Ich kam vor zwei Stunden zu Hause an.*
4. *Ich habe meine Freunde seit Jahren nicht mehr gesehen.*
5. *António ist seit zwei Monaten in Portugal.*

Übung 16 – Track 18

1. *Wann warst du in Brasilien?*
2. *Hat es heute geschneit?*
3. *Möchtest du jetzt im Wald spazieren gehen?*
4. *Seit wann hat es nicht geregnet?*
5. *Gab es viel Wind am Meer?*
6. *Seit wie viele Tagen ist es sonnig?*

Übung 17 – Track 19

1. a) Tu saíste de madrugada. –
   Du bist im Morgengrauen weg gegangen.
   b) Eles saíram à noite. –
   Sie sind abends ausgegangen.
   c) Você saiu ontem. –
   Sind Sie gestern ausgegangen?
   d) Ela sai para dançar. –
   Sie geht zum Tanzen aus.

2. a) Ontem nós não estivemos em casa. –
   Gestern waren wir nicht zu Hause.
   b) Vocês não estiveram na praia de Copacabana. –
   Ihr wart nicht am Strand von Copacabana.
   c) Na praia está muito calor. –
   Am Strand ist es sehr warm.
   d) Em Junho ele esteve de férias. –
   Er war im Juni im Urlaub.

3. a) No Verão tivemos temperaturas altas. –
   Im Sommer hatten wir hohe Temperaturen.
   b) No Inverno cai muita neve. –
   Im Winter schneit es viel.
   c) Ele teve férias na Primavera. –
   Er hatte Ferien im Frühjahr.
   d) Tiveste sorte? –
   Hattest du Glück?

4. a) Teresa toma um banho de sol na praia. –
   Teresa sonnt sich am Strand
   b) Vocês tomaram um duche ontem? –
   Habt ihr gestern geduscht?
   c) Não tomaste o pequeno-almoço. –
   Du hast nicht gefrühstückt.
   d) Nós tomámos água de coco. –
   Wir tranken Kokosnusswasser.

5. a) Eles conheceram o centro histórico. –
   Sie lernten das historische Zentrum kennen.
   b) Conheci o museu da cidade. –
   Ich habe das Stadtmuseum kennen gelernt.
   c) Conheço bem essa aldeia. –
   Ich kenne dieses Dorf gut.
   d) Conheceste o Rio de Janeiro? –
   Hast du Rio de Janeiro kennen gelernt?

Lektion 8

Übung 1 – Track 20

1. *Meine Großeltern sind alt.*
2. *Meine Onkel und Tante sind klein.*
3. *Meine Eltern sind groß.*
4. *Meine Geschwister sind jung.*
5. *Mein Bruder ist dick.*
6. *Meine Tante ist dünn.*
7. *Meine Nichte ist dunkelhaarig.*
8. *Mein Onkel ist blond.*
9. *Meine Schwester ist verheiratet.*
10. *Meine Neffen sind klein.*

Übung 3 – Track 21

1. A minha sobrinha nasceu hoje. –
   Meine Nichte ist heute geboren.
2. O teu pai fez anos. – *Dein Vater hatte Geburtstag.*
3. A sua irmã casou-se. –
   Seine/Ihre Schwester hat geheiratet.
4. O nosso irmão formou-se no liceu. –
   Unser Bruder hat sein Abiturabschluss gemacht.
5. O vosso avô morreu. – *Euer Großvater ist gestorben.*

Übung 4 – Track 22

Teresa: *Das ist das Hochzeitsfoto meiner Schwester. Sie hat vor drei Jahren geheiratet.*
António: *Und das sind deine Eltern oder dein Onkel und deine Tante?*
Teresa: *Diese hier ist meine Mutter und an ihrer Seite ist ihr Bruder, mein Onkel. Und diese sind meine Neffen.*
António: *Dann bist du schon zwei Mal Tante?*
Teresa: *Nein, ich bin drei Mal Tante. Meine Schwester hat eine kleine Tochter vor zwei Monaten bekommen. Meine Nichte Ana ist in Mai geboren.*
António: *Deine Familie ist wirklich groß. Meine ist klein. Ich bin Einzelkind.*
Teresa: *Aber du bist nicht so ein verwöhntes Einzelkind. Und hast du Onkel, Tante oder Großeltern?*
António: *Ich habe nur eine Großmutter, die Mutter meines Vaters. Die anderen Großeltern sind schon gestorben. Meine Onkel und Tanten sind alle älter.*
Teresa: *Letzte Woche war der Geburtstag meines Vaters. Er ist 60 Jahre alt geworden.*
António: *Wer von euch ist das Nesthäkchen?*
Teresa: *Das ist mein Bruder, der vor einem Jahr seinen Abschluss gemacht hat. Er ist der Jüngste.*
António: *Die Nesthäkchen und Einzelkinder sind immer die Verwöhntesten der Familie.*

Übung 11 – Track 23

1. Quando foi o casamento da sua irmã?
2. Na minha família eu fui o mais mimado.
3. Quando é que tu foste visitar os teus pais?
4. Acho que foi no mês passado.
5. Nas férias do Verão vocês foram à praia?
6. Nós fomos os caçulas na família.
7. Foste tu o primeiro a chegar ontem?
8. A Teresa e o António foram viajar juntos.

1. *Wann war die Hochzeit Ihrer Schwester?*
2. *In unserer Familie wurde ich am meisten verwöhnt.*
3. *Wann bist du deine Eltern besuchen gegangen?*
4. *Ich glaube, dass es im letzten Monat war.*
5. *Seid ihr in den Sommerferien an den Strand gegangen?*
6. *Wir waren die Nesthäkchen in der Familie.*
7. *Warst du gestern der erste, der ankam?*
8. *Teresa und António sind zusammen auf Reisen gegangen.*

Übung 14 – Track 24

1. a) Sou casado. – *Ich bin verheiratet.*
   b) Casei-me. – *Ich habe geheiratet.*
   c) Ontem foi o meu casamento. – *Gestern war meine Hochzeit.*
   d) Hoje vou casar-me. – *Ich werde heute heiraten.*
2. a) Ela é filha única. – *Sie ist Einzelkind.*
   b) Ela não tem irmãos. – *Sie hat keine Geschwister.*
   c) Ela não tem tios. – *Sie hat keine Onkel und Tanten.*
   d) Os pais dela têm só uma filha. – *Ihre Eltern haben nur eine Tochter.*
3. a) Eles nunca estudaram. – *Sie haben nie studiert (oder auch: nie die Schule besucht).*
   b) Eles formaram-se. – *Sie haben den Abschluß gemacht*
   c) Eles foram ao liceu. – *Sie sind auf die weiterführende Schule gegangen.*
   d) Eles tiveram uma formatura. – *Sie hatten einen Abschluß.*
4. a) O filho dele nasceu há um mês. – *Sein Sohn wurde vor einem Monat geboren.*
   b) O filho dele faz anos daqui a um mês. – *Sein Sohn hat in einem Monat Geburtstag.*
   c) O filho dele tem um mês de idade. – *Sein Sohn ist ein Monat alt.*
   d) O filho dele é pequeno. – *Sein Sohn ist klein.*
5. a) O meu avô morreu. – *Mein Großvater ist gestorben.*
   b) Já não tenho avô. – *Ich habe keinen Großvater mehr.*
   c) O pai da minha mãe morreu. – *Der Vater meiner Mutter ist gestorben.*
   d) O meu avô é muito velho. – *Mein Großvater ist sehr alt.*

Übung 15 – Track 25

1. *Mein Großvater ist sehr alt.*
2. *Dein Onkel trägt eine Brille.*
3. *Ihr Neffe ist blond.*
4. *Unsere Schwester ist dunkelhaarig.*
5. *Euer Vater trägt einen Vollbart.*
6. *Meine Tante ist viel kleiner als mein Onkel.*
7. *Ihr Bruder ist der Jüngste in der Familie.*
8. *Ihr Onkel hat einen Schnurrbart.*

Übung 16 – Track 26

1. *Mein Vater ist der Dickste.*
2. *Meine Nichte ist die Kleinste.*
3. *Meine Schwester ist die Jüngste.*

Übung 17 – Track 27

1. Esta foto é do casamento da minha irmã. Ela casou-se há 3 anos.
2. A tua família é mesmo grande. A minha é pequena. Sou filho único.
3. Na semana passada foi o aniversário do meu pai. Ele fez 60 anos de idade.
4. Tenho só uma avó, a mãe do meu pai. Os outros avós já morreram. Os meus tios são todos mais velhos.

Lektion 9

Übung 1 – Track 28

1. branco – *weiß*
2. amarelo – *gelb*
3. cor-de-laranja – *orange*
4. vermelho – *rot*
5. cor-de-rosa – *rosa*
6. verde – *grün*
7. azul – *blau*
8. preto – *schwarz*
9. cinzento – *grau*
10. castanho – *braun*

Übung 2 – Track 29

1. As calças são verdes. – *Die Hose ist grün.*
2. A camisa é branca. – *Das Hemd ist weiss.*
3. A saia é cor-de-rosa. – *Der Rock ist rosa.*
4. O vestido é vermelho. – *Das Kleid ist rot.*
5. Os sapatos são castanhos. – *Die Schuhe sind braun.*
6. O casaco é preto. – *Der Mantel ist schwarz.*
7. O pulôver é cinzento. – *Der Pullover ist grau.*
8. Os ténis são azuis. – *Die Turnschuhe sind blau.*

Übung 3 – Track 30

1. *Ich suche ein grünes Kleid. – Gefällt Ihnen dieses hier?*
2. *Wo kann ich das Kleid anprobieren? – Die Umkleidekabine ist dort drüben.*
3. *Passt Ihnen das Kleid?- Nein, es ist ein wenig zu groß.*
4. *Was ist Ihre Größe? – Ich denke, meine Größe ist 38.*
5. *Wie steht mir das Kleid? – Ah, dieses Kleid steht Ihnen sehr gut.*
6. *Was kostet es? – 45 Euro.*
7. *Ich nehme es. Wo kann ich bezahlen? – Die Kasse ist dort drüben.*

Übung 4 + 5 – Track 31

António: *Na, wie laufen die Vorbereitungen für das Fest?*
Paulo: *Die Gäste haben schon die Einladung bekommen. Ich habe sie gestern per Internet geschickt.*
Noémia: *Die Getränke werde ich noch morgen kaufen. Aber, was ist mit dem Sekt?*
Paulo: *Ich habe ihn zu Hause. Es blieb viel vom letzten Fest übrig.*
António: *Sehr gut. Den Geburtstagskuchen habe ich auch schon in der Konditorei bestellt.*
Noémia: *Und das Geschenk?! Wir haben noch kein Geschenk für das Geburtstagskind.*
Paulo: *Was können wir ihr schenken? Habt ihr eine Idee?*
Noémia: *Ich weiss, dass Teresa sehr gern Kleidung hat. Wie wäre es mit einem roten Kleid?*
António: *Ich weiß nicht. Ich denke, dass sie lieber Blau oder Grün trägt.*
Paulo: *Warum kaufen wir nicht einen Pullover oder eine blaue Bluse? Das ist klassisch.*
Noémia: *Welche Größe hat sie?*
António: *Oh, ich weiß es nicht.*
Paulo: *Dann können wir ihr auch keine Kleidung schenken. Aber wie wäre es mit dem neuen Buch von António Lobo Antunes?*
Noémia: *Gute Idee! Ich kaufe es. Und dann können wir ihr noch eine CD schenken, einverstanden?*
António: *Perfekt. Am Samstag lade ich sie dann zu einem Spaziergang ein und ihr bereitet den ganzen Rest für das Fest vor.*

Übung 12 Track 32

1. Estou de calças e casaco pretos.
2. Ele usa uma camisa azul.
3. Muitíssimo obrigado pelo presente!
4. Muitos parabéns pelo seu aniversário!

1. *Ich trage eine schwarze Hose und eine schwarze Jacke.*
2. *Er trägt ein blaues Hemd.*
3. *Vielen, vielen Dank für das Geschenk!*
4. *Herzlichen Glückwunsch zum Geburtstag!*

Übung 13 – Track 33

Verkäuferin: *Bitte sehr. Gefällt Ihnen das Kleid?*
Teresa: *Ja. Haben Sie auch eines in rosa?*
Verkäuferin: *Welche Größe haben Sie?*
Teresa: *Ich trage 38.*

Verkäuferin: *Tut mir leid. Wir haben nur größere Größen.*
Teresa: *Kann ich trotzdem eines anprobieren?*
Verkäuferin: *Natürlich, die Umkleidekabine ist dort drüben. Und, passt es Ihnen?*
Teresa: *Ja. Ich nehme es. Wo ist die Kasse?*
Verkäuferin: *Sie ist hinten im Laden.*
Teresa: *Kann ich mit Kreditkarte bezahlen?*
Verkäuferin: *Leider nicht. Wir akzeptieren nur Bargeld.*

Übung 15 – Track 34

branco – *weiß*
amarelo – *gelb*
cor-de-laranja – *orange*
vermelho – *rot*
cor-de-rosa – *rosa*
verde – *grün*
azul – *blau*
preto – *schwarz*
cinzento – *grau*
castanho – *braun*

Lektion 10

Übung 1 – Track 35

1. *Im Tagespreis dieser Pension ist das Frühstück inbegriffen.*
2. *Jenes Hotel dort hat nur Einzelzimmer frei.*
3. *In dieser Pension da haben wir ein Doppelzimmer reserviert.*
4. *Von jenem Landgut dort hat man einen herrlichen Ausblick.*
5. *Dieser Campingplatz hier ist schon komplett ausgebucht.*

Übung 2 – Track 36

1. o castelo – *Burg*
2. a catedral – *Kathedrale*
3. o mosteiro – *Kloster*
4. o monumento – *Denkmal*
5. a paisagem – *Landschaft*
6. o guia turístico – *Reiseführer*
7. a casa de banho – *Badezimmer*
8. o duche – *Dusche*
9. o quarto – *Zimmer*
10. a cama – *Bett*

Übung 3 – Track 37

1. Quanto custa a diária desta pousada? – A diária custa 20 Euros por pessoa.
2. O pequeno-almoço está incluído na diária? – Sim, e também o jantar.
3. É possível reservar um quarto com vista para o mar? – Infelizmente não. Está tudo lotado.
4. O senhor tem um quarto individual? – Não, mas o quarto tem duas camas.
5. Há um duche neste quarto? – Todos os quartos têm uma casa de banho.

1. *Was kostet ein Zimmer in dieser Pension? – Es kostet 20 Euros pro Person.*
2. *Ist das Frühstück im Preis inbegriffen? – Ja, und auch das Abendessen.*
3. *Ist es möglich, ein Zimmer mit Blick aufs Meer zu reservieren? – Leider nicht. Es ist alles ausgebucht.*
4. *Haben Sie ein Einzelzimmer? – Nein, aber das Zimmer hat zwei Betten.*
5. *Gibt es eine Dusche in diesem Zimmer? – Alle Zimmer haben ein Badezimmer.*

Übung 4 + 5 – Track 38

Teresa: *Wo werden wir in Guimarães übernachten?*
António: *Keine Ahnung, warum suchen wir nicht auch eine Pousada wie in Braga?*
Teresa: *Mir ist das egal. Leider konnte ich mich vorher nicht über Unterkünfte informieren.*
António: *Das macht nichts. Sicherlich gibt es eine Pension oder ein Hotel in der Stadt.*
Teresa: *In Porto gibt es viel zu sehen. Wir werden mindestens drei Tage bleiben. Dann setzen wir die Reise nach Coimbra fort, nicht wahr?*
António: *Genau. Ich wollte schon immer Coimbra kennen lernen. Dort können wir in einer Jugendherberge bleiben.*
Teresa: *Na klar! Im Alentejo werden wir auf dem Landgut von Aninhas Eltern schlafen. Dir wird Évora gefallen.*
António: *Ist das die historische Stadt mit der Kathedrale, der Burg und dem Kloster?*
Teresa: *Das stimmt. Sie ist Weltkulturerbe. Und die Landschaft der Region ist auch sehr schön.*
António: *Und wann kommen wir in Sagres an? Ich würde gern am Strand zelten.*
Teresa: *Camping?! Das ist nicht so mein Ding. Ich dachte daran, ein Strandhaus zu mieten.*
António: *Aber wird das nicht zu teuer, Teresa?*
Teresa: *Überlass mir die Organisation. Ich werde schon etwas Billiges finden.*
António: *Na gut, du bist ja meine Reiseführerin.*

Übung 7 Track 39

Hoje ele pode ir ao museu. –
Heute kann er ins Museum gehen.
Ontem ele pôde ir ao museu. –
Gestern konnte er ins Museum gehen.

Übung 11 – Track 40

1. Conheci o mosteiro de Évora.
2. Fiquei três horas neste castelo.
3. Não pude ver a paisagem.
4. Pensei em arrendar essa casa.
5. Eu quis ficar naquela pousada.
6. Informei-me sobre estes monumentos.

1. *Ich lernte das Kloster in Évora kennen.*
2. *Ich blieb drei Stunden in dieser Burg.*
3. *Ich konnte die Landschaft nicht sehen.*
4. *Ich überlegte, dieses Haus zu mieten.*
5. *Ich wollte in jener Pousada bleiben.*
6. *Ich informierte mich über diese Denkmäler.*

Übung 12 – Track 41

1. Este aqui é o guia turístico.
2. Esse aí é o seu quarto?
3. Aquela quinta ali é dos pais da Ana.
4. Esta cidade é muito antiga.
5. Esses hotéis estão lotados.
6. Aquela paisagem é bonita.

1. *Dieser hier ist der Reisführer.*
2. *Dieses Zimmer da ist sein/Ihr Zimmer.*
3. *Dieses Landgut dort gehört Anas Eltern.*
4. *Diese Stadt ist sehr alt.*
5. *Diese Hotels (da) sind ausgebucht.*
6. *Diese Landschaft dort ist schön.*

Übung 13 + 14 Track 42 + 43

Gast: *Guten Morgen, haben Sie freie Zimmer?*
Rezeptionistin: *Doppelzimmer oder Einzelzimmer?*
Gast: *Zwei Einzelzimmer oder ein Doppelzimmer mit zwei Betten.*
Rezeptionistin: *Mit oder ohne Badezimmer?*
Gast: *Mindestens mit einer Dusche.*
Rezeptionistin: *Kann das Zimmer zur Straße gehen?*
Gast: *Lieber eines mit Blick aufs Meer.*
Rezeptionistin: *Tut mir leid. Diese sind ausgebucht.*
Gast: *Dann zur Straße... Haben Sie zwei Einzelzimmer?*
Rezeptionistin: *Wir haben nur ein freies Doppelzimmer mit Bad.*
Gast: *Was kostet es (Wie ist der Tagespreis)?*
Rezeptionistin: *Es kostet 25 Euros pro Person.*
Gast: *Ist das Frühstück inbegriffen?*
Rezeptionistin: *Ja.*
Gast: *Prima, dann bleiben wir hier.*
Rezeptionistin: *Hier sind die Schlüssel. Es ist das Zimmer mit der Nr. 23.*

Rückblick 2

Übung 3 – Track 44

1. Quantas línguas o senhor fala?
2. Eu sei que gostas de fazer desporto.
3. No domingo dormimos até tarde.
4. Os meus avós já têm oitenta anos.
5. Acho que vocês não devem viajar no Inverno.
6. O meu irmão é mais velho do que eu.

1. *Wie viele Sprachen sprechen Sie?*
2. *Ich weiss, dass du gern Sport machst.*
3. *Am Sonntag haben wir bis spät geschlafen.*
4. *Meine Großeltern sind schon achtzig Jahre alt.*
5. *Ich denke, dass ihr im Winter nicht reisen solltet.*
6. *Mein Bruder ist älter als ich.*

Übung 6 – Track 45

Muito prazer em conhecê-lo. –
Sehr erfreut, Sie kennenzulernen.
A profissão dele é médico. – *Er ist Arzt von Beruf.*
Faço anos hoje. – *Ich habe heute Geburtstag.*
Ele está com fome. – *Er hat Hunger.*
Compraste muitos presentes. –
Du hast viele Geschenke gekauft.
Ela está a trabalhar no computador. –
Sie arbeitet gerade am Computer.

Übung 7 – Track 46

1. Onde fica o escritório da firma?
2. A que horas sai o comboio para o Porto?
3. Como é que vão chegar a casa?
4. Porque é que não foste ao cinema ontem?

1. *Wo liegt das Büro der Firma?*
2. *Um wieviel Uhr fährt der Zug nach Porto ab?*
3. *Wie kommt ihr nach Hause?*
4. *Warum bist du gestern nicht ins Kino gegangen?*

5 Systematische Grammatik

Aussprache

§1 Phonetiktabelle: Vokale und Konsonanten

	'	Betonungszeichen vor einer Silbe	pequeno [pə'kenu]
	‿	Verbindungszeichen zwischen 2 Wörtern. Der letzte Buchstabe des ersten Wortes wird zum nächsten Wörter hinübergezogen	todos os anos ['toduz‿uz‿'ɐnuʃ]
a	[a]	offenes **a** wie in **a**lle	barato [bɐ'ratu]
	[ɐ]	geschlossenes **a**	barato [bɐ'ratu]
	[ɐ̃]	nasaliertes [ɐ]	manhã [mɐ'ɲɐ̃]
e	[ɛ]	offenes **e** wie in h**e**ll	café [kɐ'fɛ]
	[e]	geschlossenes **e**	medo [me'du]
	[ə]	kaum hörbar	tarde ['tardə]
	[i]	wie in M**i**nute	elevador [iləvɐ'dor]
	[ɨ][(ə)]	verschmilzt im Anlaut vor **s** zu [ʃ]	escola ['ʃkɔlɐ]
	[i]	im portugiesischen Wort **e**	e [i]
	[j]	wie in Mar**i**on	passear [pɐ'sjar]
i	[i]	wie in M**i**nute	vinho ['viɲu]
	[j]	wie in Mar**i**on	médio ['mɛdju]
	[ĩ]	nasaliertes [i]	fim [fĩ]
o	[ɔ]	offenes **o** wie in **o**ffen	avó [ɐv'ɔ]
	[o]	geschlossenes **o** wie in R**o**se	avô [ɐ'vo]
	[u]	wie in **U**fer	tudo ['tudu]
	[õ]	nasalieretes [o]	com [cõ]
u	[u]	wie in **U**fer	uma ['umɐ]
	[ũ]	nasaliertes [u]	um [ũ]
c	[k]	wie deutsches **k**	casa ['kaʒɐ]
	[s]	stimmloses **s**	cidade [si'dadə]
ç	[s]	stimmloses **s**	açúcar [ɐ'sukɐr]
g	[g]	wie deutsches **g**	gato ['gatu]
	[ʒ]	wie in Gara**g**e	tangerina [tɐ̃ʒə'rinɐ]
h		stumm	hotel [ɔ'tɛɫ]
l	[l]	wie deutsches **l**	lanchar [lɐ̃'ʃar]
	[ɫ]	ähnlich wie englisches **l** in ha**ll**	lençol [lẽ'sɔɫ]
lh	[ʎ]	etwa wie in Fami**li**e	ilha ['iʎɐ]
nh	[ɲ]	etwa wie in Ko**gn**ak	ganhar [ga'ɲar]
qu	[k]	wie deutsches **k**	quilo ['kilu]
	[kw]	etwa wie deutsches **qu**	quarto ['qwartu]
r	[r]	leichtes, geschlagenes Zungen-**r**	caro ['karu]
	[ʀ]	stark gerolltes Zungen - oder Zäpfchen-**r**	carro ['kaʀu]
s	[s]	stimmlos	suave [su'avə]
	[z]	stimmhaft, wie in le**s**en	casa ['kaʒɐ]
v	[v]	immer wie deutsches **w**	vaso ['vasu]
x	[ʃ]	wie deutsches **sch**	xadrez [ʃɐ'dreʃ]
	[z]	stimmhaftes **s**	exemplo [i'zẽplu]
	[s]	stimmlos wie in la**ss**en	máximo ['masimu]
	[ks]	wie **ks**	táxi ['taksi]
z	[z]	wie in le**s**en	azul [ɐ'zuɫ]
	[ʃ]	am Wortende wie deutsches **sch**	dez [dɛʃ]

Grammatik

Diphthonge

Ein Diphthong ist ein Doppellaut aus zwei Vokalen. Im Portugiesischen gibt es Oraldiphthonge und Nasaldiphthonge, in denen jeder Vokal seinen eigenen Klang behält.
Bei den Nasaldiphthongen wird der erste Vokal nasal ausgesprochen: irm**ão** [ir'mɐ̃u], m**ã**e [mɐ̃i], coraç**õ**es [kurɐ'sõiʃ]
Zu beachten ist, dass die Wortendungen **-am** und **-em** ebenfalls einen Diphthong bilden. In diesem Fall hört sich der Vokal **e** ausnahmsweise wie nasaliertes geschlossenes **a** [ɐ̃] an: fal**am** ['falɐ̃u], b**em** [bɐ̃i]
Die zwei aufeinander folgenden Vokale **ou** werden dagegen nicht als Diphthong, sondern immer wie geschlossenes **o** ausgesprochen, z. B. **ou**vir [o'vir].

§2 Aussprache: Brasilianisch

Die brasilianische Aussprache weist im Vergleich zur portugiesischen Aussprache einige Besonderheiten auf.

Vokale

In Brasilien werden die Vokale generell offener und deutlicher als in Portugal ausgesprochen. Das **e** am Wortende wird im Gegensatz zur Aussprache in Portugal wie ein **i** ausgesprochen, z. B. telefon**e** [tele'fɔni], noit**e** [noi'tʃi].

Konsonanten

Der Konsonant **d** wird in Brasilien vor **-i** und vor **-e** in unbetonter Silbe am Wortende wie **j** im engl. ***j****ingle* ausgesprochen, z. B. **d**ia ['dʒia], tar**d**e ['tardʒi].
Das **t** wird in Brasilien vor **-i** und vor **-e** in unbetonter Silbe am Wortende wie ein **t** gefolgt von einem deutschen (schwachen) **sch** ausgesprochen, z. B. **t**io ['tʃiu], **noi**te [noi'tʃi].
Das **l** wird in Brasilien am Silben- und Wortende ähnlich wie ein **u** ausgesprochen, z. B. a**l**moço [au'mosu], Brasi**l** [bra'ziu].
Außerdem werden **s** und **z** am Wortende eher stimmlos ausgesprochen. Am Silbenende liegt ihre Aussprache zwischen stimmhaftem und stimmlosem **s**.

§3 Betonung und Akzente

Betonte Silbe	Wörter, die	Beispiel
vorletzte	auf **-a**, **-e**, **-o**, **-as**, **-es**, **-os**, **-am** und **-em** enden und keinen Akzent haben (die meisten portugiesischen Wörter!)	me**ni**na, pe**que**nos, **fa**lam
letzte	auf **-l**, **-r**, **-z**, nasaliertes **-ã**, **-ão**, **-ões**, **-i**, **-u** enden und keinen Akut (´) oder Zirkumflex (^) haben (mit Ausnahmen!)	jor**nal**, mo**tor**, ra**paz**, ma**çã**, avi**ão**, java**li**
drittletzte	in der drittletzten Silbe durch einen Akut oder Zirkumflex gekennzeichnet sind	his**tó**ria, confe**rên**cia

Grammatik

Bei der Betonung helfen die Akzente, denn die Silbe, die den Akzent trägt, wird immer betont!

agudo (*Akut*)	á, é, í, ó, ú	**á**gua, caf**é**, **ó**ptimo
circunflexo (*Zirkumflex*)	â, ê, ô	av**ô**, portugu**ê**s
grave (*Gravis*)	à	**à**, **à**quele, **à**quilo
til (*Tilde*, Nasalierung)	ã, ão, ãe, õe	irm**ã**, alem**ão**, avi**õe**s

Der Artikel

§4 Der bestimmte Artikel

Im Portugiesischen gibt es nur männliche und weibliche Artikel.

Formen des bestimmten Artikels

	männlich	weiblich
Sg.	**o** carro (*das Auto*)	**a** casa (*das Haus*)
Pl.	**os** carros (*die Autos*)	**as** casas (*die Häuser*)

- Vor Ländernamen steht der bestimmte Artikel:
  o Brasil, **a** Alemanha, **os** Estados Unidos, **a** Grécia
  ABER ohne Artikel: Portugal, Israel, Cabo Verde
- Vor Städtenamen steht in der Regel kein bestimmter Artikel:
  Coimbra tem uma universidade muito antiga. *Coimbra hat eine sehr alte Universität.*
  Lisboa é a capital de Portugal. *Lissabon ist die Hauptstadt Portugals.*
  Folgende Städtenamen gehen auf Sachbezeichnungen zurück oder haben in der jeweiligen Landessprache schon einen bestimmten Artikel:
  o Porto (*Hafen*), **o** Rio de Janeiro (*Januarfluss*), **o** Havre (*Le Havre*), **a** Haia (*Den Haag*)

Grammatik

§5 Der unbestimmte Artikel

Die Formen des unbestimmten Artikels

	männlich	weiblich
Singular	**um** ano	**uma** casa
Plural	**uns** anos	**umas** casas

§6 Artikel mit Präpositionen

Einige Präpositionen verschmelzen mit dem nachfolgenden bestimmten oder unbestimmten Artikel zu einem Wort.

Die Verschmelzung mit dem bestimmten Artikel

	+ o	+ a	+ os	+ as
a	**ao**	**à**	**aos**	**às**
de	**do**	**da**	**dos**	**das**
em	**no**	**na**	**nos**	**nas**
por	**pelo**	**pela**	**pelos**	**pelas**

Diese Verschmelzungen sind ein Muss!

Die Verschmelzung mit dem unbestimmten Artikel

	+ um	+ uma	+ uns	+ umas
de	**dum**	**duma**	**duns**	**dumas**
em	**num**	**numa**	**nuns**	**numas**

Diese Verschmelzungen sind **kein** Muss!

Das Substantiv

§7 Geschlecht

Im Portugiesischen gibt es männliche und weibliche Substantive. Sächliche Substantive gibt es nicht.

männlich	weiblich
o carro	**a** praia
o senhor	**a** senhora

Ob ein Wort männlich oder weiblich ist, lässt sich zum Glück sehr häufig an der Endung erkennen, denn die meisten Substantive auf **-o** sind männlich, die auf **-a** weiblich.

männlich	weiblich
o an**o**	**a** seman**a**
o amig**o**	**a** amig**a**

Es gibt aber auch einige Substantive, die auf **-a** enden und nicht weiblich sind, und Endungen, die für beide Geschlechter gleich sind:

o clim**a** **o** di**a**	*das Klima* *der Tag*
o alem**ão** **a** esta**ção**	*der Deutsche* *der Bahnhof*
o restaurant**e** **a** carn**e**	*das Restaurant* *das Fleisch*
o senho**r** **a** co**r**	*der Herr* *die Farbe*

Substantive mit folgenden Endungen sind meistens **männlich**:

Endung	**Beispiel**	**Ausnahme**
-o	**o** an**o**, **o** almoç**o**	
-or	**o** elevad**or**, **o** cal**or**	**a** c**or**
-á	**o** ch**á**, **o** guaran**á**	**a** p**á**

Substantive mit folgenden Endungen sind meistens **weiblich**:

Endung	**Beispiel**	**Ausnahme**
-a	**a** cas**a**, **a** amig**a**	
-ade	**a** felicid**ade**, **a** id**ade**	
-gem	**a** gara**gem**, **a** baga**gem**	
-ção	**a** li**ção**, **a** esta**ção**	**o** cora**ção**
-ice	**a** velh**ice**, **a** maluqu**ice**	

Lernen Sie die Substantive gleich mit dem Artikel dazu, so merken Sie sich auch gleich das Geschlecht.

Bildung der weiblichen Form

Bei vielen Substantiven kann die weibliche von der männlichen Form gebildet werden:

Endung	männlich	weiblich
-o > a	**o** amig**o**	**a** amig**a**
Konsonant in betonter Silbe **+ -a**	**o** senho**r** **o** deu**s** **o** espanho**l**	**a** senhor**a** **a** deus**a** **a** espanhol**a**
-ês > -esa	**o** portugu**ês**	**a** portugu**esa**
-ão > -ã	**o** alem**ão**	**a** alem**ã**

Bei einigen Substantiven entspricht die weibliche Form der männlichen, man erkennt den Unterschied nur am Artikel:

Endung	männlich	weiblich
-ista	**o** jornal**ista** **o** dent**ista**	**a** jornal**ista** **a** dent**ista**
-ente	**o** cli**ente**	**a** cli**ente**
-ante	**o** estud**ante**	**a** estud**ante**
andere	**o** colega **o** intérprete	**a** colega **a** intérprete

Bei vielen Substantiven (Personen, Tieren, Verwandtschaft) ist die männliche und weibliche Form verschieden:

o **homem**	*der Mann*	a **mulher**	*die Frau*
o **pai**	*der Vater*	a **mãe**	*die Mutter*

Grammatik

§8 Pluralbildung

Der Plural des Substantivs wird allgemein durch Anhängen eines **-s** gebildet. Alle Substantive in der Pluralform enden also auf **-s**!

Singular	Plural
o comboio a cama	os comboio**s** as cama**s**
o pai	os pai**s**
o céu	os céu**s**

Endet das Substantiv auf betontes **-r**, **-s** oder **-z,** so wird im Plural **-es** angehängt:

Singular	Plural
a co**r**	as cor**es**
o paí**s**	os país**es**
a ve**z**	as vez**es**

Die meisten Substantive auf **-ão** bilden den Plural auf **-ões**, einige wenige auch auf **-ãos** oder **-ães**:

Singular	Plural
o avi**ão** o coraç**ão**	os avi**ões** os coraç**ões**
o irm**ão**	os irm**ãos**
o p**ão**	os p**ães**

Andere Pluralbildungen:

Endung	Singular	Plural
-ês > eses	o portugu**ês**	os portugu**eses**
-l > -is	o jorn**al** o hot**el**	os jorn**ais** os hot**éis**
-m >ns	o fi**m**	os fi**ns**

§9 Wortbildung im Portugiesischen

Zusammengesetzte Wörter

In der portugiesischen Sprache findet man sehr selten lange Wörter. Der Grund dafür ist, dass zusammengesetzte Wörter im Portugiesischen generell mit Hilfe der Präposition **de** (unverschmolzen oder mit dem Artikel verschmolzen) gebildet werden:

a sopa **de** tomate — *die Tomatensuppe*
a previsão **do** tempo — *die Wettervorhersage*

Verkleinerungsformen

Im Portugiesischen werden Verkleinerungen sehr häufig gebraucht. Das Besondere dabei ist, dass man nicht nur Substantive, sondern auch Adjektive und Adverbien mit den Verkleinerungssuffixen versehen kann! Sie drücken nicht nur Kleinheit, sondern auch Zärtlichkeit, Sympathie, sogar Mitleid aus!

Die meistgebrauchten Verkleinerungsformen:

-inho (-a)	a casa o presente	a cas**inha** o present**inho**	*das Häuschen* *das Geschenkchen*
-zinho (-a)	a mãe o café	a mãe**zinha** o cafe**zinho**	*die Mutti* *das Kaffeechen*

Grammatik

Das Adjektiv

§10 Die Formen des Adjektivs

Das Geschlecht

Adjektive haben wie Substantive zwei Geschlechter: männlich und weiblich. Die weibliche Form der Adjektive wird im Wesentlichen so gebildet wie die der Substantive:

-ês >-esa	portugu**ês**	portugu**esa**
-ão > -ã	alem**ão**	alem**ã**
-eu > -eia	europ**eu**	europ**eia**

Sonderfälle sind die Adjektive *gut* und *schlecht*: **bom** > **boa** und **mau** >**má**.

Einige Adjektive haben nur eine Form für männlich und weiblich:

Endung	männlich	weiblich
-e	grand**e** verd**e**	grand**e** verd**e**
Konsonant (außer **-or**, **-ol**, **-ês**, **-uz**)	simple**s** feli**z** rui**m**	simple**s** feli**z** rui**m**

Die Pluralbildung

Das Adjektiv bildet den Plural wie das Substantiv. Der Plural des Adjektivs wird also allgemein durch Anhängen eines **-s** gebildet, so dass alle Adjektive in der Pluralform auf **-s** enden.

Singular	Plural
simpático	simpático**s**
interessante	interessante**s**
europeu	europeu**s**
alemã	alemã**s**

Endet das Adjektiv auf betontes **-r** oder **-z,** so wird **-es** angehängt:

Singular	Plural
encantado**r**	encantador**es**
feli**z**	feliz**es**

Andere Pluralbildungen:

Endung	Singular	Plural
-al > **-ais**	natur**al**	natur**ais**
-el > **-éis/-eis**	hot**el**	hot**éis**
-il > **-eis**	difíc**il**	difíc**eis**
-ol > **-óis**	espanh**ol**	espanh**óis**
-m > **-ns**	bo**m**	bo**ns**
-s *(unbetont)*	simple**s**	simple**s**

Grammatik

Die Angleichung von Substantiv und Adjektiv

Das Adjektiv richtet sich in Zahl und Geschlecht nach dem Substantiv. Es wird nicht nur das attributiv (*die schöne Frau*), sondern auch das prädikativ (*die Frau ist schön*) gebrauchte Adjektiv dem Substantiv angepasst.

	männlich	weiblich
Sg.	o hotel bonit**o**	a casa bonit**a**
Pl.	os hotéis bonit**os**	as casas bonit**as**

Wenn sich das Adjektiv auf mehrere Substantive verschiedenen Geschlechts bezieht, gibt es zwei Möglichkeiten:

1. Steht das Adjektiv nach den Substantiven, was eher die Regel ist, nimmt es die männliche Form des Plurals an:
   O hotel e a praia são bonit**os**. — *Das Hotel und der Strand sind schön.*
2. Steht das Adjektiv vor den Substantiven, passt es sich dem ersten Substantiv an:
   Simpátic**a** senhora e senhor! — *Nette Dame und netter Herr!*

Die Stellung des Adjektivs

Das Adjektiv steht im Portugiesischen in der Regel nach dem Substantiv. Es handelt sich dann meistens um eine objektive Feststellung.

um artista **português** — *ein portugiesischer Künstler*

§11 Die Steigerung des Adjektivs

Der Komparativ

mais ... (do)* que	Os figos são **mais caros (do) que** as maçãs. *Die Feigen sind teurer als die Äpfel.*
tão ... como	Os figos são **tão caros como** as cerejas. *Die Feigen sind so teuer wie die Kirschen.*
menos ... (do)* que	Os figos são **menos caros (do) que** as uvas. *Die Feigen sind weniger teuer/billiger als die Trauben.*

* In diesen beiden Fällen kann man sowohl **do que** als auch **que** verwenden.

Stehen Zahlwörter nach **mais** oder **menos** ohne wirklichen Vergleich, verwendet man **de** statt **(do) que**:

mais de oito horas — *mehr als acht Stunden*
menos de cinco quilos — *weniger als fünf Kilo*

Der relative Superlativ

o/a mais ... — Este hotel é **o mais moderno**.
Dieses Hotel ist am modernsten.

os/as mais ... — **As** cerejas **mais saborosas** são estas.
Die leckersten Kirschen sind diese.

o/a menos ...	Esta praia é **a menos frequentada**.	*Dieser Strand ist am wenigsten besucht.*
os/as menos ...	Estes vinhos são **os menos conhecidos**.	*Diese Weine sind am wenigsten bekannt.*

Steht der Artikel bereits vor dem Substantiv, wird dieser nicht wiederholt.
Os animais **mais inteligentes** são os golfinhos. *Die intelligentesten Tiere sind die Delfine.*

Der absolute Superlativ

Der absolute Superlativ bezeichnet eine so genannte absolute Spitze, er ist wie die besondere Verstärkung eines Adjektivs. Die gebräuchlichste Endung ist **-íssimo**:

Positiv	Absoluter Superlativ	
lindo	Uma paisagem lind**íssima**!	*Eine äußerst schöne Landschaft!*
caro	O bacalhau é car**íssimo**.	*Der Stockfisch ist äußerst teuer.*

Sonderformen

Einige wenige Adjektive bilden den Komparativ bzw. den Superlativ nicht mit **mais** oder **menos**, sondern haben eine eigene Form für die Steigerungen:
o melhor filme *(der beste Film)*, **o pior jogador** *(der schlechteste Spieler)*.

Positiv		Komparativ	Superlativ	
			relativ	absolut
bom	*gut*	**melhor**	**o melhor**	**ó(p)timo**
mau	*schlecht*	**pior**	**o pior**	**péssimo**
grande	*groß*	**maior**	**o maior**	**máximo** **grandíssimo**
pequeno	*klein*	**menor** **mais pequeno**	**o menor** **o mais pequeno**	**mínimo** **pequeníssimo**

Für die Komparativform von **pequeno** wird in Portugal eher **mais pequeno**, in Brasilien dagegen **menor** gebraucht.

Grammatik

Das Adverb

§12 Die Formen des Adverbs

Adverbien können Verben, Adjektive und andere Adverbien näher bestimmen.
Im Gegensatz zu den Adjektiven sind sie unveränderlich.

Abgeleitete Adverbien

Abgeleitete Adverbien sind solche, die von einem Adjektiv abgeleitet werden. Sie werden durch Anhängen der Endung **-mente** an die weibliche Form des Adjektivs gebildet. Dies ist bei den meisten Adverbien der Fall. Bei diesen Adverbien verlagert sich die Betonung auf die erste Silbe des Suffixes **-mente** und die Akzente entfallen (außer der Tilde auf **-ã-**): **rápido, rápida** > **rapidamente**

Bei Adjektiven mit nur einer Form für männlich und weiblich wird die Endung **-mente** an diese Form im Singular angehängt: **feliz > felizmente** **simples > simplesmente**

Sonderfälle:
Adjektiv: **bom, boa** (*gut*) > Adverb: **bem** Adjektiv: **mau, má** (*schlecht*) > Adverb: **mal**

Ursprüngliche Adverbien

Ursprüngliche Adverbien sind diejenigen Adverbien, die nicht von einem Adjektiv abgeleitet werden:

A minha casa é **aqui.** *Mein Haus ist hier.*
A festa começa **agora.** *Das Fest beginnt jetzt.*

Ursprüngliche und abgeleitete Adverbien (einschließlich adverbialer Wendungen) können nach ihrer inhaltlichen Bedeutung in verschiedene Gruppen eingeteilt werden. Folgende Übersichten beinhalten einige gängige Beispiele:

Art und Weise

bem	*gut*
mal	*schlecht*
até	*bis*
assim	*so*
em geral	*generell*

Zeit

hoje	*heute*
ontem	*gestern*
amanhã	*morgen*
agora	*jetzt*
às vezes	*manchmal*
tarde	*spät*
ainda	*noch*
há	*seit, vor*

Ort

aqui	*hier*
ali	*dort*
lá	*dort*
perto	*nah*
longe	*weit*

Menge

muito	*viel*
mais	*mehr*
bastante	*ziemlich*
pouco	*wenig*
menos	*weniger*
apenas	*nur*
pelo menos	*mindestens*

Bejahung

também	*auch*
pois	*eben, klar*
sim	*ja*

Verneinung

não	*nein*
nunca	*nie*
nem	*nicht einmal*

Zahlen

§13 Grundzahlen und Ordnungszahlen

Grundzahlen

0	zero	**40**	quarenta
1	um, uma	**50**	cinquenta
2	dois, duas	**60**	sessenta
3	três	**70**	setenta
4	quatro	**80**	oitenta
5	cinco	**90**	noventa
6	seis	**100**	cem
7	sete	**101**	cento e um/uma
8	oito	**102**	cento e dois/duas
9	nove	**103**	cento e três
10	dez	**110**	cento e dez
11	onze	**145**	cento e quarenta e cinco
12	doze	**200**	duzentos, -as
13	treze	**201**	duzentos, -as e um/uma
14	catorze	**202**	duzentos/-as e dois/duas
15	quinze	**215**	duzentos/-as e quinze
16	dezasseis	**300**	trezentos, -as
17	dezassete	**400**	quatrocentos, -as
18	dezoito	**500**	quinhentos, -as
19	dezanove	**600**	seiscentos, -as
20	vinte	**700**	setecentos, -as
21	vinte e um/uma	**800**	oitocentos, -as
22	vinte e dois/duas	**900**	novecentos, -as
23	vinte e três	**1000**	mil
24	vinte e quatro	**1001**	mil e um/uma
25	vinte e cinco	**1913**	mil novecentos e treze
26	vinte e seis	**2000**	dois mil
27	vinte e sete	**2007**	dois mil e sete
28	vinte e oito		
29	vinte e nove		
30	trinta		
31	trinta e um/uma		
32	trinta e dois/duas		
33	trinta e três		

Grammatik

- Zahlen sind grundsätzlich männlich: **o** zero, **o** quatro. Man zählt auch in der männlichen Form: **um, dois, três** ...

- Die Zahlen 1 und 2 sowie die Hunderter von 200 bis 900 haben eine männliche und eine weibliche Form:

um senhor	**uma** senhora
dois amigos	**duas** amigas
quinhent**os** livros	duzent**as** e cinco praias

Ordnungszahlen

1.º	primeiro/-a	**20.º**	vigésimo/-a
2.º	segundo/-a	**21.º**	vigésimo/-a primeiro/-a
3.º	terceiro/-a	**30.º**	trigésimo/-a
4.º	quarto/-a	**40.º**	quadragésimo/-a
5.º	quinto/-a	**50.º**	quinquagésimo/-a
6.º	sexto/-a	**60.º**	sexagésimo/-a
7.º	sétimo/-a	**70.º**	septuagésimo/-a
8.º	oitavo/-a	**80.º**	octogésimo/-a
9.º	nono/-a	**90.º**	nonagésimo/-a
10.º	décimo/-a	**100.º**	centésimo/-a
11.º	décimo/-a primeiro/-a	**1000.º**	milésimo/-a
12.º	décimo/-a segundo/-a		

Ordnungszahlen richten sich wie das Adjektiv in Zahl und Geschlecht nach dem Substantiv:

o primeir**o** ano — *das erste Jahr*
a segund**a** classe — *die zweite Klasse*

§14 Zeitangaben

Die Zeitangabe in der Umgangssprache

01:00/13:00	É uma (hora).
02:00/14:00	São duas (horas).
03:00/15:00	São três (horas).
03:05/15:05	São três (horas) **e cinco**
03:15/15:15	São três (horas) **e um quarto**.
03:25/15:25	São três (horas) **e vinte e cinco**.
03:30/15:30	São três (horas) **e meia**.
03:40/15:40	São quatro (horas) **menos vinte**.
03:45/15:45	São quatro (horas) **menos um quarto**.
12:00	É **meio-dia**.
12:30	É **meio-dia e meia**.
24:00	É **meia-noite**.

Wenn es nicht zu ersehen ist, ob es sich um eine Uhrzeit am Vormittag oder am Abend handelt, fügt man **da manhã** *(morgens)* oder **da tarde/da noite** *(nachmittags/abends)* hinzu:

O curso é às **sete da manhã**. — *Der Kurs findet um sieben Uhr morgens statt.*
O avião chega às **seis da tarde**. — *Das Flugzeug kommt um sechs Uhr abends an.*

Die offizielle Zeitangabe

01:00	É uma hora.
12:00	São **doze** horas.
12:25	São **doze** horas e **vinte e cinco** minutos.
15:15	São **quinze** horas e **quinze** minutos.

Grammatik

18:30	São **dezoito** horas e **trinta** minutos.
20:45	São **vinte** horas e **quarenta e cinco** minutos.
22:50	São **vinte e duas** horas e **cinquenta** minutos.
24:00	São **vinte e quatro** horas.

Die Datumsangabe

Beim Datum verwendet man keine Ordnungszahlen, sondern die Grundzahlen. Um das Datum auszudrücken, werden im Portugiesischen die Präpositionen **a** oder **em** gebraucht.

Hoje é **trinta** de Abril. — *Heute ist der 30. April.*

O casamento é **no (em+o) dia doze** de Junho. — *Die Hochzeit ist am 12. Juni.*

ABER:

Für den ersten Tag des Monats kann man auch die Ordnungszahl verwenden:

o **primeiro** de Janeiro — *der 1. Januar*

Das Pronomen

§15 Die Personalpronomen als Subjekt

Sg.	1. Pers.	**eu**	*ich*	
	2. Pers.	**tu**	*du*	
		você	*Sie*	Anrede
	3. Pers.	**ele/ela**	*er/sie*	
Pl.	1. Pers.	**nós**	*wir*	
	2. Pers.	**(vós)**	*ihr*	veraltet
		vocês	*ihr*	Ersatz für **vós**
	3. Pers.	**eles/elas**	*sie/sie*	männlich/weiblich

Die Form **vós** der 2. Person Plural ist veraltet. Stattdessen wird die Form **vocês** gebraucht. Achtung! Die zugehörige Verbform steht in der 3. Person Plural.

Vocês são de Lisboa? — *Seid ihr aus Lissabon?*

Möchte man mehrere Leute per *Sie* ansprechen, so verwendet man als Anrede **os senhores** bzw. **as senhoras**. Hier steht die Verbform ebenfalls in der 3. Person Plural.

As senhoras são de Lisboa? — *Sind Sie* (an Damen gerichtet) *aus Lissabon?*

Die Form **você** dient im europäischen Portugiesisch als informelle, also weniger förmliche Sie-Anrede einer Person. Achtung! Die zugehörige Verbform steht in der 3. Person Singular.

Você trabalha aqui? — *Arbeiten Sie hier?*

Bei einem formellen Umgang verwendet man **o senhor** bzw. **a senhora**, wobei die Verbform ebenfalls in der 3. Person Singular steht.

O senhor fez reserva de mesa? — *Haben Sie einen Tisch reserviert?*

Anders als im Deutschen unterscheidet man im Portugiesischen bei der 3. Person Plural zwischen einer männlichen oder gemischten Gruppe (= **eles**) und einer weiblichen Gruppe (= **elas**).

Elas gostam de dançar, **eles** não. — *Sie* (f. Pl.) *tanzen gern, sie* (m. Pl.) *nicht.*

Grammatik

Als Subjekt wird das Personalpronomen normalerweise weggelassen, wenn die Person an der Verbform eindeutig zu erkennen ist. Ist dies nicht der Fall, sollte das Pronomen aber angegeben werden, um Missverständnisse zu vermeiden.

Moro no Porto.	*(Ich) wohne in Porto.*
Ela comprou o jornal.	*Sie kaufte die Zeitung.*
Ele comprou um livro.	*Er kaufte ein Buch.*

§16 Die Personalpronomen als Objekt

Die Personalpronomen als indirektes Objekt

			direktes Objekt
Sg.	1. Pers.	eu	**me**
	2. Pers.	tu	**te**
		você	**o/a**
	3. Pers.	ele/ela	**o/a**
Pl.	1. Pers.	nós	**nos**
	2. Pers.	(vós) vocês	**(vos) vos**
		os/as senhores/-as	**os/as**
	3. Pers.	eles/elas	**os/as**

Die direkten Objektpronomen stehen nur bei Verben, die ein direktes Objekt (Akkusativobjekt) haben. Vor diesen Pronomen darf keine Präposition stehen.

Eu conheci **o Pedro.**	*Ich habe Pedro kennen gelernt.*
Eu conheci-**o.**	*Ich habe ihn kennen gelernt.*
Ela conhece-**me** bem.	*Sie kennt mich gut.*

Die Anpassung der direkten Objektpronomen bei Nachstellung

Nach Verbformen, die auf **-r**, **-s** und **-z** enden, verwandeln sich **o**, **a**, **os**, **as** in **-lo**, **-la**, **-los**, **-las**, wobei der Schlusskonsonant des Verbs wegfällt. Infinitive auf **-ar** oder **-er** und andere Verbformen auf **-az** oder **-ez** erhalten dann auf dem letzten Vokal einen Akzent.

	+ o(s)/+ a(s)	wird zu
compr**ar**	→	compr**á-lo(s)** /**-la(s)**
vend**er**		vend**ê-lo(s)** / **la(s)**
abr**ir**		abr**i-lo(s)** /**-la(s)**
compr**as**		compr**a-lo(s)** /**-la(s)**
di**z**		**di-lo(s)** /**-la(s)**
fa**z**		**fá-lo(s)** /**-la(s)**
fe**z**		**fê-lo(s)** /**-la(s**

Tenho que abr**ir** as janelas.	*Ich muss die Fenster öffnen.*
Tenho que abri-**las**.	*Ich muss sie öffnen.*
Vais compr**ar** o bilhete.	*Du wirst die Karte kaufen.*
Vais compr**á-lo**.	*Du wirst sie kaufen.*

Nós abrimo**s** a porta.	*Wir öffneten die Tür.*
Nós abrimo-**la**.	*Wir öffneten sie.*
Ele f**ez** os trabalhos de casa.	*Er machte die Hausaufgaben.*
Ele f**ê**-**los**.	*Er machte sie.*

Nach Verbformen, die auf einen Nasallaut enden (**-m**, **-ão**, **-õe**), verwandeln sich **o**, **a**, **os**, **as** in **-no**, **-na**, **-nos**, **-nas**. Dabei entfallen keine Buchstaben.

	+ o(s)/+ a(s)	wird zu
compr**am**	→	compram-**no(s)** **/-na(s)**
vend**em**	→	vendem-**no(s)** **/-na(s)**
p**õem**	→	põem-**no(s)** **/-na(s)**
comprar**ão**	→	comprarão-**no(s)** **/-na(s)**
p**õe**	→	põe-**no(s)** **/-na(s)**

Eles compr**am** o bilhete.	*Sie kaufen die Karte.*
Eles compram-**no**.	*Sie kaufen sie.*
Ele p**õe** o carro na garagem.	*Er stellt das Auto in die Garage.*
Ele põe-**no** na garagem.	*Er stellt es in die Garage.*

Die Personalpronomen als indirektes Objekt

			indirektes Objekt
Sg.	1. Pers.	eu	**me**
	2. Pers.	tu	**te**
		você	**lhe**
	3. Pers.	ele/ela	**lhe/lhe**
Pl.	1. Pers.	nós	**nos**
	2. Pers.	(vós)	**(vos)**
		vocês	**vos**
		os/as senhores/-as	**lhes**
	3. Pers.	eles/elas	**lhes/lhes**

Die indirekten Objektpronomen stehen bei Verben, die ein indirektes Objekt (Dativobjekt) haben. Vor diesen Pronomen darf keine Präposition stehen.

Eu dei um presente **à Joana.**	*Ich gab **Joana** ein Geschenk.*
Eu dei-**lhe** um presente.	*Ich gab ihr ein Geschenk.*
Ele ofereceu-**me** uma blusa.	*Er schenkte mir eine Bluse.*

Die Verschmelzung von zwei Objektpronomen

Wenn im Satz zwei Objektpronomen, ein indirektes und ein direktes, vorhanden sind, kommt zuerst das indirekte Objekt und dann das direkte Objekt. Dabei werden beide Pronomen kontrahiert. Die Endung der Form des direkten Objektpronomens ist ausschlaggebend für die Endung der gesamten Form.

indirektes Objekt	+ direktes Objekt	→ wird zu
me **te** **lhe**	+ o(s)/+ a (s)	**mo(s) /ma(s)** **to(s) /ta(s)** **lho(s) /lha(s)**
nos **vos** **lhes**		**no-lo(s) /no-la(s)** **vo-lo(s) /vo-la(s)** **lho(s) /lha(s)**

Die Stellung der Objektpronomen

Nachstellung:
Im europäischen Portugiesisch stehen die Objektpronomen in der Regel direkt nach dem Verb und werden mit diesem durch einen Bindestrich verbunden.

Parece-**me** que vai chover. — *Es scheint mir, dass es regnen wird.*
Eu escrevi-**lhe** um postal. — *Ich schrieb ihm (ihr) eine Karte.*

Voranstellung:
In folgenden Fällen steht das Pronomen vor dem Verb, der Bindestrich entfällt:

1. in Fragesätzen mit Interrogativpronomen:
   Quando te dei o livro? — *Wann gab ich dir das Buch?*
   Como nos encontrou? — *Wie haben Sie uns gefunden?*
2. bei verneinter Verbform oder wenn negative Ausdrücke wie **nunca**, **nada**, **ninguém** vorausgehen:
   Não a conheço. — *Ich kenne sie nicht.*
   O senhor **nunca nos** visita. — *Sie besuchen uns nie.*
3. in Nebensätzen:
   Acho que ele **me** telefonou. — *Ich glaube, dass er mich angerufen hat.*
   Pensas que **as** conhece. — *Du glaubst, dass du sie* (f. Pl.) *kennst.*
4. wenn folgende Adverbien vorausgehen: **bem**, **mal**, **ainda**, **já**, **sempre**, **quase**, **só**, **talvez**, **também** etc.:
   Sempre os convido pelo Natal. — *Ich lade sie immer zu Weihnachten ein.*
   Você **já o** conhece? — *Kennen Sie ihn schon?*
5. wenn Indefinitpronomen wie z. B. **todo/-a**, **todos/-as**, **tudo**, **alguém**, **outro**, **qualquer** vorausgehen:
   Todos me telefonaram. — *Alle riefen mich an.*
   Alguém nos chamou? — *Hat uns jemand gerufen?*

§17 Personalpronomen + Präpositionen

bezogen auf:			nach Präp.	nach der Präp. **com**
Sg.	1. Pers. 2. Pers. 3. Pers.	eu tu você ele/ela	**mim** **ti** **si/você** **ele/ela**	**comigo** **contigo** **consigo/com você** **com ele/com ela**

Pl.	1. Pers. 2. Pers. 3. Pers.	nós (vós) vocês eles/elas	**nós** **(vós)** **vocês** **eles/elas**	**connosco** **convosco** **convosco/com vocês** **com eles/com elas**

Bei diesen Personalpronomen handelt es sich um betonte und unverbundene Objektpronomen, die **nach Präpositionen** stehen:

Penso **em ti** todos os dias. — *Ich denke jeden Tag an dich.*
Hoje não posso ir **convosco**. — *Heute kann ich nicht mit euch gehen.*
Isto é **para vocês**. — *Das ist für euch.*
Precisas **de mim**? — *Brauchst du mich?*
Vocês esperam **por ele**? — *Wartet ihr auf ihn?*

Die Form **si** des Pronomens kann zwei Verwendungen haben:
im rückbezüglichen Sinn:

Ela gosta de falar de **si**. — *Sie spricht gern über sich selbst.*

in der formellen und informellen Sie-Anrede:

Tenho uma informação para **si**. — *Ich habe eine Information für Sie.*
(= para o senhor, para a senhora, para você)

BP: Das Pronomen **si** wird in Brasilien nicht benutzt.

Tenho uma surpresa para **o senhor**. — *Ich habe eine Überraschung für Sie.*

Die Präpositionen **de** und **em** verschmelzen mit den nachfolgenden Personalpronomen **ele/ela**, **eles/elas** zu **dele/dela**, **deles/delas** bzw. **nele/nela**, **neles/nelas**.

Ainda ontem falámos **dela**. — *Noch gestern sprachen wir von ihr.*
Tu pensas **nele**? — *Denkst du an ihn?*

§ 18 Reflexivpronomen

Die Reflexivpronomen haben nur eine eigenständige Form: **se**. Die anderen Formen sind identisch mit denen der Objektpronomen.

chamar-se *heißen*

Sg.	1. Pers. 2. Pers. 3. Pers.	eu tu você ele/ela	chamo-**me** chamas-**te** chama-**se** chama-**se**/chama-**se**
Pl.	1. Pers. 2. Pers. 3. Pers.	nós (vós) vocês eles/elas	chamamo-**nos** (chamais-**vos**) chamam-**se** chamam-**se**/chamam-**se**

Die Endung **-s** der Verbform der 1. Person Plural aller Verben fällt vor dem Reflexivpronomen **nos** weg. Sie wäre sonst ein richtiger Zungenbrecher!
Die Verbform der 2. Person Plural **vós chamais-vos** ist heute veraltet. Sie wird durch **vocês chamam-se** ersetzt.

Die Stellung der Reflexivpronomen

Die Stellung der Reflexivpronomen entspricht derjenigen der Objektpronomen.

Como se chama? — *Wie heißen Sie?*
Não me chamo *Paulo,* ***chamo-me*** *Pedro.* — *Ich heiße nicht Paulo, ich heiße Pedro.*

Das Pronomen **se** wird außerdem noch als Subjekt in Passivsätzen verwendet. Im Normalfall wird das Verb in der dritten Person Singular konjugiert:

Fala-se alemão. — *Man spricht Deutsch.*

Wenn das Objekt jedoch im Plural steht, dann wird das Verb auch im Plural konjugiert:

Na Europa **falam-se** muitas línguas. — *In Europa spricht man viele Sprachen.*

§19 Possessivpronomen

Das Possessivpronomen richtet sich nach der Zahl und dem Geschlecht des Besitzes:

A **minha mala** é nova. — *Mein Koffer ist neu.*
O **nosso hotel** é bom. — *Unser Hotel ist gut.*

Die Formen der Possessivpronomen für weiblichen Besitz

	Besitz	
Besitzer	Singular	Plural
eu	**minha**	**minhas**
tu	**tua**	**tuas**
você	**sua**	**suas**
ele	**sua (dele)**	**suas (dele)**
ela	**sua (dela)**	**suas (dela)**
nós	**nossa**	**nossas**
(vós)	**vossa**	**vossas**
vocês	**sua**	**suas**
eles	**suas (deles)**	**suas (deles)**
elas	**suas (delas)**	**suas (delas)**

Die Formen der Possessivpronomen für männlichen Besitz

	Besitz	
Besitzer	Sg.	Pl.
eu	**meu**	**meus**
tu	**teu**	**teus**
você	**seu**	**seus**
ele	**seu (dele)**	**seus (dele)**
ela	**seu (dela)**	**seus (dela)**
nós	**nosso**	**nossos**
(vós)	**vosso**	**vossos**
vocês	**seu**	**seus**
eles	**seus (deles)**	**seus (deles)**
elas	**seus (delas)**	**seus (delas)**

Obwohl die Form **vós** veraltet ist, verwendet man trotzdem im europäischen Portugiesisch das dazugehörige Possessivpronomen: **vosso**, **vossa**, **vossos**, **vossas**.

Onde estão **os vossos** livros? *Wo sind eure Bücher?*

BP: Die Form **vosso**, **vossa**, **vossos**, **vossas** wird in Brasilien dagegen nicht verwendet. Stattdessen nimmt man die Formen **seu**, **sua**, **seus**, **suas** oder **de vocês**:

Este livro é **de vocês**? *Ist das euer Buch?*

Der Gebrauch der Possessivpronomen

Im europäischen Portugiesisch werden in der Regel die Possessivpronomen vom entsprechenden bestimmten Artikel begleitet:

A minha casa é grande. *Mein Haus ist groß.*

Es gibt allerdings einige Ausnahmen, z. B. in der Anrede:

Bom dia, **minha senhora**! *Guten Morgen, meine Dame!*

Die Formen **seu**, **sua**, **seus**, **suas** werden nicht nur bei der Anrede gebraucht, sondern auch wenn man von Dritten spricht. Um Missverständnisse zu vermeiden und eindeutig zwischen *sein*, *ihr* und *Ihr* zu unterscheiden, empfiehlt es sich, die verschmolzenen Formen **dele**, **dela**, **deles**, **delas** zu verwenden, wenn es sich nicht um eine Anrede handelt.

A sua profissão é interessante. *Sein/ihr/Ihr Beruf ist interessant.*
A profissão **dele** é interessante. *Sein Beruf ist interessant.*
Qual é **o seu** carro? *Welches ist sein/ihr/Ihr Auto?*
Qual é **o** carro **delas**? *Welches ist ihr* (f. Pl.) *Auto?*

§20 Demonstrativpronomen

Mit den Demonstrativpronomen wird auf Personen und Sachen hingewiesen. Im Portugiesischen unterscheidet man drei verschiedene Ebenen nach der jeweiligen Entfernung zum Sprecher.

Die Formen der Demonstrativpronomen

Singular		Plural	
männlich	weiblich	männlich	weiblich
este	**esta**	**estes**	**estas**
esse	**essa**	**esses**	**essas**
aquele	**aquela**	**aqueles**	**aquelas**

Außerdem gibt es auch die unveränderlichen Demonstrativpronomen: **isto**, **isso**, **aquilo**.

Verschmelzung mit Präpositionen

Folgende Präpositionen verschmelzen mit dem nachfolgenden Demonstrativpronomen zu einem Wort:

Grammatik

- mit der Präposition **em** zu:
  neste, **nesta**, **nestes**, **nestas**, **nisto**
  nesse, **nessa**, **nesses**, **nessas**, **nisso**
  naquele, **naquela**, **naqueles**, **naquelas**, **naquilo**
- mit der Präposition **de** zu:
  deste, **desta**, **destes**, **destas**, **disto**
  desse, **dessa**, **desses**, **dessas**, **disso**
  daquele, **daquela**, **daqueles**, **daquelas**, **daquilo**
- mit der Präposition **a** zu:
  àquele, **àquela**, **àqueles**, **àquelas**, **àquilo**

Der Gebrauch der Demonstrativpronomen

Das Portugiesische hat drei verschiedene Ebenen:

este: bezieht sich auf eine Person oder einen Gegenstand in der Nähe des Sprechers und passt zum Ortsadverb **aqui** *(hier)*.

Este vinho é excelente! — *Dieser Wein ist ausgezeichnet!*

esse: bezieht sich auf eine Person oder einen Gegenstand in der Nähe des Angesprochenen und passt zum Ortsadverb **aí** *(da)*.

Essas calças são tuas? — *Ist diese Hose (bei dir) deine?*

aquele: bezieht sich auf eine Person oder einen Gegenstand, der von beiden Gesprächspartnern entfernt ist. Passt zum Ortsadverb **ali** *(dort, da)*.

Aquela quinta é belíssima! — *Dieses Landgut (dort) ist wunderschön!*

§21 Interrogativpronomen

Interrogativpronomen (Fragepronomen) leiten direkte und indirekte Fragen ein. Sie werden auch als Relativpronomen gebraucht.

quem *wer, wen, wem, von wem*:	**Quem** fala?	*Wer spricht?*
	Quem encontraste?	*Wen hast du getroffen?*
	A quem escreve?	*Wem schreiben Sie?*
	De quem estão a falar?	*Von wem sprechen Sie?*
(o) que *was*:	**(O) que** está a fazer?	*Was machen Sie gerade?*
Qual/quais *welche/-r/-s:*	**Qual** é o seu hotel?	*Welches ist Ihr Hotel?*
	Quais livros compras?	*Welche Bücher kaufst du?*
quanto *wie viel* + Verb:	**Quanto** custa isto?	*Wie viel kostet das?*
quanto, -a; **quantos, -as** *wie viel(e)* + Subst.:	**Quanta** fruta compras?	*Wie viel Obst kaufst du?*
	Quantas malas tens?	*Wie viel(e) Koffer hast du?*

Grammatik

Das Verb

§22 Konjugationsarten

Regelmäßige Verben

Im Portugiesischen teilt man die Verben nach ihren Infinitivendungen in drei Konjugationen ein:

1. Konjugation (häufigste Form)	2. Konjugation (weniger häufig)	3. Konjugation (seltenere Form)
-ar	**-er**	**-ir**

Orthographische Veränderungen

Bei den Verben kommt es manchmal zu Veränderungen, die orthographisch bedingt sind und das Ziel haben, eine gleich bleibende Aussprache innerhalb der Konjugation eines Verbs sicherzustellen.

-c- vor **-e-**	→	**-qu-,** z. B. fi**c**ar (*bleiben*)	> fi**qu**ei
-g- vor **-e-**	→	**-gu-,** z. B. pa**g**ar (*bezahlen*)	> pa**gu**ei
-ç- vor **-e-**	→	**-c-**, z. B. dan**ç**ar (*tanzen*)	> dan**c**ei
-c- vor **-a-** und **-o-**	→	**-ç-**, z. B. conhe**c**er (*kennen*)	> conhe**ço**

§23 Das Präsens

Regelmäßige Verben

Das Präsens (**presente**) der regelmäßigen Verben wird durch Anhängen der Endungen an den Verbstamm gebildet.
Der Verbstamm ist der Teil der Infinitivform, der übrig bleibt, wenn man die Endung **-ar**, **-er** und **-ir** wegnimmt.

	-ar	**-er**	**-ir**
	fal**ar** *sprechen*	com**er** *leben*	abr**ir** *öffnen*
eu	fal**o**	com**o**	abr**o**
tu	fal**as**	com**es**	abr**es**
você/ele/ela	fal**a**	com**e**	abr**e**
nós	fal**amos**	com**emos**	abr**imos**
vocês/eles/elas	fal**am**	com**em**	abr**em**

Grammatik

Der Gebrauch des Präsens

Das portugiesische Präsens wird benutzt für:

1. Vorgänge oder Zustände, die zum Zeitpunkt der Aussage gelten:
   O tempo **está** bonito! — *Das Wetter ist schön!*
2. gewöhnliche Handlungen oder Zustände:
   Ele nunca **bebe** cerveja. — *Er trinkt nie Bier.*

3. zeitlose Aussagen:
   O sol **é** uma estrela. — *Die Sonne ist ein Stern.*
4. die nahe Zukunft (meistens zusammen mit Adverbien der Zeit). Es ist eine Alternative zum Futur I:
   Amanhã **começam** as férias. — *Morgen beginnen die Ferien.*

§24 Das einfache Perfekt

Die meistgebrauchte Vergangenheitsform im gesprochenen Portugiesisch ist das **pretérito perfeito simples**.

Regelmäßige Verben

Das einfache Perfekt der regelmäßigen Verben wird durch Anhängen folgender Endungen an den Stamm gebildet:

	-ar	**-er**	**-ir**
	fal**ar**	com**er**	abr**ir**
eu	fal**ei**	com**i**	abr**i**
tu	fal**aste**	com**este**	abr**iste**
você/ele/ela	fal**ou**	com**eu**	abr**iu**
nós	fal**ámos**	com**emos**	abr**imos**
vocês/eles/elas	fal**aram**	com**eram**	abr**iram**

Obwohl die Verben **ser** und **ir** im einfachen Perfekt identische Formen haben, gibt es in der Regel keine Missverständnisse. Der Kontext ist ja maßgebend:

Ele **foi** um bom aluno no liceu. — *Er war im Gymnasium ein guter Schüler.*
Ela **foi** para casa. — *Sie ist nach Hause gegangen.*

Beachten Sie besonders die Betonung der 3. Person Plural: Sie erfolgt auf der vorletzten Silbe! Wenn Sie die letzte Silbe betonen, hört sich das an wie die 3. Person Plural des Futurs!

Der Gebrauch des einfachen Perfekts

Das einfache Perfekt wird für völlig abgeschlossene Handlungen oder Ereignisse in der Vergangenheit gebraucht. Diese sind durch Anfang und/oder Ende klar umrissen:

Ontem **trabalhei** todo o dia em casa. — *Gestern habe ich den ganzen Tag zu Hause gearbeitet.*
Fernando Pessoa **nasceu** em 1888 em Lisboa. — *Fernando Pessoa ist 1888 in Lissabon geboren.*

Das einfache Perfekt kann im Deutschen mit dem Perfekt oder Imperfekt übersetzt werden.

Grammatik

§25 Der Gebrauch von ser oder estar

Im Portugiesischen gibt es nicht nur ein Verb mit der Bedeutung *sein*, sondern gleich zwei. Das sind die Verben **ser** (*sein*) und **estar** (*sein, sich befinden*).

ser

Das Verb **ser** (*sein*) bezeichnet wesentliche Eigenschaften und Dauerzustände. Im Einzelnen wird es benutzt:

1. bei der Angabe von Beruf, Nationalität, Religion, Charakterzügen, Farbe, Form, Material etc.:
   O Henrique **é** médico. — *Henrique ist Arzt.*
   Nós **somos** alemães. — *Wir sind Deutsche.*
   A nossa casa **é** branca. — *Unser Haus ist weiß.*
   A tua blusa **é** de algodão. — *Deine Bluse ist aus Baumwolle.*
2. bei Datums- und Zeitangaben:
   Amanhã já **é** o dia cinco de Junho. — *Morgen ist schon der 5. Juni.*
   São dez e meia. — *Es ist halb elf.*
3. zur Angabe eines unveränderlichen Ortes, z. B. von Gebäuden, bei geographischen Begriffen, kurzum bei Sachen, die den Platz nicht wechseln können.
   A Ponte 25 de Abril **é** em Lisboa. — *Die Brücke 25. April ist in Lissabon.*

Hier kann man auch das Verb **ficar** (*bleiben, sich befinden*) verwenden:
A Serra da Estrela **fica** na Beira Alta. — *Die Gebirgskette Estrela ist in der Provinz Beira Alta.*
= A Serra da Estrela **é** na Beira Alta.

estar

Das Verb **estar** (*sein, sich befinden*) bezeichnet allgemein vorübergehende Zustände. Im Einzelnen wird es benutzt:

1. bei Gefühlen, Krankheitszuständen, Wetterbedingungen etc.:
   Ele hoje **está** muito triste. — *Er ist heute sehr traurig.*
   Na semana passada **esteve** frio. — *Vergangene Woche war es kalt.*
2. zur Angabe eines veränderlichen Ortes, meistens mit der Präposition **em**:
   Ontem **estivemos** em Lisboa. — *Gestern waren wir in Lissabon.*
3. als Hilfsverb der Verlaufsform:
   - estar + a + Infinitiv (eher im europäischen Portugiesisch)
     Estamos a trabalhar. — *Wir arbeiten gerade.*
   - estar + Gerundium (eher im brasilianischen Portugiesisch)
     Estamos trabalhando. — *Wir arbeiten gerade.*
4. bei bestimmten Ausdrücken wie:

estar pronto	*fertig sein*
estar livre/ocupado	*frei/besetzt sein*
estar fechado/aberto	*geschlossen/offen sein*
estar com fome	*Hunger haben*
estar com sede	*Durst haben*

Estás pronto? — *Bist du fertig?*

Darüber hinaus gibt es eine ganze Reihe von Adjektiven, die sowohl mit **ser** als auch mit **estar** verbunden werden können, je nachdem ob ein dauerhafter oder ein vorübergehender Zustand zum Ausdruck gebracht werden soll. Es sind Adjektive wie **bom, bonito, caro, doente, feliz** etc.:

Tu **estás** muito bonita!	*Du bist sehr hübsch!*	(= Du hast dich heute hübsch gemacht.)
Tu **és** muito bonita!	*Du bist sehr hübsch!*	(= Ich finde dich immer hübsch.)

§26 Verbtabelle/unregelmäßige Verben

dar ***geben***		
	Präsens	einf. Perfekt
eu	dou	dei
tu	dás	deste
você/ele/ela	dá	deu
nós	damos	demos
vocês/eles/elas	dão	deram

divertir-se ***sich vergnügen***		
	Präsens	einf. Perfekt
eu	divirto-me	diverti-me
tu	divertes-te	divertiste-te
você/ele/ela	diverte-se	divertiu-se
nós	divertimo-nos	divertimo-nos
vocês/eles/elas	divertem-se	divertiram-se

dizer ***sagen***		
	Präsens	einf. Perfekt
eu	digo	disse
tu	dizes	disseste
você/ele/ela	diz	disse
nós	dizemos	dissemos
vocês/eles/elas	dizem	disseram

dormir ***schlafen***		
	Präsens	einf. Perfekt
eu	durmo	dormi
tu	dormes	dormiste
você/ele/ela	dorme	dormiu
nós	dormimos	dormimos
vocês/eles/elas	dormem	dormiram

estar ***sein***		
	Präsens	einf. Perfekt
eu	estou	estive
tu	estás	estiveste
você/ele/ela	está	esteve
nós	estamos	estivemos
vocês/eles/elas	estão	estiveram

fazer ***machen, tun***		
	Präsens	einf. Perfekt
eu	faço	fiz
tu	fazes	fizeste
você/ele/ela	faz	fez
nós	fazemos	fizemos
vocês/eles/elas	fazem	fizeram

haver ***haben*** *(Hilfsverb)*		
	Präsens	einf. Perfekt
eu		
tu		
você/ele/ela	há	houve
nós		
vocês/eles/elas		

ir ***gehen***		
	Präsens	einf. Perfekt
eu	vou	fui
tu	vais	foste
você/ele/ela	vai	foi
nós	vamos	fomos
vocês/eles/elas	vão	foram

ler ***lesen***		
	Präsens	einf. Perfekt
eu	leio	li
tu	lês	leste
você/ele/ela	lê	leu
nós	lemos	lemos
vocês/eles/elas	lêem	leram

ouvir ***hören***		
	Präsens	einf. Perfekt
eu	ouço	ouvi
tu	ouves	ouviste
você/ele/ela	ouve	ouviu
nós	ouvimos	ouvimos
vocês/eles/elas	ouvem	ouviram

pedir ***bitten***		
	Präsens	einf. Perfekt
eu	peço	pedi
tu	pedes	pediste
você/ele/ela	pede	pediu
nós	pedimos	pedimos
vocês/eles/elas	pedem	pediram

poder ***können***		
	Präsens	einf. Perfekt
eu	posso	pude
tu	podes	pudeste
você/ele/ela	pode	pôde
nós	podemos	pudemos
vocês/eles/elas	podem	puderam

pôr ***setzen, stellen, legen***		
	Präsens	einf. Perfekt
eu	ponho	pus
tu	pões	puseste
você/ele/ela	põe	pôs
nós	pomos	pusemos
vocês/eles/elas	põem	puseram

preferir ***bevorzugen***		
	Präsens	einf. Perfekt
eu	prefiro	preferi
tu	preferes	preferiste
você/ele/ela	prefere	preferiu
nós	preferimos	preferimos
vocês/eles/elas	preferem	preferiram

querer ***wollen, mögen***		
	Präsens	einf. Perfekt
eu	quero	quis
tu	queres	quiseste
você/ele/ela	quer	quis
nós	queremos	quisemos
vocês/eles/elas	querem	quiseram

saber ***wissen***		
	Präsens	einf. Perfekt
eu	sei	soube
tu	sabes	soubeste
você/ele/ela	sabe	soube
nós	sabemos	soubemos
vocês/eles/elas	sabem	souberam

sair ***hinausgehen, ausgehen***		
	Präsens	einf. Perfekt
eu	saio	saí
tu	sais	saíste
você/ele/ela	sai	saiu
nós	saímos	saímos
vocês/eles/elas	saem	saíram

ser ***sein***		
	Präsens	einf. Perfekt
eu	sou	fui
tu	és	foste
você/ele/ela	é	foi
nós	somos	fomos
vocês/eles/elas	são	foram

ter *haben*		
	Präsens	einf. Perfekt
eu	tenho	tive
tu	tens	tiveste
você/ele/ela	tem	teve
nós	temos	tivemos
vocês/eles/elas	têm	tiveram

ver *sehen*		
	Präsens	einf. Perfekt
eu	vejo	vi
tu	vês	viste
você/ele/ela	vê	viu
nós	vemos	vimos
vocês/eles/elas	vêem	viram

Die Präpositionen

§27 Übersicht der einfachen Präpositionen

a	*nach, zu, um*	**em**	*in, an, auf, bei*
para	*für, nach, um zu*	**por**	*für, durch, von, aus*
com	*mit*	**sobre**	*auf, über*
sem	*ohne*	**até**	*bis*
de	*von, aus*		

a (*nach, zu, um*) wird u.a. benutzt*:*

1. nach Verben der Bewegung wie **ir** *(gehen, fahren)*, **vir** *(kommen)*, **voltar** *(zurückkommen)*, wenn der Aufenthalt am Ziel – subjektiv – relativ kurz ist:
   Quando vais **ao** teatro? — *Wann gehst du ins Theater?*
   Tenho que voltar **à** escola. — *Ich muss zurück in die Schule.*
   Ele vem sempre **a** casa almoçar. — *Er kommt immer nach Hause zum Mittagessen.*
2. als Begleiter des Dativobjekts, nach viele Verben wie **dar**, **dizer**, **pedir**:
   Dei um beijo **aos** meus filhos. — *Ich gab meinen Kindern einen Kuss.*
   Ele disse **à** professora que não vinha. — *Er sagte der Lehrerin, dass er nicht kommen würde.*
   Ele **pediu** dois copos **ao** empregado de mesa. — *Er bat den Kellner um zwei Gläser.*
3. bei Zeitangaben:
   O jogo começa **às** 16.00 horas. — *Das Spiel beginnt um 16 Uhr.*
   Ela trabalha até **ao** meio-dia. — *Sie arbeitet bis (um) zwölf Uhr mittags.*
   Fiquei na praia até **ao** pôr do sol. — *Ich blieb bis zum Sonnenuntergang am Strand.*
4. bei der Verlaufsform:
   Estás **a** estudar? — *Lernst du gerade?*
   Estamos **a** jantar. — *Wir essen gerade zu Abend.*

BP: Die Präposition **a** wird im gesprochenen brasilianischen Portugiesisch oft durch die Präpositionen **em** oder **para** ersetzt:

Eles vão **no** restaurante. — *Sie gehen ins Restaurant.*
Elas telefonam **para** Teresa. — *Sie rufen Teresa an.*

Grammatik

de (*von, aus*) wird u.a. benutzt*:*

1. zur Bezeichnung der Herkunft:
   A minha amiga é **de** Rottweil. — *Meine Freundin ist aus Rottweil.*
2. zur Bildung des Genitivs:
   Ele vestiu o casaco **do** meu filho. — *Er zog die Jacke meines Sohnes an.*
3. für Transportmittel, wenn diese nicht näher bezeichnet sind:
   Vocês gostam de andar **de** bicicleta? — *Fahrt ihr gern Rad?*
   ABER:
   Hoje vou **na** bicicleta do meu irmão. — *Heute fahre ich mit dem Rad meines Bruders.*
   Vou **no** avião das cinco. — *Ich fliege mit der Fünf-Uhr-Maschine.*
4. für die Bildung zusammengesetzter Wörter:
   Queria um gelado **de** morango. — *Ich möchte ein Erdbeereis.*
5. bei Mengenangaben:
   Dê-me uma dúzia **de** laranjas. — *Geben Sie mir ein Dutzend Orangen.*
6. nach Verben wie **gostar de** (*mögen, gerne haben*), **precisar de** (*brauchen*):
   Gosto muito **de** Portugal. — *Ich mag Portugal sehr.*
   Precisamos **de** mais temnpo. — *Wir brauchen mehr Zeit.*

em *(in, an, auf, bei)* wird u. a. benutzt:

1. nach Verben der Ruhe wie **estar** *(sein, sich befinden)*, **ficar** *(bleiben)*:
   Nós estamos **na** loja. — *Wir sind im Laden.*
   Nós hoje ficamos **em** casa. — *Wir bleiben heute zu Hause.*
2. zur Angabe eines Zeitpunkts oder eines Zeitraums:
   O meu filho nasceu **em** 1983. — *Mein Sohn wurde (im Jahr) 1983 geboren.*
   Nós fizemos as compras **numa** hora. — *Wir haben die Einkäufe in einer Stunde gemacht.*
3. nach einer Reihe von Verben wie **entrar em** (*eintreten in*), **pensar em** (*denken an*):
   Não entres **no** escritório. — *Geh nicht ins Büro hinein.*
   Não pensei **em** nada. — *Ich dachte an nichts.*

por *(für, durch, von, aus, pro)* bezeichnet u.a.:

1. eine Ortsangabe:
   Gosto de andar **pelo** parque. — *Ich gehe gerne durch den Park.*
2. den Urheber beim Passiv:
   O texto foi escrito **por** mim. — *Der Text wurde von mir geschrieben.*
3. den Grund, das Mittel, die Weise:
   Envio-te a encomenda **pelo** correio. — *Ich schicke dir die Bestellung per Post.*
4. die Dauer:
   Tiro férias três vezes **por** ano. — *Ich nehme dreimal im Jahr Urlaub.*

5. im Sinne von dt. *pro*
   A entrada custa 10 Euros **por** pessoa. — *Der Eintritt kostet 10 Euro pro Person.*
6. nach einer Reihe von Verben wie **passar por** (*vorbeigehen an*), **esperar por** (*warten, hoffen auf*), ...
   Passámos **por** aqui ontem também. — *Wir gingen auch hier gestern vorbei.*
   Nós esperamos **por** vocês. — *Wir warten auf euch.*

Präpositionen mit dem Wort **casa** *(Haus)* werden immer ohne Verschmelzung gebraucht, da der bestimmte Artikel nicht verwendet wird:

estar **em** casa	*zu Hause sein*
ficar **em** casa	*zu Hause bleiben*
ir **a** casa	*kurz nach Hause gehen*
passar **por** casa	*zu Hause vorbeigehen*

para *(für, nach, um zu)* wird u.a. benutzt:

1. nach Verben der Bewegung wie **ir** *(gehen, fahren)*, **vir** *(kommen)*, **voltar** *(zurückkommen)*, wenn der Aufenthalt am Ziel – subjektiv – relativ lang ist:
   Quer voltar **para** o Brasil? — *Möchten Sie nach Brasilien zurückkehren?*
2. zur Angabe von Absicht, Zweck, Bestimmung:
   Comprei um CD **para** nós. — *Ich habe eine CD für uns gekauft.*

Die Präpositionen **por** und **para** mit der Bedeutung *für* werden oft von Nicht-Muttersprachlern verwechselt.

Denken Sie daran:
Hinter **por** steckt ein gefühlsmäßiger Beweggrund.
   Eu faço tudo **por** ti. — *Für dich mache ich alles.*

Hinter **para** steckt nur Zweck und Bestimmung ohne gefühlsmäßige Einstellung.
   Estas flores são **para** ti. — *Diese Blumen sind für dich.*

Der Satz

§28 Fragesatz

Die Intonationsfrage

Eine Intonationsfrage ist eine Entscheidungsfrage. Man kann sie mit *ja* oder *nein* beantworten, und sie wird nicht mit einem Fragewort eingeleitet.

Aussage	Ele chegou atrasado.	*Er kam spät an.*
Frage	Ele chegou atrasado?	*Kam er spät an?*

Im gesprochenen Portugiesisch erkennt man die Frage nur an der Intonation! Der Satz wird mit steigender Intonation gesprochen, d. h. der Ton geht zum Ende des Satzes hin in die Höhe.

Grammatik

Die Frage mit Fragewort

Bei dieser Art von Frage gibt es wie im Deutschen eine Inversion von Subjekt und Verb:

Fragewort		**Verb**		**Subjekt**	
Quanto	*Wie viel*	custa	*kostet*	a entrada?	*die Eintrittskarte?*
Qual	*Welches*	é	*ist*	o nosso hotel?	*unser Hotel?*

Fragen mit é que

Eine beliebte Art, in der portugiesischen Umgangssprache Fragen mit Fragewort zu bilden, ist der Einschub von **é que**. In diesem Fall erfolgt keine Inversion von Subjekt und Verb, und **é que** steht gleich nach dem Fragewort:

Fragewort		**é que**	Subjekt	Verb	
Porque	*Warum*	**é que**	(tu)	vens tão tarde?	*kommst du so spät?*
Quando	*Wann*	**é que**	(nós)	vamos para casa?	*gehen wir nach Hause?*

Der Ausdruck **é que** wird im Deutschen nicht übersetzt

§29 Antwortsatz

Wenn Sie im Portugiesischen nur mit **sim** *(ja)* oder **não** *(nein)* antworten, sind Sie nicht besonders höflich.

Die bejahende Antwort

Um eine Frage zu bejahen, reicht es, wenn man das Verb der Frage in der entsprechenden Person wiederholt:

Vais telefonar para casa? — *Wirst du zu Hause anrufen?*
Vou. — *Ja.*

Natürlich kann man auch **sim** nach oder, eher selten, vor dem Verb hinzufügen:

Estás pronta para sair? — *Bist du fertig zum Ausgehen?*
Estou, **sim**./**Sim**, estou. — *Ja.*

Als Bekräftigung der Bejahung, besonders nach einer Frage in der verneinten Form, sagt man oft auch **pois**:

Não queres ir para a praia? — *Willst du nicht zum Strand gehen?*
Quero, **pois**! — *Doch!*

Steht in der Frage das Adverb **já** *(schon)*, **ainda** *(noch)*, **também** *(auch)* oder **só** *(nur)*, wird dieses Adverb in der Antwort wiederholt – und nicht das Verb der Frage!

Também compraste o presente? — *Hast du auch das Geschenk gekauft?*
Também. — *Ja.*

Grammatik

Die verneinende Antwort

Eine verneinende Antwort kann man im familiären Umgang mit nur **não** geben. Etwas höflicher klingt aber eine Verneinung mit **não** und dem Verb der Frage:

O senhor **está** à espera do táxi?	*Warten Sie auf das Taxi?*
Não, não estou.	*Nein, ich warte nicht.*

Steht im Fragesatz das Adverb **já** *(schon)*, ist die verneinende Antwort **ainda não** *(noch nicht)* oder nur **não** *(nein)*:

Já visitou o novo centro comercial?	*Haben Sie schon das neue Einkaufszentrum besucht?*
Ainda não.	*Noch nicht.*

§30 Verneinung

Die Verneinung wird im Portugiesischen anders als im Deutschen gebildet.

1. Dem deutschen *nein, nicht, keiner/keine/kein/keine* entspricht nur ein Verneinungsadverb im Portugiesischen: **não**.

Falas russo? **Não**, **não** falo.	*Sprichst du Russisch?* ***Nein*** *(, ich spreche nicht).*
Ele **não** é muito trabalhador.	*Er ist* ***nicht*** *sehr fleißig.*
Não tens frutas?	*Hast du* ***kein*** *Obst?*

2. **Não** steht immer unmittelbar vor dem Verb, gerade umgekehrt wie im Deutschen:

Nós **não esperamos** por ti.	*Wir warten nicht auf dich.*

3. Weitere Negationswörter sind:
   - **nenhum**, **nenhuma**, **nenhuns**, **nenhumas** *keiner, keine, kein, keine*
   - die unveränderlichen Indefinitpronomen **nada** *nichts*, **ninguém** *niemand*
   - die Verneinungsadverbien **nunca** *niemals*, **nunca mais** *nie wieder*

Stehen diese Negationswörter vor dem Verb, genügen sie schon, um das Verb oder den ganzen Satz zu verneinen. Stehen sie aber nach dem Verb, brauchen sie eine weitere Negation vor dem Verb, in der Regel **não**. Die Wirkung dieser doppelten Verneinung hebt sich nicht etwa auf, sondern wird bekräftigt.

Ele **nada** disse./Ele **não** disse **nada**.	*Er sagte nichts.*

Grammatische Terminologie

Deutsche Befriffe	Erklärung	Beispiele	Portugiesische Bedriffe
Adjektiv	Eigenschaftswort	Uma cidade **grande**.	adje(c)tivo
Adverb	Umstandswort	Ele canta **lindamente.**	advérbio
Komparativ	1. Steigerungsstufe	Portugal é **mais** pequeno **(do) que** o Brasil.	comparativo
Objekt	Ergänzung zum Verb	Ele comprou **uma casa**.	complemento
Konsonant	Mitlaut	b, d, f, g, h ...	consoante
Diphthong	Doppellaut	ai, oi, ão, õe ...	ditongo
Infinitiv	Grundform	cantar	infinitivo
Plural	Mehrzahl	os amigos	plural
Präposition	Verhältniswort	Ele está **à** tua espera	preposição

Präsens	Gegenwart	**Janto** contigo hoje.	presente
Perfekt	vollendete Gegenwart	**Jantei** ontem com ele.	pretérito perfeito simples
Pronomen	Fürwort	Ele fala com **ela.**	pronome
Demonstrativpronomen	hinweisendes Fürwort	**aquele** homem	pronome demonstrativo
Interrogativpronomen	Fragefürwort	**Quem**?	pronome interrogativo
Personalpronomen	persönliches Fürwort	**Eu**, não!	pronome pessoal
Possessivpronomen	besitzanzeigendes Fürwort	Esta é **a nossa** professora.	pronome possessivo
Singular	Einzahl	um homem, a escola	singular
Substantiv	Hauptwort	homem, escola, aluno	substantivo
Subjekt	Satzgegenstand	**O cão** correu atrás do gato.	sujeito
Superlativ	2. Steigerungsstufe	Isto é **o máximo!**	superlativo
Verb	Tätigkeitswort	Eu **canto** e tu **tocas** piano.	verbo
Vokal	Selbstlaut	a, e, i, o, u	vogal

In dieser Grammatik verwendete Abkürzungen:

Br. = brasilianisches Portugiesisch
Adj.= Adjektiv
f. = feminin
Art. = Artikel

P. = europäisches Portugiesisch
Adv.= Adverb
m. = maskulin
Pers. = Person

Pl. = Plural
Sg. = Singular
veralt.= veraltet
Präp. = Präposition
refl. = reflexiv

Hinweis

Innerhalb eines Wortes in Klammern gesetzte Buchstaben werden nur in Portugal, nicht aber in Brasilien geschrieben: **ó(p)timo** → Portugal: **óptimo**, Brasilien: **ótimo**

Literaturhinweise

Barreto von Berg, Marisa; Caetano de Andrade, João (2006), Pons lernen und üben. Stuttgart: Klett.
Hundertmaark-Santos Martins, Maria Teresa, (1982), Portugiesische Grammatik. Tübingen: Niemeyer.
Morgado Kessler, Isabel (2005), Pons Grammatik kurz & bündig Portugiesisch. Stuttgart: Klett.

6 Wortliste Portugiesisch – Deutsch

A

	a	der, die, das	best. Art. f. Sg.	L1
	a	zu, in, nach		L1
	à parte	getrennt		L5
	a pé	zu Fuß		L1
o	abacaxi	Ananas	bras. für port. ananás	L1
o	abraço	Umarmung, Gruß		L5
	Abril	April		L7
	abrir	öffnen		R1
	acampar	zelten		L10
	aceitar	akzeptieren, annehmen		L9
o	acento agudo	Akutzeichen		L2
o	acento circumflexo	Zirkumflex		L2
	achar	finden		L6
o	acompanhamento	Beilage		L5
	activo	aktiv		L4
	adeus	Auf Wiedersehen		L1
	adiante	weiter, da vorn, vorwärts		L3
	Adoro isso!	Ich liebe das!		L4
o	aeroporto	Flughafen		L2
a	agenda	Terminkalender		L6
	agora	jetzt		L1
	Agosto	August		L7
a	água	Wasser		L5
a	água de coco	Kokosnusswasser		L7
	ainda	noch		L5
a	aldeia	Dorf		L7
a	alemã	Deutsche		L1
a	Alemanha	Deutschland		L1
o	alemão	Deutsch, Deutscher		L1
o	além-mar	Übersee		L5
o	Alentejo	Alentejo	Region in Südosten Portugals	L10
a	alface	Blattsalat		L5
	algo	etwas		L3
	algum	irgendein		L3
	alguma	irgendeine		L5
	ali	dort		L2
a	alma	Seele		L9
	almoçar	zu Mittag essen		L3
o	almoço	Mittagessen		L3
	Alô!	Hallo!	bras. für port. Estou! am Telefon	L3
o	alojamento	die Unterkunft		L10
	alto	hoch		L3
	alugar	(ver)mieten		L10
	amanhã	morgen		L3
	amarelo	gelb		L9
a	amiga	Freundin		L1
o	amigo	Freund		L1
o	ananás	Ananas		L1
	andar	laufen, gehen		L4
o	andar	Stockwerk		L7
	andar a pé	wandern		L4
a, o	aniversariante	Geburtstagskind		L9
o	aniversário	Geburtstag		R2
o	ano	Jahr		L1
o	Ano Novo	Neujahrstag		L9
	antes	vorher		L10
	antes de	vor, bevor		L4
	antigo	alt, antik		L1
	ao	in den	Präp. a + o = ao	L1
	ao redor	um herum		L7
	aonde	wohin		L1
o	apelido	Nachname		R1
	aprender	lernen		L4
	aquele	jener dort		L10
	aqui	hier		L2
	aquilo	jenes dort		L10
os	Arcos da Lapa	Lapa Bögen	Bögen eines Aquädukts im Altstadtteil Lapa in Rio de Janeiro	L7
a	arquite(c)ta	Architektin		L2
a	arquite(c)tura	Architektur		L2
	arrendar	mieten		L10
o	arroz	Reis		L5
	as	die	best. Art. f. Sg.	L1
	às vezes	manchmal		L4
	assim	so		L4
	até	bis		L1
a	atenção	Aufmerksamkeit		L1
	Atenção!	Achtung!		L2
	atravessar	überqueren		L3
a	Áustria	Österreich		L1
a	austríaca	Österreichin		L1
o	austríaco	Österreicher		L1
o	autocarro	Bus		L2
a	avenida	Allee		L3
o	avião	Flugzeug		L2
a	avó	Großmutter		L8
o	avô	Großvater		L8
os	avós	Großeltern		L8
	azul	blau		L7

B

o	bacalhau	Stockfisch		L3
a	bagagem	Gepäck		L2
a	Baixa	Baixa	Stadtteil von Lissabon	L3
	baixo	niedrig, klein		L7
a	banana	Banane		L5
o	bar	Bar		L4
	barato	billig		L10
a	barba	Vollbart		L8
o	barco	Boot		L7
	bastante	sehr, ziemlich		L3
a	batata	Kartoffel		L5
a	batata doce	Süßkartoffel		L9
a	batata frita	Pommes Frites		L5
	beber	trinken		L5
a	bebida	Getränk		L5
	belíssimo	wunderschön		L7
	belo	schön		L7
	bem	gut		L2
	bem-vindo	willkommen		L1
a	beringela	Aubergine		L5
a	bicicleta	Fahrrad		L2
o	bife de vaca	Rinderschnitzel		L5

o	bigode	Schnurrbart		L8
o	bilhete	Flugschein		L2
a	blusa	Bluse		L9
	boa	gut	weibl. Form von bom	L1
a	bolacha	Keks		L5
a	bolachinha	Kekschen		L5
o	bolo	Kuchen		L5
o	bolo de milho	Maiskuchen		L9
	bom	gut	männl., weibl. Form: boa	L1
	Bom apetite!	Guten Appetit!		L5
	bonito	schön		L3
	branco	weiß		L9
o	Brasil	Brasilien		L1
a	brasileira	Brasilianerin		L1
o	brasileiro	Brasilianer		L1
	breve	kurz		L1
	Búzios	Búzios	Halbinsel im Bundesland Rio de Janeiro	L7

C

a	cabine	Kabine		L9
	caçula	Nesthäkchen	bras. für port. o mais novo	L8
a	cadeira	Stuhl		L5
o	café	Kaffee		L3
a	caipirinha	Caipirinha	bras. Cocktail mit Rohrzucker	L5
	cair	fallen		L9
a	caixa	Kasse		L9
as	calças	Hose		L9
o	caldo verde	Grünkohlsuppe		L5
o	calor	Hitze, Wärme		L5
a	cama	Bett		L10
os	camarões fritos	frittierte Schrimps		L7
a	camisa	Hemd		L9
a	camisola	Pullover		L9
o	campismo	Camping		L10
o	campo	Land, Acker, Feld	Gegensatz zu Stadt	L7
o	campo de jogos	Sportplatz		L4
a	canção	Lied		L1
	cansado	müde		L6
a	capital	Hauptstadt		L2
a	capoeira	Capoeira	bras. Kampfsportart mit tänzerischen Elementen	L4
o	cardápio	Speisekarte	bras. für port. ementa	L5
o	Carnaval	Karneval		L7
a	carne	Fleisch		L5
	caro	teuer		L10
o	carro	Auto		L2
o	cartão de crédito	Kreditkarte		L9
a	casa	Haus		L1
a	casa de banho	Badezimmer		L1
o	casaco	Mantel		L9
	casado	verheiratet		R1
o	casamento	Hochzeit		L8
	casar-se	heiraten	reflexives Verb	L8
	castanho	braun		L9
o	castelo	Schloss		L3
a	catedral	Kathedrale		L10
	catorze	vierzehn	auch: quatorze	L3
	cedo	früh		L6
o	celular	Handy	bras. für port. telemóvel	L6
	cem	hundert	für 100	L3
a	cenoura	Karotte		L5
	cento	hundert	ab 101	L3
o	centro	Zentrum		L1
a	certeza	Gewissheit		L10
a	cerveja	Bier		L5
o	céu	Himmel		L1
o	chá	Tee		L1
o	chá preto	Schwarztee		L5
	chamar-se	heißen	refl. Verb	L1
o	champanhe	Sekt		L9
a	chave	Schlüssel		L10
a	chávena	Tasse		L5
	chegar	ankommen		L1
	cheio	voll		L6
o	Chiado	Chiado	Stadtteil in Lissabon	L3
o	chocolate	Schokolade		L5
	chover	regnen		L7
a	churrascaria	Grillhaus		L5
o	churrasco	Grill		L5
a	chuva	Regen		L7
a	cidade	Stadt		L1
a	cidade natal	Geburtsstadt		L7
	cinco	fünf		L3
o	cinema	Kino		L3
	cinquenta	fünfzig		L3
	cinzento	grau		L9
	claro	klar, hell		L5
	clássico	klassisch		L9
o	cliente	Kunde		L6
o	clima	Klima		L7
o	clube	Klub, Verein		L4
	Coimbra	Coimbra	Universitätsstadt in Portugal	L2
a	coisa	Ding, Sache		L3
o	colega	Kollege		L2
a	colher	Löffel		L5
a	colina	Hügel		L3
a	colombiana	Kolumbianerin		L1
o	colombiano	Kolumbianer		L1
	com	mit		L1
	com certeza	sicherlich		L10
	Com licença...	Entschuldigung, mit Erlaubnis	im Sinne von „Entschuldigung, darf ich mal ..."	R2
o	comboio	Zug		L2
	começar	anfangen, beginnen		L3
	comer	essen		L3
o	comerciante	Händler		L2
o	comércio	Handel		L3
a	comida	Essen		L3
	comigo	mit mir	com + me	L4
	como	wie		L1
	complicado	kompliziert		L3
a	compra	Einkauf		L3
	comprar	kaufen		L5
	compreender	verstehen		L4
o	computador	Computer		L6
	conhecer	kennen		L7

	connosco	mit uns	com + nos	L10
	consigo	mit ihnen	com + si	L10
a	construtora	Baufirma		L6
a	conta	Rechnung		L5
o	conta(c)to	Kontakt		L6
	contar	erzählen, zählen		L6
	contente	glücklich		L3
	contigo	mit dir	com + ti	L10
	continuar	weiter machen, fortsetzen		L10
o	convento	Kloster		L10
o	convidado	Gast, Eingeladener		L9
	convidar	einladen		L9
o	convite	Einladung		L9
	Copacabana	Copacabana		L7
o	copo	Glas		L5
a	cor	Farbe		L9
	cor-de-laranja	orange		L9
	cor-de-rosa	rosa		L9
	correr	rennen		L4
a	corte	Hofstaat		L10
as	costeletas de porco	Schweinekotellets		L5
o	costume	Sitte, Gewohnheit		L2
a	couve	Kohl		L5
o	cozinheiro	Koch		R1
o	cravo	Nelke		L10
o	Cristo Redentor	Christus der Erlöser	Name der Christus Statue auf dem Berg in Rio de Janeiro, Brasilien	L7
o	cruzamento	Kreuzung		L3
a	cultura	Kultur		L2
os	cunhados	Schwägerin und Schwager		L8
o	curso	Kurs		L1
	custar	kosten		L5

D

	dançar	tanzen		L4
	daquela	von dieser	Präp. de + aquela	L10
	daqui	von hier	Präp. de + aqui	L3
	dar	geben		L9
	de	von, aus		L1
	de acordo	einverstanden		L9
	de manhã	morgens, vormittags		L1
	de nada	keine Ursache		L1
	de noite	abends, nachts		L3
	de onde	woher		L1
	de preferência	am liebsten		L10
	de que	aus welcher, aus welchem		L1
	de tarde	nachmittags		L3
	de vocês	von euch		L8
	deixar	lassen		L10
	dela	von ihr	Präp. de + ela	L8
	dele	von ihm	Präp. de + ele	L8
o	dentista	Zahnarzt		L2
	depois	danach		L3
	Desculpe!	Entschuldigen Sie!		L1
	desejar	wünschen		L6
o	desembarque	Ausstieg		L2
o	desporto	Sport		L4
	desta	von dieser	Präp. de + esta	L10
	devagar	langsam		R2
	dever	sollen, müssen		L6
	dez	zehn		L3
	dezanove	neunzehn		L3
	dezasseis	sechzehn		L3
	dezassete	siebzehn		L3
	Dezembro	Dezember		L1
	dezoito	achtzehn		L1
o	dia	Tag		L1
a	diária	Tagespreis		L10
	diariamente	täglich		L6
	difícil	schwer, schwierig		L3
	Diga-me...	Sagen Sie mir ...		L1
	digo	ich sage		L6
a	Dinamarca	Dänemark		L1
o	dinamarquês	Dänisch, Däne		L1
o	dinheiro	Geld		L9
o	dire(c)tor	Direktor		L6
	direita	rechts		L3
a	discoteca	Discothek		L4
a, o	disquete	Diskette		L6
a	ditadura	Diktatur		L10
	divertido	amüsant, lustig		L7
	divertir-se	amüsieren	refl. Verb	L4
	divorciado	geschieden		R1
	dizer	sagen		L6
	do que	als	bei der Komparation	L6
	dobrar	abbiegen		L3
o	documento	Dokument		L6
	dois	zwei	f. = duas	L3
o	domingo	Sonntag		L4
	dona	Frau (als Anredeform)		L1
	dormir	schlafen		L3
o	doutor	Doktor		L6
	doze	zwölf		L3
	duas	zwei	m. = dois	L3
o	duche	Dusche		L10
	duplo	doppelt		L10
	durante	während, im Laufe		L4
	durmo	ich schlafe	1. Pers. Sg. von dormir	L3
a	dúzia	Dutzend		L5

E

	e	und		L1
	é	ist	3. Pers. Sg. von ser (unreg.)	L1
o	edifício	Gebäude		L7
	ela	sie	f. Sg.	L1
	elas	sie	f. Pl.	L1
	ele	er		L1
o	elé(c)trico	Straßenbahn		L3
	eles	sie	m., f. Pl.	L1
o	elevador	Aufzug		L3
	em	in		L1
	em frente	geradeaus		L3
	em frente de	gegenüber		L3
	em ponto	Punkt, pünktlich		L3
o	e-mail	E-Mail		L4
o	embarque	Einstieg		L2
a	ementa	Speisekarte		L5
o	empregado de mesa	Kellner		L2

Wortliste

a	empresa	Unternehmer		L6
	encomendar	bestellen		L9
	encontrar-se	sich treffen	refl. Verb	L3
o	encontro	Treffen		L3
o	endereço	Adresse		R1
o	endereço ele(c)trónico	E-Mail-Adresse		L6
o	engenheiro	Ingenieur		L1
	ensinar	lehren, beibringen		L2
	então	dann		L1
a	entrada	Eingang		L2
as	entradas	Vorspeisen		L5
	entrar	eintreten, hinein gehen		L3
a	entrevista	Interview		L1
	enviar	schicken, verschicken		L6
	és	du bist		L1
	é uma delícia	es ist köstlich		L5
a	escola	Schule		L2
	escrever	schreiben		L4
o	escritório	Büro		L1
	Espanha	Spanien		L1
o	espanhol	Spanisch, Spanier		L1
a	espanhola	Spanierin		L1
	esperar	warten		L10
	esquerda	links		L3
	esquiar	Ski fahren		L4
a	esquina	Straßenecke		L3
	essa	diese		L1
	esse	jener hier		L10
	esta	diese		L2
	está	ist		L2
a	estação do ono	Jahreszeit		L7
o	estado civil	Familienstand		R1
os	Estados Unidos	Vereinigte Staaten		L1
	estar	sein		L2
a	estátua	Statue		L3
	este	dieser		L2
	estou	ich bin		L2
	estranho	seltsam, komisch		L3
	estreito	schmal, eng		L3
	estressado	gestresst		L6
o, a	estudante	Student, -in		L2
	eu	ich		L1
	excelente	ausgezeichnet		L4
o	exemplo	Beispiel		L1
	experimentar	probieren		L5

F

a	fábrica	Fabrik		L1
a	faca	Messer		L5
	fácil	leicht, einfach		L3
	faço	ich mache		L1
o	fado	Fado	port. Musik-richtung	L4
	falar	sprechen		L1
	faltar	fehlen		L9
a	família	Familie		L2
	famoso	berühmt		L7
a	fatia	Stück, Scheibe		L5
	fazer	machen, tun		L1
	fazer anos	Geburtstag haben		L8
	fazer vela	segeln		L4
o	feijão	Bohne		L5
a	feijoada	Bohneneintopf		L5
	feio	hässlich		L3
a	felicidade	Glück		L9
	feliz	glücklich		L2
o	feriado nacional	Nationalfeiertag		L10
as	férias	Urlaub, Ferien		L6
a	festa	Fest, Feier		L7
a	festa de finalistas	Abschlussfeier in Portugal		L8
a	festa de formatura	Abschlussfeier in Brasilien		L8
	festa junina	Junifest		L7
	festejar	feiern		L8
	Fevereiro	Februar		L7
	ficar	bleiben, sich befinden		L3
a	filha	Tochter		L8
o	filho	Sohn		L8
o	filho único	Einzelkind		L8
o	filme	Film		L3
o	fim	Ende		L2
	fim-de-semana	Wochenende		L4
a	firma	Firma		L2
a	física	Physik		L8
a	floresta	Wald		L7
a	fogueira	Feuer		L9
a	fome	Hunger		L5
	formar-se	einen Abschluss machen	refl. Verb	L8
a	foto	Foto		L7
	França	Frankreich		L1
o	francês	Französisch, Franzose		L1
a	francesa	Französin		L1
o	frango assado	Brathähnchen		L5
a	frequência	Häufigkeit		L6
o	frio	Kälte		L5
a	fruta	Obst		L5
	funcionar	funktionieren		L6
o	funcionário	Arbeitnehmer		L6
	fundo	tief, hinten		L9
o	futebol	Fußball		L3

G

o	galão	Milchkaffee	L5
a	garagem	Garage	L1
o	garfo	Gabel	L5
a	garrafa	Flasche	L5
o	gato	Katze	L1
os	genros	Schwiegerkinder	L8
a	gente	wir, Leute	L6
o	ginásio	Fitnessstudio	L4
	ginástica	Gymnastik	L4
	gordo	dick	L7
a	gorjeta	Trinkgeld	L5
	gostar	mögen, gefallen, schmecken	L3
	gostava	ich hätte/ würde gerne	L4
	grande	groß	L3
o	guardanapo	Serviette	L5
o	guia turístico	Reiseführer	L10
a	guitarra	Guitarre	L1

H

	há	es gibt	L1
	há	vor, seit	L7
a	história	Geschichte	L10
	histórico	historisch	L7

Wortliste

	hoje	heute		L1
a	Holanda	Holland		L1
o	holandês	Holländisch, Holländer		L1
a	holandesa	Holländerin		L1
a	hora	Stunde, Uhr		L3
a	hospedagem	Unterkunft		L10
	hospedar-se	sich einquartieren	refl. Verb	L10
a	hospedeira	Flugbegleiterin		R1
o	hospital	Krankenhaus		L2
o	hotel	Hotel		L1

I

a	idade	Alter		L3
a	ideia	Idee		L4
o	idioma	Sprache		L1
	igualmente	ebenfalls		L6
	imenso	riesig, sehr		L4
	importante	wichtig		L6
a	impressora	Drucker		L6
	imprimir	ausdrucken		L6
	incluído	inbegriffen		L5
	individual	einzel		L10
	infelizmente	leider, unglücklicherweise		L6
a	informação	Information	Pl.: -ções	L2
	informar-se	sich erkundigen	refl. Verb	L10
a	Inglaterra	England		L1
o	inglês	Englisch, Engländer		L1
a	inglesa	Engländerin		L1
	inteiro	ganz		L6
	interessante	interessant		L3
a	internet	Internet		L4
o	Inverno	Winter		L7
	ir	gehen		L2
	ires	wenn du gehen würdest	persönlicher Infinitiv von -ir	L6
a	irmã	Schwester		L8
o	irmão	Bruder		L8
os	irmãos	Geschwister		L8
	isso	das da, dies		L2
	isso mesmo	genau		L2
	isto	dieses		L10
a	Itália	Italien		L1
a	italiana	Italienerin		L1
o	italiano	Italienisch, Italiener		L1

J

	já	gleich, schon		L1
	Janeiro	Januar		L7
o	jantar	Abendessen		L10
o	japonês	Japanisch, Japaner		L1
o	jogador de futebol	Fußballspieler		R1
	jogar	spielen	Instrument: tocar	L3
o	jogo	Spiel		L4
o	jornal	Zeitung		L7
o	jornalista	Journalist		L1
a	jornalista	Journalistin		L1
	jovem	jung		L3
	Julho	Juli		L7
	Junho	Juni		L7
	juntos	zusammen		L2

L

	lá	dort		L2
a	laranja	Orange		L5
o	largo	Platz		L3
o	lazer	Freizeit		L4
os	legumes	Gemüse		L5
o	leite	Milch		L5
a	lembrança	Erinnerung		L7
	ler	lesen		L4
	levar	bringen, mitnehmen		L2
	lhe	ihm, ihr, Ihnen	indir. Objekt	L9
	lhes	ihnen, Ihnen	indir. Objekt	L9
o	liceu	Gymnasium		L8
	limpar	putzen, reinigen		L2
a	língua	Sprache, Zunge		L1
	Lisboa	Lissabon		L1
o, a	lisboeta	Lissabonner, -in		L1
o	litoral	Küstenstreifen		L7
	livre	frei		L4
o	livro	Buch		L4
o	local	Platz, Ort		L2
	logo	später		L1
	loiro	blond		L7
a	loja	Laden		L9
	Londres	London		L2
	longo	lang		L3
	lotado	voll, ausgebucht		L10
o	lugar	Platz		L2
	luxuoso	luxuriös, schick		L7

M

a	maçã	Apfel		L5
	Madeira	Madeira		L7
a	madrugada	Morgengrauen		L7
a	mãe	Mutter		L8
	magro	dünn		L7
	Maio	Mai		L7
	maior	größer		L9
	mais	mehr, plus		L2
a	mala	Koffer		L2
a	maluquice	Unsinn		L1
o	mar	Meer		L4
	maravilhado	verzaubert		L7
	maravilhoso	wunderbar		L4
as	marchas populares	Tanzmärsche auf einem Volksfest		L9
	Março	März		L7
	mas	aber		L1
a	massa	Nudel		L5
	máximo	maximal		L1
	me	mich		L1
o	médico	Arzt		L2
	meio	halb		L3
o	meio-dia	Mittag		L3
o	melão	Melone		L5
	melhor	besser		L6
a	menina	Mädchen		L9
	menos	weniger, minus		L2
a	mensagem	Nachricht		L6
a	mensagem ele(c)trónica	E-Mail		L6
	mensal	monatlich		L6
o	mês	Monat		L6
a	mesa	Tisch		L5
	mesmo	selbst		L2
o	metro	U-Bahn		L2

Wortliste

	meu	mein, meine		L1
o	mexilhão	Muschel		L5
	mil	tausend		L3
	militar	militärisch		L10
	mim	mich		L10
	mimado	verwöhnt		L8
	minha	mein, meine		L8
o	minuto	Minute		L2
	moderno	modern		L6
o	momento	Moment		L6
o	monitor	Bildschirm		L6
a	montanha	Berg		L4
o	monumento	Monument		L10
	morar	wohnen		L1
	moreno	dunkelhaarig		L7
	morrer	sterben		L8
o	mosteiro	Kloster		L10
	mostrar	zeigen		L8
a	motocicleta	Motorrad		L2
o	motor	Motor		L1
	muito	sehr, viel		L1
a	mulher	Frau		L1
a	mulher a dias	Putzfrau		L2
o	mundo	Welt		L10
o	museu	Museum		L7
a	música	Musik		L3

N

	na	in der	em + a = na	L1
a	nacionalidade	Nationalität		L1
	nada	nichts		L4
	nadar	schwimmen		L4
	não	nein, nicht		L1
	não é verdade?!	nicht wahr?!		L3
	não tem de quê	keine Ursache		L1
	nascer	geboren werden		L8
o	Natal	Weihnachten		L9
	navegar	surfen		L4
o	navio	Schiff		L2
a	neblina	Nebel		L7
os	negócios	Geschäfte		L6
	nenhum	keiner		L4
	nenhuma	keine		L4
	nessa	in jener	em + essa	L10
	nesse	in jenem	em + esse	L10
	neste	in diesem	em + este	L2
	neste, nesta	in dieser	em + esta	L2
	nevar	schneien		L7
a	neve	Schnee		L7
	ninguém	niemand		L4
	no	im	em + o = no	L1
a	noite	Nacht, Abend		L1
o	nome	Name		L1
o	nome próprio	Vorname		L8
a	norte-americana	Nordamerikanerin		L1
o	norte-americano	Nordamerikaner		L1
	nos	uns		L1
	nós	wir		L1
	nossa	unser, unsere		L8
	nosso	unser, unsere		L8
	novamente	noch einmal, erneut		L6
	nove	neun		L3
a	telenovela	Telenovela		L4
	Novembro	November		L7
	noventa	neunzig		L3
	novo	neu		L1
	nublado	bewölkt		L7
	num	in einem	em + um	L4
o	número	Zahl, Nummer		L3
	nunca	nie		L4

O

	o	der, die, das	best. Art. m. Sg.	L1
	o que	was		L1
	obrigada	danke	von Frauen benutzte Form	L1
	obrigado	danke	von Männern benutzte Form	L1
os	óculos	Brille		L8
	oferecer	schenken, anbieten		L9
	oi	hallo	bras. für port. olá	L1
	oitenta	achtzig		L3
	oito	acht		L3
	olá	hallo		L1
	Olha!	Schau mal!		L2
	onde	wo		L1
o	ônibus	Bus	bras. für port. autocarro	L2
	ontem	gestern		L7
	onze	elf		L3
o, a	o(p)timista	Optimist, -in		L2
	o(p)timista	optimistisch	m. + f.	L3
	ó(p)timo	super, prima		L4
a	organização	Organisation		L10
a	origem	Herkunft		L1
	os	die	best. Art. m. Pl.	L1
	ou	oder		L2
	ouço	höre		L4
o	Outono	Herbst		L7
	Outubro	Oktober		L7
	ouvir	hören		L4

P

o	pacote	Päckchen		L5
	pagar	bezahlen		L5
	pago	bezahlt		L5
o	pai	Vater		L8
os	pais	Eltern		L1
o	país	Land		L1
a	paisagem	Landschaft		L10
o	palácio	Palast		L7
	para	zu, nach, in		L1
os	parabéns	Glückwünsche		L9
o	parente	Verwandter		L7
o	parque	Park		L4
	participar	teilnehmen		L6
a	Páscoa	Ostern		L9
o	passageiro	Passagier		L2
a	passagem aérea	Flugschein		L2
o	passaporte	Pass		L2
	passar	vorbei gehen, laufen		L3
o	passatempo	Hobby		R1
	passear	spazieren		L4
o	passeio	Spaziergang, Spazierfahrt		L7
o	pastel de nata	Sahnetörtchen	port. Spezialität	L4
a	pastelaria	Konditorei		L4
o	patrão	Chef		L6

o	património histórico mundial	Weltkulturerbe		L10
a	pausa	Pause		L3
o	pé	Fuß		L1
	peço	ich bestelle		L5
	pedir	bestellen, bitten		L5
o	peixe	Fisch		L1
	pelo	durch ihn	por + o	L9
	pelo contrário	im Gegenteil		L7
a	pensão	Pension		L10
o	pepino	Gurke		L5
	pequeno	klein		L3
o	pequeno- -almoço	Frühstück		L7
	perceber	verstehen		L6
	perto	nah		L6
o	pêssego	Pfirsich		L5
a	pessoa	Person		L2
o	piano	Klavier		L4
a	piscina	Schwimmbad		L4
	poder	können		L3
	põe	er, sie stellt		L9
	põem	sie stellen		L9
	pões	du stellst		L9
	pois	denn		L4
	pomos	wir stellen		L9
	ponho	ich stelle		L9
a	ponte	Brücke		L3
	pontual	pünktlich		L3
	popular	volkstümlich		L9
	pôr	stellen, legen		L9
	por favor	bitte		L1
	por isso	deshalb, deswegen		L4
	porque	weil, denn		L3
	porquê	warum?		L3
o	Porto	Porto	Hafenstadt in Portugal	L2
	Portugal	Portugal		L1
o	português	Portugiesisch, Portugieser		L1
a	portuguesa	Portugiesin		L1
	possível	möglich		L4
	posso	kann		L3
	pouco	wenig		L1
a	pousada	Herberge		L10
a	pousada da juventude	Jungendherberge		L10
o	povo	Volk		L10
	pôxa!	wau!	Ausdruck der Verwunde-rung	L3
a	praça	Platz		L3
a	praça	die Markthalle		L5
a	praia	Strand		L7
	prático	praktisch		L6
o	prato do dia	Tagesgericht		L5
o	prato principal	Hauptgericht		L5
o	prato segundo	Hauptgang		L5
o	prazer	Vergnügen		L1
	precisar	brauchen, müssen		L5
o	preço	Preis		L5
o	prédio	Gebäude		L3
	preferir	bevorzugen, vorziehen		L5
	preparar	vorbereiten		L9
o	preparativo	Vorbereitung		L9
o	presente	Geschenk		L9
	presentear	schenken		L9

a	pressa	Eile		L5
	preto	schwarz		L9
a	Primavera	Frühling		L7
	primeiro	erster, zuerst		L4
o	problema	Problem		L1
a	procissão	Prozession	Pl.: -ões	L2
	procurar	suchen		L9
o	professor	Lehrer		L2
a	profissão	Beruf		L1
o	proje(c)to	Projekt		L6
	provar	probieren, kosten		L5
	próximo	nächster		L3
o	pudim de caramelo	Karamellpudding		L5
o	pulôver	Pullover		L9

Q

a	quadrilha	Quadrilha	Name für einen Kreis-tanz in Br.	L9
	qual	welches, welcher, welche		L1
	quando	wann		R1
	quanto	wie viel		L1
	quarenta	vierzig		L3
a	quarta-feira	Mittwoch		L4
o	quarteirão	Häuserblock		L3
o	quarto	Zimmer, Schlafzimmer		L10
o	quarto de hora	Viertelstunde		L3
	quase	fast, quasi		L3
	quatorze	vierzehn	auch: catorze	L3
	quatro	vier		L3
	que	als	bei der Komparation	L6
	Que bom!	Das ist gut!		L4
	Que giro!	Was für ein Spaß!		L4
	Que legal!	Super!, Schön!	bras. Rede-wendung	L4
	que tal	wie wäre es		L4
	quem	wer		L1
o	quentão	heißes Ingwerge-tränk	typisch Getränk für São Paulo, Brasilien	L9
	quente	heiß		L7
	querer	wollen		L4
	queria	ich hätte gerne		L5
	querido	lieber		L4
o	quilo	Kilo		L1
a	quinta	Landgut		L10
a	quinta-feira	Donnerstag		L4
	quinto	fünfter		L4
	quinze	fünfzehn		L3

R

a	rádio	Radiosender		R2
	rápido	schnell		L6
o	rato	Maus		L6
	real	königlich		L10
	receber	bekommen		L9
a	recepção	Rezeption		L10
o	recepcionista	Rezeptionist		L10
a	recepcionista	Rezeptionistin		L10
a	região	Region		L1
o	regresso	Rückkehr		L6
a	religião	Religion		L2

	repetir	wiederholen		R2
a	reserva	Reservierung		L10
	reservar	reservieren		L10
o	restaurante	Restaurant		L2
a	reunião	Sitzung		L6
a	revolução	Revolution		L10
o	rio	Fluss		L1
	Rio de Janeiro	Rio de Janeiro	Stadt in Brasilien	L1
o	rodízio	Servicesystem in bras. Grillhäusern		L5
	romântico	romantisch		L3
a	roupa	Kleidung		L9
a	rua	Straße		L3
a	russa	Russin		L1
o	russo	Russe, Russisch		L1

S

o	sábado	Samstag		L4
	saber	wissen		L4
a	saia	Rock		L9
a	saída	Ausgang		L2
	sair	ausgehen, hinausgehen		L3
a	sala de reuniões	Besprechungs-raum		L6
a	salada	Salat		L5
a	salva de palmas	Beifall		L9
o	samba	Samba	brasil. Musik-richtung	L4
o	santo	Heiliger		L2
	são	sie sind		L1
	São João	Hl. Johannes		L9
	São Pedro	Hl. Petrus		L9
o	sapato	Schuh		L9
	satisfeito	satt, zufrieden		L5
a	saudade	Sehnsucht		L4
	Saúde!	Prost!		L5
	se	sich		L1
a	secretária	Sekretärin		L1
a	sede	Durst		L5
	seguir	folgen		L3
a	segunda-feira	Montag		L4
	sei	ich weiß		L4
	seis	sechs		L3
o	semáforo	Ampel		L3
a	semana	Woche		L4
a	semelhança	Gemeinsamkeit		L2
	sempre	immer		L1
o	senhor	der Mann, Sie	dient der direkten Ansprache eines Mannes	L1
a	senhora	die Frau, Sie	dient der direkten Ansprache einer Frau	L1
	separado	getrennt		R1
	ser	sein		L1
	servir	passen		L9
	servir	bedienen, servieren		L9
	sessenta	sechzig		L3
	sete	sieben		L3
	Setembro	September		L7
	setenta	siebzig		L3
	seu	ihr, sein, Ihr		L1
a	sexta-feira	Freitag		L4
	sexto	sechster		L4
	si	sich, Sie		L10
	sim	ja		L1
	simpático	sympathisch		L3
	simples	einfach		L3
	sinto muito	es tut mir leid.		L9
	só	nur		L1
	sobrar	übrig bleiben		L9
	sobre	über		L10
a	sobremesa	Nachtisch		L5
a	sobrinha	Nichte		L8
o	sobrinho	Neffe		L8
os	sobrinhos	Neffen		L8
o	sol	Sonne		L1
	solteiro	ledig		L1
	somos	wir sind		L1
o	sono	Müdigkeit, Schlaf		L5
a	sopa	Suppe		L5
a	sorte	Glück		L3
	sou	ich bin		L1
	sua	ihre, seine, Ihre		L1
a	Suécia	Schweden		L1
a	Suíça	die Schweiz		L1
o	sul	Süden		L1
o	sumo	Saft		L5
o	supermercado	Supermarkt		L5
a	surpresa	Überraschung		L9

T

	também	auch	L1
	tanto, -a	so sehr, so viele	L10
	tanto faz	egal	L10
	tão	so	L3
	tão...como	so...wie	L6
a	tarde	Nachmittag	L1
o	táxi	Taxi	L1
o, a	taxista	Taxifahrer, -in	L2
	tchau	Tschüß	L1
	te	dich, dir	L1
o	teclado	Tastatur	L6
	telefonar	telefonieren, anrufen	L3
o	telefone	Telefon	L1
o	telefonema	Telefonanruf	L6
a	telefonista	Telefonistin	L6
o	telemóvel	Handy	L6
a	televisão	Fernseher	L2
	tem	er hat	L3
	têm	ihr habt, sie haben	L3
	temos	wir haben	L3
a	temperatura	Temperatur	L4
o	tempo	Zeit	L3
	tenho	ich habe	L4
os	ténis	Turnschuhe	L9
	tens	du hast	L3
	ter	haben	L4
	ter de/que	müssen	L6
a	terça-feira	Dienstag	L4
	terminar	beenden	L6
a	terra	Erde, Heimat	L7
	teu	dein	L8
	ti	dich, dir	L10
a	tia	Tante	L8
o	tio	Onkel	L8
os	tios	Onkel und Tante	L8
	típico	typisch	L5

o	tipo	Art, Typ		L4
	tirar	nehmen		L6
	tocar	spielen	nur für Instrumente	L4
	todo	ganz, alle		L4
	tomar	nehmen, trinken		L3
	tomar um banho de sol	sich sonnen		L7
o	tomate	Tomate		L5
a	torre	Turm		L3
	trabalhar	arbeiten		L1
o	trabalho	Arbeit		L1
o	trem	Zug	bras. für port. comboio	L2
	três	drei		L3
	treze	dreizehn		L3
	trinta	dreißig		L3
	triste	traurig		L3
o	troco	Kleingeld		L5
	tu	du		L1
	tudo	alles		R2
o	turismo	Tourismus		L10

U

	último	letzter		L9
	um	ein	unbest. Art. m. Sg.	L1
	um	eins		L3
	uma	eine	unbest. Art. f. Sg.	L3
	umas	einige	unbes. Art. f. Pl.	L3
a	universidade	Universität		L8
	uns	einige	unbest. Art. m. Pl.	L1
	urgentemente	dringend		L6
	usar	benutzen		L6
a	uva	Trauben		L5

V

	vai	er, sie geht		L2
	vais	du gehst		L2
	vamos	wir gehen		L2
	vão	sie gehen		L2
	vê	er, sie sieht		L4
	vêem	sie sehen		L4
	vejo	ich sehe		L4
a	vela	Segel		L4
	velho	alt		L3
	vem	er kommt		L2
	vemos	wir sehen		L4
o	vendedor	Verkäufer		R1
o	vento	Wind		L7
	ver	sehen		L4
o	Verão	Sommer		L7
o	verbo	Verb		L10
a	verdade	Wahrheit		L3
	verde	grün		L9
	vermelho	rot		L9
	vês	du siehst		L4
o	vestido	Kleid		L9
	vestir	anziehen		L9
a	viagem	Reise		L6
	viajar	reisen		L3
	vídeo-conferência	Videokonferenz		L6
o	vinho	Wein		L5
o	vinho branco	Weißwein		L5
o	vinho do Porto	Portwein		L5
o	vinho quente	Glühwein		L9
o	vinho tinto	Rotwein		L5
	vinte	zwanzig		L3
a	viola	Gitarre		L4
	vir	kommen		L2
	virado	gerichtet		L10
	virar	drehen, umdrehen		L3
o	vírus	Virus		L6
	visitar	besuchen, besichtigen		L7
a	vista	Blick, Aussicht		L10
	viúvo	verwitwet		R1
	viva	Hallo, Hi		L1
	Viva!	Es lebe!		L9
	você	Sie	nicht ganz formell	L1
	vocês	ihr		L1
a	volta	Runde		L3
	voltar	zurückkehren		L7
a	vontade	Lust		L6
o	voo	Flughafen		L2
o	voo não fumador	Nicht-Raucher-Flug		L2
	vós	ihr		L1
	vosso	euer		L8
	vou	gehe		L2

X

o	xadrez	Schach		L4
a	xícara	Tasse	bras. für port. chávena	L5

Z

	zero	null		L3

7 Wortliste Deutsch – Portugiesisch

A

abbiegen		dobrar		L3
Abendessen	o	jantar		L10
abends, nachts		de noite		L3
aber		mas		L1
Abschlussfeier	a	festa de formatura Br.		L8
	a	festa de finalistas P.		L8
acht		oito		L3
Achtung!		Atenção!		L2
achtzehn		dezoito		L1
achtzig		oitenta		L3
Adresse	o	endereço		R1
aktiv		activo		L4
Akutzeichen	o	acento agudo		L2
akzeptieren, annehmen		aceitar		L9
Alentejo	o	Alentejo	Region in Südosten Portugals	L10
Allee	a	avenida		L3
alles		tudo		R2
als		do que	bei der Komparation	L7
als		que	bei der Komparation	L6
alt		velho		L3
alt, antik		antigo		L1
Alter	a	idade		L3
am liebsten		de preferência		L10
Ampel	o	semáforo		L3
amüsant, lustig		divertido		L7
amüsieren		divertir-se	refl. Verb	L4
Ananas	o	abacaxi	bras. für port. ananás	L1
Ananas	o	ananás		L1
anfangen, beginnen		começar		L3
ankommen		chegar		L1
anziehen		vestir		L9
Apfel	a	maçã		L5
April		Abril		L7
Arbeit	o	trabalho		L1
arbeiten		trabalhar		L1
Arbeitnehmer	o	funcionário		L6
Architektin	a	arquite(c)ta		L2
Architektur	a	arquite(c)tura		L2
Art, Typ	o	tipo		L4
Arzt	o	médico		L2
Atlantik	o	atlântico		L7
Aubergine	a	beringela		L5
auch		também		L1
Auf Wiedersehen		adeus		L1
Aufmerksamkeit	a	atenção		L1
Aufzug	o	elevador		L3
August		Agosto		L7
aus welcher, aus welchem		de que		L1
ausdrucken		imprimir		L6
Ausgang	a	saída		L2
ausgehen, hinausgehen		sair		L3
ausgezeichnet		excelente		L4
Ausstieg	o	desembarque		L2
Auto	o	carro		L2

B

Badezimmer	a	casa de banho		L1
Baixa	a	Baixa	Stadtteil von Lissabon, Portugal	L3
Banane	a	banana		L5
Bar	o	bar		L4
Baufirma	a	construtora		L6
bedienen, servieren		servir		L9
beenden		terminar		L6
Beifall	a	salva de palmas		L9
Beilage	o	acompanhamento		L5
Beispiel	o	exemplo		L1
bekommen		receber		L9
benutzen		usar		L6
Berg	a	montanha		L4
Beruf	a	profissão		L1
berühmt		famoso		L7
Besprechungsraum	a	sala de reuniões		L6
besser		melhor		L6
bestelle		peço		L5
bestellen		encomendar		L9
bestellen, bitten		pedir		L5
besuchen, besichtigen		visitar		L7
Bett	a	cama		L10
bevorzugen, vorziehen		preferir		L5
bewölkt		nublado		L7
bezahlen		pagar		L5
bezahlt		pago		L5
Bier	a	cerveja		L5
Bildschirm	o	monitor		L6
billig		barato		L10
bis		até		L1
bitte		por favor		L1
Blattsalat	a	alface		L5
blau		azul		L7
bleiben, sich befinden		ficar		L3
Blick, Aussicht	a	vista		L10
blond		loiro		L7
Bluse	a	blusa		L9
Bohne	o	feijão		L5
Bohneneintopf	a	feijoada		L5
Boot	o	barco		L7
Brasilianer	o	brasileiro		L1
Brasilianerin	a	brasileira		L1
Brasilien	o	Brasil		L1
Brathähnchen	o	frango assado		L5
brauchen, müssen		precisar		L5
braun		castanho		L9
Brille	os	óculos		L8
bringen, mitnehmen		levar		L2
Brücke	a	ponte		L3
Bruder	o	irmão		L8
Buch	o	livro		L4
Büro	o	escritório		L1
Bus	o	autocarro		L2

Wortliste

Bus	o	ônibus	bras. für port. autocarro	L2
Búzios		Búzios	Halbinsel im Bundesland Rio de Janeiro	L7

C

Caipirinha	a	caipirinha	bras. Cocktail mit Rohrzucker	L5
Camping	o	campismo		L10
Capoeira	a	capoeira	bras. Kampfsportart mit tänzerischen Elementen	L4
Chef	o	patrão		L6
Chiado	o	Chiado	Stadtteil in Lissabon	L3
Christus der Erlöser	o	Cristo Redentor	Name der Christus Statue auf dem Berg in Rio de Janeiro, Brasilien	L7
Coimbra		Coimbra	Universitätsstadt in Portugal	L2
Computer	o	computador		L6
Copacabana		Copacabana		L7

D

danach		depois		L3
Dänemark	a	Dinamarca		L1
Dänisch, Däne	o	dinamarquês		L1
danke		obrigada	von Frauen benutzte Form	L1
danke		obrigado	von Männern benutzte Form	L1
dann		então		L1
das da, dies		isso		L2
Das ist gut!		Que bom!		L4
dein		teu		L8
denn		pois		L4
der Mann, Sie	o	senhor	dient der direkten Ansprache eines Mannes	L1
der, die, das		o	best. Art. m. Sg.	L1
der, die, das		a	best. Art. f. Sg.	L1
deshalb, deswegen		por isso		L4
Deutsch, Deutscher	o	alemão		L1
Deutsche	a	alemã		L1
Deutschland	a	Alemanha		L1
Dezember		Dezembro		L1
dich, dir		te		L1
dich, dir		ti		L10
dick		gordo		L7
die		os	best. Art. m. Pl.	L1
die		as	best. Art. f. Pl.	L1
die Frau, Sie	a	senhora	dient der direkten Ansprache einer Frau	L1
die Schweiz	a	Suíça		L1
Dienstag	a	terça-feira		L4
diese		essa		L1
diese		esta		L2
dieser		este		L2
dieses		isto		L10
Diktatur	a	ditadura		L10
Ding, Sache	a	coisa		L3
Direktor	o	dire(c)tor		L6
Discothek	a	discoteca		L4
Diskette	o, a	disquete		L6
Doktor	o	doutor		L6
Dokument	o	documento		L6
Donnerstag	a	quinta-feira		L4
doppelt		duplo		L10
Dorf	a	aldeia		L7
dort		ali, lá		L2
drehen, umdrehen		virar		L3
drei		três		L3
dreißig		trinta		L3
dreizehn		treze		L3
dringend		urgentemente		L6
Drucker	a	impressora		L6
du		tu		L1
du bist		és		L1
du gehst		vais		L2
du hast		tens		L3
du siehst		vês		L4
du stellst		pões		L9
dunkelhaarig		moreno		L7
dünn		magro		L7
durch ihn		pelo	por + o	L9
Durst	a	sede		L5
Dusche	o	duche		L10
Dutzend	a	dúzia		L5

E

ebenfalls		igualmente		L6
egal		tanto faz		L10
Eile	a	pressa		L5
ein		um	unbes. Art. m. Sg.	L1
eine		uma	unbes. Art. f. Sg.	L3
einen Abschluss machen		formar-se	refl. Verb	L8
einfach		simples		L3
Eingang	a	entrada		L2
einige		uns	unbes. Art. m. Pl.	L1
einige		umas	unbes. Art. f. Pl.	L3
Einkauf	a	compra		L3
einladen		convidar		L9
Einladung	o	convite		L9
eins		um		L3
Einstieg	o	embarque		L2
eintreten, hinein gehen		entrar		L3
einverstanden		de acordo		L9
einzel		individual		L10
Einzelkind	o	filho único		L8
elf		onze		L3
Eltern	os	pais		L1
E-Mail	o	e-mail		L4
E-Mail	a	mensagem ele(c)trónica		L6
E-Mail-Adresse	o	endereço ele(c)trónico		L6

Wortliste

Ende	o	fim		L2
England	a	Inglaterra		L1
Engländerin	a	inglesa		L1
Englisch, Engländer	o	inglês		L1
Entschuldigen Sie!		Desculpe!		L1
Entschuldigung, mit Erlaubnis		Com licença...	im Sinne von „Entschuldigung, darf ich mal ...“	R2
er		ele		L1
er, sie geht		vai		L2
er, sie hat		tem		L3
er, sie ist		é		L1
er, sie ist		está		L2
er, sie kommt		vem		L2
er, sie sieht		vê		L4
er, sie stellt		põe		L9
Erde, Heimat	a	terra		L7
Erinnerung	a	lembrança		L7
erster, zuerst		primeiro		L4
erzählen, zählen		contar		L6
es gibt		há		L1
es ist köstlich, schmackhaft		es uma delícia		L5
Es lebe!		Viva!		L9
es tut mir leid.		sinto muito		L9
essen		comer		L3
Essen	a	comida		L3
etwas		algo		L3
euer		vosso		L8

F

Fabrik	a	fábrica		L1
Fado	o	fado	port. Musikrichtung	L4
Fahrrad	a	bicicleta		L2
fallen		cair		L9
Familie	a	família		L2
Familienstand	o	estado civil		R1
Farbe	a	cor		L9
fast, quasi		quase		L3
Februar		Fevereiro		L7
fehlen		faltar		L9
feiern		festejar		L8
Fernseher	a	televisão		L2
Fest, Feier	a	festa		L7
Feuer	a	fogueira		L9
Film	o	filme		L3
finden		achar		L6
Firma	a	firma		L2
Fisch	o	peixe		L1
Fitnessstudio	o	ginásio		L4
Flasche	a	garrafa		L5
Fleisch	a	carne		L5
Flughafen	o	aeroporto		L2
Flug	o	voo		L2
Flugschein	o	bilhete		L2
Flugschein	a	passagem aérea		L2
Flugzeug	o	avião		L2
Fluss	o	rio		L1
folgen		seguir		L3
Foto	a	foto		L7
Frankreich		França		L1
Französin	a	francesa		L1
Französisch, Franzose	o	francês		L1
Frau		dona	Anredeform	L1
Frau	a	mulher		L1
frei		livre		L4
Freitag	a	sexta-feira		L4
Freizeit	o	lazer		L4
Freund	o	amigo		L1
Freundin	a	amiga		L1
frittierte Schrimps	os	camarões fritos		L7
früh		cedo		L6
Frühling	a	Primavera		L7
Frühstück	o	pequeno-almoço		L7
fünf		cinco		L3
fünfter		quinto		L4
fünfzehn		quinze		L3
fünfzig		cinquenta		L3
funktionieren		funcionar		L6
Fuß	o	pé		L1
Fußball	o	futebol		L3
Fußballspieler	o	jogador de futebol		R1

G

Gabel	o	garfo	L5
ganz		inteiro	L6
ganz, alle		todo	L4
Garage	a	garagem	L1
Gast, Eingeladener	o	convidado	L9
Gebäude	o	prédio	L3
Gebäude	o	edifício	L7
geben		dar	L9
geboren werden		nascer	L8
Geburtsstadt	a	cidade natal	L7
Geburtstag	o	aniversário	R2
Geburtstag haben		fazer anos	L8
Geburtstagskind	o	aniversariante	L9
Geburtstagskind	a	aniversariante	L9
gegenüber		em frente de	L3
gehen		ir	L2
gelb		amarelo	L9
Geld	o	dinheiro	L9
Gemeinsamkeit	a	semelhança	L2
Gemüse	o	legume	L5
genau		isso mesmo	L2
Gepäck	a	bagagem	L2
geradeaus		em frente	L3
gerichtet		virado	L10
Geschäfte	os	negócios	L6
Geschenk	o	presente	L9
Geschichte	a	história	L10
geschieden		divorciado	R1
Geschwister	os	irmãos	L8
gestern		ontem	L7
gestresst		estressado	L6
Getränk	a	bebida	L5
getrennt		a parte	L5
getrennt		separado	R1
Gitarre	a	viola	L4
Glas	o	copo	L5
gleich, schon		já	L1
Glück	a	sorte	L3
Glück	a	felicidade	L9
glücklich		feliz	L2
glücklich		contente	L3
Glückwünsche	os	parabéns	L9
Glühwein	o	vinho quente	L9
grau		cinzento	L9
Grill	o	churrasco	L5
Grillhaus	a	churrascaria	L5

groß		grande		L3
Großeltern	os	avós		L8
größer		maior		L9
Großmutter	a	avó		L8
Großvater	o	avô		L8
grün		verde		L9
Grünkohlsuppe	o	caldo verde		L5
Guitarre	a	guitarra		L1
Gurke	o	pepino		L5
gut		boa	weibl. Form von bom	L1
gut		bom	weibl. Form: boa	L1
gut		bem		L2
Guten Appetit!		Bom apetite!		L5
Gymnasium	o	liceu		L8
Gymnastik		ginástica		L4

H

haben		ter		L4
halb		meio		L3
hallo		oi	bras. für port. olá	L1
hallo		olá		L1
Hallo!		Alô!	bras. für port. Estou! am Telefon	L3
Händler	o	comerciante		L2
Handy	o	telemóvel		L6
Handy	o	celular	bras. für port. telemóvel	L6
hässlich		feio		L3
Häufigkeit	a	frequência		L6
Hauptgang	o	prato segundo		L5
Hauptgericht	o	prato principal		L5
Hauptstadt	a	capital		L2
Haus	a	casa		L1
Häuserblock	o	quarteirão		L3
Heiliger	o	santo		L2
heiraten		casar-se	refl. Verb	L8
heiß		quente		L7
heißen		chamar-se	refl. Verb	L1
heißes Ingwergetränk	o	quentão	typisch Getränk für São Paulo, Brasilien	L9
Hemd	a	camisa		L9
Herberge	a	pousada		L10
Herbst	o	Outono		L7
Herkunft	a	origem		L1
heute		hoje		L1
hier		aqui		L2
Himmel	o	céu		L1
historisch		histórico		L7
Hitze, Wärme	o	calor		L5
Hl. Antonius		Santo Antonio		L9
Hl. Johannes		São João		L9
Hl. Petrus		São Pedro		L9
Hobby	o	passatempo		R1
hoch		alto		L3
Hochzeit	o	casamento		L8
Hofstaat	a	corte		L10
Holland	a	Holanda		L1
Holländerin	a	holandesa		L1
Holländisch, Holländer	o	holandês		L1
hören		ouvir		L4
Hose	as	calças		L9
Hotel	o	hotel		L1
Hügel	a	colina		L3
hundert		cem	100	L3
hundert		cento	ab 101	L3
Hunger	a	fome		L5

I

ich		eu		L1
ich bin		sou		L1
ich bin		estou		L2
ich gehe		vou		L2
ich habe		tenho		L4
ich höre		ouço		L4
ich kann		posso		L3
Ich liebe das!		Adoro isso!		L4
ich mache		faço		L1
ich sage		digo		L6
ich schlafe		durmo		L3
ich sehe		vejo		L4
ich stelle		ponho		L9
ich weiß		sei		L4
ich würde gern		gostava		L4
ich wollte, würde wollen		queria		L5
Idee	a	ideia		L4
ihm, ihr, Ihnen		lhe	indirektes Objekt, 2. und 3. Pers. Sg.	L9
ihnen, Ihnen		lhes	indirektes Objekt, 2. und 3. Pers. Pl.	L9
ihr		vós		L1
ihr		vocês		L1
ihr, sein, Ihr		seu		L1
ihre, seine, Ihre		sua		L1
im		no	em + o = no	L1
im Gegenteil		pelo contrário		L7
immer		sempre		L1
in		em		L1
in den		ao	a + o = ao	L1
in der		na	em + a = na	L1
in diesem		neste	em + este	L2
in dieser		neste, nesta	em + esta	L2
in einem		num	em + um	L4
in jenem		nesse	em + esse	L10
in jener		nessa	em + essa	L10
inbegriffen		incluído		L5
Information	a	informação	Pl.: -ções	L2
Ingenieur	o	engenheiro		L1
interessant		interessante		L3
Internet	a	internet		L4
Interview	a	entrevista		L1
irgendein		algum		L3
irgendeine		alguma		L5
Italien	a	Itália		L1
Italienerin	a	italiana		L1
Italienisch, Italiener	o	italiano		L1

J

ja		sim		L1
Jahr	o	ano		L1
Jahreszeit		estação do ano		L7
Januar		Janeiro		L7
Japanisch, Japaner	o	japonês		L1
jener dort		aquele		L10
jener hier		esse		L10

Wortliste

jenes dort		aquilo	L10
jetzt		agora	L1
Journalist	o	jornalista	L1
Journalistin	a	jornalista	L1
Juli		Julho	L7
jung		jovem	L3
Jungendherberge	a	pousada da juventude	L10
Juni		Junho	L7
Junifest		festa junina	L7

K

Kabine	a	cabine	L9
Kaffee	o	café	L3
Kälte	o	frio	L5
Karamellpudding	o	pudim de caramelo	L5
Karneval	o	Carnaval	L7
Karotte	a	cenoura	L5
Kartoffel	a	batata	L5
Kasse	a	caixa	L9
Kathedrale	a	catedral	L10
Katze	o	gato	L1
kaufen		comprar	L5
keine		nenhuma	L4
keine Ursache		de nada	L1
keine Ursache		não tem de quê	L1
keiner		nenhum	L4
Keks	a	bolacha	L5
Kekschen	a	bolachinha	L5
Kellner	o	empregado de mesa	L2
kennen		conhecer	L7
Kilo	o	quilo	L1
Kino	o	cinema	L3
klar, hell		claro	L5
klassisch		clássico	L9
Klavier	o	piano	L4
Kleid	o	vestido	L9
Kleidung	a	roupa	L9
klein		pequeno	L3
Kleingeld	o	troco	L5
Klima	o	clima	L7
Kloster	o	convento	L10
Kloster	o	mosteiro	L10
Klub, Verein	o	clube	L4
Koch	o	cozinheiro	R1
Koffer	a	mala	L2
Kohl	a	couve	L5
Kokosnusswasser	a	água de coco	L7
Kollege	o	colega	L2
Kolumbianer	o	colombiano	L1
Kolumbianerin	a	colombiana	L1
kommen		vir	L2
kompliziert		complicado	L3
Konditorei	a	pastelaria	L4
königlich		real	L10
können		poder	L3
Kontakt	o	conta(c)to	L6
kosten		custar	L5
kosten, probieren		experimentar	L5
Krankenhaus	o	hospital	L2
Kreditkarte	o	cartão de crédito	L9
Kreuzung	o	cruzamento	L3
Kuchen	o	bolo	L5
Kultur	a	cultura	L2
Kunde	o	cliente	L6
Kurs	o	curso	L1
kurz		breve	L1
Küstenstreifen	o	litoral	L7

L

Laden	a	loja		L9
Land	o	país		L1
Land, Acker, Feld	o	campo	Gegensatz zu Stadt	L7
Landgut	a	quinta		L10
Landschaft	a	paisagem		L10
lang		longo		L3
langsam		devagar		R2
Lapa Bögen	os	Arcos da Lapa	Bögen eines Aquädukts im Altstadtteil Lapa in Rio de Janeiro	L7
lassen		deixar		L10
laufen, gehen		andar		L4
ledig		solteiro		L1
lehren, beibringen		ensinar		L2
Lehrer	o	professor		L2
leicht, einfach		fácil		L3
leider, unglücklicherweise		infelizmente		L6
lernen		aprender		L4
lesen		ler		L4
letzter		último		L9
lieber		querido		L4
Lied	a	canção		L1
links		à esquerda		L3
Lissabon		Lisboa	Hauptstadt Portugals	L1
Lissabonner	o	lisboeta		L1
Lissabonnerin	a	lisboeta		L1
Löffel	a	colher		L5
London		Londres		L2
Lust	a	vontade		L6
luxuriös, schick		luxuoso		L7

M

machen, tun		fazer	L1
Mädchen	a	menina	L9
Madeira		Madeira	L1
Mai		Maio	L7
Maiskuchen	o	bolo de milho	L9
manchmal		às vezes	L4
Mantel	o	casaco	L9
Markthalle	a	praça	L5
März		Março	L7
Maus	o	rato	L6
maximal		máximo	L1
Meer	o	mar	L4
mehr, plus		mais	L2
mein, meine		meu	L1
mein, meine		minha	L8
Melone	o	melão	L5
Messer	a	faca	L5
mich		me	L1
mich		mim	L10
mieten		arrendar	L10
mieten		alugar	L10
Milch	o	leite	L5
Milchkaffee	o	galão	L5
militärisch		militar	L10
Minute	o	minuto	L2
mit		com	L1

mit dir		contigo	com + ti	L10
mit ihnen		consigo	com + si	L10
mit mir		comigo	com + me	L4
mit uns		connosco	com + nos	L10
Mittag	o	meio-dia		L3
Mittagessen	o	almoço		L3
Mittwoch	a	quarta-feira		L4
modern		moderno		L6
mögen, gefallen, schmecken		gostar		L3
möglich		possível		L4
Moment	o	momento		L6
Monat	o	mês		L6
monatlich		mensal		L6
Montag	a	segunda-feira		L4
Monument	o	monumento		L10
morgen		amanhã		L3
morgens, vormittags		de manhã		L1
Motor	o	motor		L1
Motorrad	a	motocicleta		L2
müde		cansado		L6
Müdigkeit, Schlaf	o	sono		L5
Muschel	o	mexilhão		L5
Museum	o	museu		L7
Musik	a	música		L3
müssen		ter de/que		L6
Mutter	a	mãe		L8

N

Nachmittag	a	tarde		L1
nachmittags		de tarde		L3
Nachname	o	apelido		R1
Nachricht	a	mensagem		L6
nächster		próximo		L3
Nacht, Abend	a	noite		L1
Nachtisch	a	sobremesa		L5
nah		perto		L6
Name	o	nome		L1
Nationalfeiertag	o	feriado nacional		L10
Nationalität	a	nacionalidade		L1
Nebel	a	neblina		L7
Neffe	o	sobrinho		L8
Neffen	os	sobrinhos		L8
nehmen		tirar		L6
nehmen, trinken		tomar		L3
nein, nicht		não		L1
Nelke	o	cravo		L10
Nesthäkchen		caçula	bras. für port. o mais novo	L8
neu		novo		L1
Neujahrstag	o	Ano Novo		L9
neun		nove		L3
neunzehn		dezanove		L3
neunzig		noventa		L3
nicht wahr?!		não é verdade?!		L3
Nichte	a	sobrinha		L8
Nicht-Raucher-Flug	o	voo não fumador		L2
nichts		nada		L4
nie		nunca		L4
niedrig, klein		baixo		L7
niemand		ninguém		L4
noch		ainda		L5
noch einmal, erneut		novamente		L6
Nordamerikaner	o	norte-americano		L1
Nordamerikanerin	a	norte-americana		L1
November		Novembro		L7
Nudel	a	massa		L5
null		zero		L3
nur		só		L1

O

Obst	a	fruta		L5
oder		ou		L2
öffnen		abrir		R1
Oktober		Outubro		L7
Onkel	o	tio		L8
Onkel und Tante	os	tios		L8
Optimist	o	o(p)timista		L2
Optimistin	a	o(p)timista		L2
optimistisch		o(p)timista	m. + f.	L3
Orange	a	laranja		L5
orange		cor-de-laranja		L9
Organisation	a	organização		L10
Ostern	a	Páscoa		L9
Österreich	a	Áustria		L1
Österreicher	o	austríaco		L1
Österreichin	a	austríaca		L1

P

Päckchen	o	pacote		L5
Palast	o	palácio		L7
Park	o	parque		L4
Pass	o	passaporte		L2
Passagier	o	passageiro		L2
passen		servir		L9
Pause	a	pausa		L3
Pension	a	pensão		L10
Person	a	pessoa		L2
Pfirsich	o	pêssego		L5
Physik	a	física		L8
Platz	o	lugar		L2
Platz	o	largo		L3
Platz	a	praça		L3
Platz, Ort	o	local		L2
Pommes-Frites	a	batata frita		L5
Porto	o	Porto	Hafenstadt in Portugal	L2
Portugal		Portugal		L1
Portugiesin	a	portuguesa		L1
Portugiesisch, Portugieser	o	português		L1
Portwein	o	vinho do Porto		L5
praktisch		prático		L6
Preis	o	preço		L5
probieren, kosten		provar		L5
Problem	o	problema		L1
Projekt	o	proje(c)to		L6
Prost!		Saúde!		L5
Pullover	o	pulôver, a camisola		L9
Punkt, pünktlich		em ponto		L3
pünktlich		pontual		L3
putzen, reinigen		limpar		L2
Putzfrau	a	mulher a dias		L2

Q

Quadrilha	a	quadrilha	Name für einen Kreistanz in Br.	L9

Wortliste

R

Radiosender	a	rádio		R2
Rechnung	a	conta		L5
rechts		à direita		L3
Regen	a	chuva		L7
Region	a	região		L1
regnen		chover		L7
Reis	o	arroz		L5
Reise	a	viagem		L6
Reiseführer	o	guia turístico		L10
reisen		viajar		L3
Religion	a	religião		L2
rennen		correr		L4
reservieren		reservar		L10
Reservierung	a	reserva		L10
Restaurant	o	restaurante		L2
Revolution	a	revolução		L10
Rezeption	a	recepção		L10
Rezeptionist	o	recepcionista		L10
Rezeptionistin	a	recepcionista		L10
riesig, sehr		imenso		L4
Rinderschnitzel	o	bife de vaca		L5
Rio de Janeiro		Rio de Janeiro		L1
Rock	a	saia		L9
romantisch		romântico		L3
rosa		cor-de-rosa		L9
rot		vermelho		L9
Rotwein	o	vinho tinto		L5
Rückkehr	o	regresso		L6
Runde	a	volta		L3
Russe	o	russo		L1
Russin	a	russa		L1
Russland	a	Rússia		L1

S

Saft	o	sumo		L5
sagen		dizer		L6
Sagen Sie mir ...		Diga-me...		L1
Sahnetörtchen	o	pastel de nata	port. Spezialität	L4
Salat	a	salada		L5
Samba	o	samba		L4
Samstag	o	sábado		L4
satt, zufrieden		satisfeito		L5
Schach	o	xadrez		L4
Schauen Sie!		olha!		L2
schenken		presentear		L9
schenken, anbieten		oferecer		L9
schicken, verschicken		enviar		L6
Schiff	o	navio		L2
schlafen		dormir		L3
Schloss	o	castelo		L3
Schlüssel	a	chave		L10
schmal, eng		estreito		L3
Schnee	a	neve		L7
schneien		nevar		L7
schnell		rápido		L6
Schnurbart	o	bigode		L8
Schokolade	o	chocolate		L5
schön		bonito		L3
schön		belo		L7
schreiben		escrever		L4
Schuh	o	sapato		L9
Schule	a	escola		L2
Schutzpatron	o	padroeiro		L2
Schwägerin und Schwager	os	cunhados		L8
schwarz		preto		L9
Schwarztee	o	chá preto		L5
Schweden	a	Suécia		L1
Schweiz	o	suiça		L1
schwer, schwierig		difícil		L3
Schwester	a	irmã		L8
Schweinekotelletts	as	costeletas de porco		L5
Schwiegerkinder	os	genros		L8
Schwimmbad	a	piscina		L4
schwimmen		nadar		L4
sechs		seis		L3
sechster		sexto		L4
sechzehn		dezasseis		L3
sechzig		sessenta		L3
Seele	a	alma		L9
Segel	a	vela		L4
segeln		fazer vela		L4
sehen		ver		L4
Sehnsucht	a	saudade		L4
sehr, viel		muito		L1
sehr, ziemlich		bastante		L3
sie sehen		vêem		L4
sein		ser		L1
sein		estar		L2
Sekretärin	a	secretária		L1
Sekt	o	champanhe		L9
selbst		mesmo		L2
seltsam, komisch		estranho		L3
September		Setembro		L7
Servicesystem in bras. Grillhäusern	o	rodízio		L5
Serviette	o	guardanapo		L5
sich		se		L1
sich einquartieren		hospedar-se	refl. Verb	L10
sich erkundigen		informar-se	refl. Verb	L10
sich sonnen		tomar um banho de sol		L7
sich treffen		encontrar-se	refl. Verb	L3
sich, Sie		si		L10
Sicherheit	a	certeza		L10
sicherlich		com certeza		L10
sie		ela	f. Sg.	L1
sie		elas	f. Pl.	L1
sie		eles	m. + f. Pl.	L1
Sie		você	nicht ganz formell	L1
sie gehen		vão		L2
sie haben		têm		L3
sieben		sete		L3
siebzehn		dezassete		L3
siebzig		setenta		L3
sie sind		são		L1
Sitte, Gewohnheit	o	costume		L2
Sitzung	a	reunião		L6
Ski fahren		esquiar		L4
so		tão		L3
so		assim		L4
so sehr, so viele		tanta	weibl. Form von tanto	L10
so sehr, so viele		tanto		L10
so...wie		tão...como		L6
Sohn	o	filho		L8
sollen, müssen		dever		L6

Wortliste

Sommer	o	Verão		L7
Sonne	o	sol		L1
Sonntag	o	domingo		L4
Spanien		Espanha		L1
Spanierin	a	espanhola		L1
Spanisch, Spanier	o	espanhol		L1
später		logo		L1
spazieren		passear		L4
Spaziergang, Spazierfahrt	o	passeio		L7
Speisekarte	o	cardápio	bras. für port. ementa	L5
Speisekarte	a	ementa		L5
Spiel	o	jogo		L4
spielen		jogar	bei einem Instrument: tocar	L3
spielen		tocar	nur für Instrumente	L4
Sport	o	desporto		L4
Sportplatz	o	campo de jogos		L4
Sprache	o	idioma		L1
Sprache, Zunge	a	língua		L1
sprechen		falar		L1
Stadt	a	cidade		L1
Statue	a	estátua		L3
sie stellen		põem		L9
stellen, legen		pôr		L9
sterben		morrer		L8
Stewardess, Flugbegleiterin	a	hospedeira		R1
Stockfisch	o	bacalhau		L3
Stockwerk	o	andar		L7
Strand	a	praia		L7
Straße	a	rua		L3
Straßenbahn	o	elé(c)trico		L3
Straßenecke	a	esquina		L3
Stück, Scheibe	a	fatia		L5
Student	o	estudante		L2
Studentin	a	estudante		L2
Stuhl	a	cadeira		L5
Stunde, Uhr	a	hora		L3
suchen		procurar		L9
Süden	o	sul		L1
Super!, Schön!		Que legal!	bras. Redewendung	L4
super, prima		ó(p)timo		L4
Supermarkt	o	supermercado		L5
Suppe	a	sopa		L5
surfen		navegar		L4
Süßkartoffel	a	batata doce		L9
sympathisch		simpático		L3
T				
Tag	o	dia		L1
Tagesgericht	o	prato do dia		L5
Tagespreis	a	diária		L10
täglich		diariamente		L6
Tante	a	tia		L8
tanzen		dançar		L4
Tanzmärsche auf einem Volksfest	as	marchas populares		L9
Tasse	a	chávena		L5
Tasse	a	xícara	bras. für port. chávena	L5
Tastatur	o	teclado		L6
tausend		mil		L3
Taxi	o	táxi		L1

Taxifahrer	o	taxista		L2
Taxifahrerin	a	taxista		L2
Tee	o	chá		L1
teilnehmen		participar		L6
Telefon	o	telefone		L1
Telefonanruf	o	telefonema		L6
telefonieren, anrufen		telefonar		L3
Telefonistin	a	telefonista		L6
Telenovela	a	telenovela		L4
Temperatur	a	temperatura		L4
Terminkalender	a	agenda		L6
teuer		caro		L10
tief, hinten		fundo		L9
Tisch	a	mesa		L5
Tochter	a	filha		L8
Tomate	o	tomate		L5
Tourismus	o	turismo		L10
Trauben	a	uva		L5
traurig		triste		L3
Treffen	o	encontro		L3
trinken		beber		L5
Trinkgeld	a	gorjeta		L5
Tschüß		tchau		L1
T-Shirt	a	t-shirt		L9
Turm	a	torre		L3
Turnschuhe	os	ténis		L9
typisch		típico		L5
U				
U-Bahn	o	metro		L2
über		sobre		L10
überqueren		atravessar		L3
Überraschung	a	surpresa		L9
Übersee	o	além-mar		L5
übrig bleiben		sobrar		L9
um herum		ao redor		L7
Umarmung, Gruß	o	abraço		L4
und		e		L1
Universität	a	universidade		L8
uns		nos		L1
unser, unsere		nossa		L8
unser, unsere		nosso		L8
Unsinn	a	maluquice		L1
Unterkunft	a	hospedagem		L10
Unternehmer	a	empresa		L6
Urlaub, Ferien	as	férias		L6
V				
Vater	o	pai		L8
Verb	o	verbo		L10
Vereinigte Staaten	os	Estados Unidos		L1
Vergnügen	o	prazer		L1
verheiratet		casado		R1
Verkäufer	o	vendedor		R1
verstehen		compreender		L4
verstehen		perceber		L6
Verwandter	o	parente		L7
verwitwet		viúvo		R1
verwöhnt		mimado		L8
verzaubert		maravilhado		L7
Videokonferenz		vídeo-conferência		L6
vier		quatro		L3
Viertelstunde	o	quarto de hora		L3
vierzehn		catorze	auch: quatorze	L3
vierzehn		quatorze	auch: catorze	L3

Wortliste

vierzig		quarenta		L3
Virus	o	vírus		L6
Volk	o	povo		L10
volkstümlich		popular		L9
voll		cheio		L6
voll, ausgebucht		lotado		L10
Vollbart	a	barba		L8
von dieser		daquela	de + aquela	L10
von dieser		desta	de + esta	L10
von euch		de vocês		L8
von hier		daqui	de + aqui	L3
von ihm		dele	de + ele	L8
von ihr		dela	de + ela	L8
von, aus		de		L1
vor, bevor		antes de		L4
vor, seit		há		L7
vorbei gehen, laufen		passar		L3
vorbereiten		preparar		L9
Vorbereitung	o	preparativo		L9
vorher		antes		L10
Vorname	o	nome próprio		L8
Vorspeisen	as	entradas		L5

W

während, im Laufe		durante		L4
Wahrheit	a	verdade		L3
Wald	a	floresta		L7
wandern		andar a pé		L4
wann		quando		R1
warten		esperar		L10
warum?		porquê		L3
was		o que		L1
Was für ein Spaß!		Que giro!		L4
Wasser	a	água		L5
wau!		pôxa!	Ausdruck der Verwunderung	L3
Weihnachten	o	Natal		L9
weil, denn		porque		L3
Wein	o	vinho		L5
weiß		branco		L9
Weißwein	o	vinho branco		L5
weiter machen, fortsetzen		continuar		L10
weiter, da vorn, vorwärts		adiante		L3
welches, welcher, welche		qual		L1
Welt	o	mundo		L10
Weltkulturerbe	o	património histórico mundial		L10
wenig		pouco		L1
weniger, minus		menos		L2
wenn du gehen würdest		ires	persönlicher Infinitiv von ir	L6
wer		quem		L1
wichtig		importante		L6
wie		como		L1
wie viel		quanto		L1
wie wäre es		que tal		L4
wiederholen		repetir		R2
willkommen		bem-vindo		L1
Wind	o	vento		L7
Winter	o	Inverno		L7
wir		nós		L1
wir gehen		vamos		L2
wir haben		temos		L3
wir, Leute	a	gente		L6
wir sehen		vemos		L4
wir sind		somos		L1
wir stellen		pomos		L9
wissen		saber		L4
wo		onde		L1
Woche	a	semana		L4
Wochenende	o	fim-de-semana		L4
woher		de onde		L1
wohin		aonde		L1
wohnen		morar		L1
wollen		querer		L4
wunderbar		maravilhoso		L4
wunderschön		belíssimo		L7
wünschen		desejar		L6

Z

Zahl, Nummer	o	número		L3
Zahnarzt	o	dentista		L2
zehn		dez		L3
zeigen		mostrar		L8
Zeit	o	tempo		L3
Zeitung	o	jornal		L7
zelten		acampar		L10
Zentrum	o	centro		L1
Zimmer, Schlafzimmer	o	quarto		L10
Zirkumflex	o	acento circumflexo		L2
zu Fuß		a pé		L1
zu Mittag essen		almoçar		L3
zu, in, nach		a		L1
zu, nach, in		para		L1
Zug	o	comboio		L2
Zug	o	trem	bras. für port. comboio	L2
zurückkehren		voltar		L7
zusammen		juntos		L2
zwanzig		vinte		L3
zwei		dois	f. = duas	L3
zwei		duas	m. = dois	L3
zwölf		doze		L3

Wortliste

8 Bildnachweis

Seite 8: Übung 1: 1: istockphoto.com/fred goldstein, 2: istockphoto.com/Galina Barskaya, 3: istockphoto.com/Tomaz Levstek, 4: istockphoto.com, 5: istockphoto.com/eva serrabassa, 6: EKS GmbH, Stuttgart, 7: istockphoto.com/Graça Victoria, 8: istockphoto.com/Ira Bachinskaya

Übung 2: istockphoto.com/Rob Bouwman

Seite 9: 1-3: Comstock RF, 4: fotolia.de/caramaria, 5-7, 10: istockphoto.com/Paul Cowan, 8: istockphoto.com/jason walton, 9: Britta Anders, Mähringen

Seite 10: istockphoto.com/Lise Gagne

Seite 11: Rio: istockphoto.com/Vincent Mosch, Porto: istockphoto.com/José Carlos Pires Pereira

Seite 14: Torsten Pfeifer, Mainz

Seite 16: 1: istockphoto.com, 2: istockphoto.com/andreas balcazar, 3: istockphoto.com/Román Romeral, 4: istockphoto.com/Terry Healy, 5: istockphoto.com/Gautier Willaume, 6: istockphoto.com, 7: istockphoto.com/carlos lozano, 8: istockphoto.com/Bart Sadowski

Seite 17: Torsten Pfeifer, Mainz

Seite 19: Karneval: fotolia.de/Jérôme Dancette, Denkmal: istockphoto.com/Christine Silva

Seite 22: 1: Fotosearch RF (Photosdisc), 2: istockphoto.com/bonnie jacobs, 3: istockphoto.com, 4: istockphoto.com/Clayton Hansen, 5: Martine Reijnders, Schwaikheim, 6: istockphoto.com/Oleksandr Gumerov, 7: istockphoto.com/Lise Gagne, 8: Andreas Liebetruth, Osaka

Seite 25: Uhren: EKS GmbH, Stuttgart, Übung 4: istockphoto.com/Lise Gagne

Seite 26: 1: istockphoto.com, 2: fotolia.de/Helmut Niklas, 3: fotolia.de/foto.fritz, 4: fotolia.de/drx, 5: Michaela Hillmeier, London, 6: fotolia.de/foto.fritz, 7: fotolia.de/porschelegend, 8: Tamara Ziegler, Stuttgart

Seite 28: 1: 1, 2, 5, 6: EKS GmbH, Stuttgart, 3, 4: istockphoto.com/Robby Verschueren

Seite 30: Filipe Lino, Lissabon, 2 : wikipedia.org/Nol Aders

Seite 32: 1: istockphoto.com, 2: istockphoto.com/Kati Neudert, 3: istockphoto.com/Oleksandr Gumerov, 4: istockphoto.com/Ischa Gast, 5: istockphoto.com/Andrzej Burak, 6: istockphoto.com/Paul-André Belle-Isle, 7: istockphoto.com/Jason Stitt, 8: istockphoto.com/Oleg Prikhodko

Seite 33: Übung 3: a: Regina Lino Roeßle, Dietingen, b: istockphoto.com/Sheri Bigelow, c: istockphoto.com/William Walsh, d: Britta Anders, Mähringen, e: istockphoto.com/Michael Blackburn, f: istockphoto.com/Bernd Klumpp, g: Julie Lam, Stockholm, h: istockphoto.com

Übung 4: wikipedia.org/AntoniusJ

Seite 35: Übung 8: a: istockphoto.com/robert lerich, b: Manuel Lino, Lissabon, c: istockphoto.com/Amanda Rohde, d: istockphoto.com/Peter Hansen

Übung 9: wikipedia.org/António ML Cabral

Seite 39: wikipedia.org

Seite 40: Übung 1: Fischgericht: istockphoto.com/José Carlos Pires Pereira, Caldo Verde: Simone Sabino Becker, Mainz, Pudim de Caramelo: istockphoto.com/fer ver

Übung 2: 1: Filipe Lino, Lissabon, 2: istockphoto.com/johanna goodyear, 3: istockphoto.com/Louis Aguinaldo, 4: istockphoto.com/Olga Shelego

Seite 41:Übung 3: istockphoto.com/Sutawee Thitaram, Wein: EKS GmbH, Stuttgart

Seite 43, 1: istockphoto.com/Sergey Kashkin, 2: istockphoto.com/Jacob Wackerhausen, 3: istockphoto.com/Phil Date, 4: Fotosearch RF (Photodisc), Waukesha, 5: Regina Lino-Roeßle, Dietingen, 6: istockphoto.com/Jiang jingjie

Seite 45: 1: istockphoto.com/Kate Shephard, 2: istockphoto.com/Andrea Leone, 3: istockphoto.com/Nicola Stratford, 4: istockphoto.com/Bart Claeys, 5: istockphoto.com/Jason Lugo, 6: istockphoto.com, 7: istockphoto.com/Jason Lugo, 8: istockphoto.com/Todd Taulman

Seite 47: wikipedia.org

Seite 48: istockphoto.com/Sandy Jones

Seite 49: alle Fotos: EKS GmbH, Stuttgart

Seite 51: Illustrationen: Marlene Pohle, Stuttgart (Beerbeitung: EKS GmbH, Stuttgart)

Seite 52: istockphoto.com/Sergey Kashkin

Seite 53: 1: istockphoto.com/Rafal Zdeb, 2: fotolia.de/Tina Rencelj, 3: istockphoto.com/Amanda Rohde, 4: istockphoto.com/Jason Sturgeon, 5: istockphoto.com/Román Romeral, 6: istockphoto.com/Sławomir Fajer, 7+ 8: EKS GmbH, Stuttgart

Seite 54: Fotosearch RF (Photodisc), Waukesha

Seite 55: istockphoto.com/Lise Gagne

Seite 56: Elefant: istockphoto.com/Ryan Tacay, Maus: istockphoto.com/Vladimirs Prusakovs

Seite 58: Übung 13, von links nach rechts: istockphoto.com, fotolia.de/ikophotos, restl. Fotos: EKS GmbH, Stuttgart

Übung 14: Fotosearch RF (Photodisc), Waukesha

Seite 60, Übung 2: a: istockphoto.com/Steve Lovegrove, b: istockphoto.com, c: istockphoto.com/Serguei Kovalev, d: istockphoto.com/Svetlana Larina

Übung 3: a: MEV Verlag GmbH, Augsburg, b: EKS GmbH, Stuttgart, c: istockphoto.com/Jenn Borton, d: EKS GmbH, Stuttgart, e: istockphoto.com/Sami Suni, f: istockphoto.com/Alexander Hafemann, g: istockphoto.com, h: istockphoto.com, i: EKS GmbH, Stuttgart, j: fotolia.de/Oleg Kozlov

Seite 61: 1: istockphoto.com/Celso Pupo Rodrigues, 2: istockphoto.com/Vincent Mosch, 3: istockphoto.com/Ramon de Aguiar Campos, 4: istockphoto.com/Mark Van Overmeire, 5: istockphoto.com/Celso Pupo Rodrigues, 6: istockphoto.com/Celso Pupo Rodrigues

Seite 63, Madeira: istockphoto.com/Alex Brosa

Übung 8: 1: istockphoto.com/Rui Vale Sousa, 2: istockphoto.com/Robby Verschueren, 3: istockphoto.com/Govert Nieuwland, 4: istockphoto.com/Anka Kaczmarzyk, 5: istockphoto.com/David Appleyard, 6: istockphoto.com/Octavio Campos Salles, 7: istockphoto.com/Ricardo Isotton, 8: istockphoto.com/Randi Utnes

Seite 64: 1: Brand X Pictures/fotosearch, 2: istockphoto.com/Martin Cerny, 3: Banana Stock, 4: istockphoto.com/sean elliott, 5: istockphoto.com/Rasmus Rasmussen, 6: istockphoto.com/Frida Berglund

Seite 68: 1: istockphoto.com/Rebecca Ellis, 2: istockphoto.com/Steve Luker, 3: istockphoto.com/Katrina Brown, 4: istockphoto.com/Nancy Louie, 5: istockphoto.com/Sophia Tsibikaki, 6: istockphoto.com/Lisa F. Young, 7: istockphoto.com/shae cardenas, 8: Avenue Images/Image Source, 9: istockphoto.com/Leigh Schindler, 10: istockphoto.com/Wouter van Caspel

Seite 69: istockphoto.com/Juan Collado

Seite 71: Manuel Lino, Lissabon

Seite 74: 3: istockphoto.com/Andrei Tchernov, 5: Regina Lino Roeßle, Dietingen , 7: istockphoto.com/Nick Stubbs, alle anderen Fotos: Manuel Lino, Lissabon

Seite 76: 1: istockphoto.com/Louis Aguinaldo, 2: fotolia.de/Beth Van Trees, 3: istockphoto.com/Louis Aguinaldo, 4: istockphoto.com/Geoffrey Hammond, 5: istockphoto.com/Mehmet Dilsiz, 6: istockphoto.com, 7: istockphoto.com/Diane Diederich, 8: istockphoto.com/Guillermo Lobo

Seite 77: istockphoto.com/Lukasz Janicki

Seite 79: von oben nach unten: istockphoto.com/Edward Holtzman, istockphoto.com/Kevin Russ, istockphoto.com/Dan Brandenburg

Seite 81: 1: istockphoto.com/Jocelyn Lin, 2: istockphoto.com/Viktor Kitaykin, 3: istockphoto.com/Julie de Leseleuc, 4: istockphoto.com

Seite 82, Übung 12: 1: istockphoto.com/Phil Date, 2: istockphoto.com/Paige Falk, 3: Photodisc, 4: istockphoto.com/istockphoto.com/Galina Barskaya

Übung 13: istockphoto.com/Josef Kubicek

Seite 83: Bild oben: Simone Sabino Becker, Mainz, Bild unten: istockphoto.com

Seite 84: Übung 1: Regina Lino-Roeßle, Dietingen

Übung 2: 1, 3, 6: EKS GmbH, Stuttgart, 2: istockphoto.com/Alexandre Souza, 4: istockphoto.com/Christine Silva, 5: istockphoto.com/Randi Utnes, 7: istockphoto.com/Alain Couillaud, 8: istockphoto.com/Simon Moran, 9: istockphoto.com, 10: istockphoto.com/Jeff Irving

Seite 86, Übung 5: Braga: istockphoto.com/Paula Ansaldi, Porto: istockphoto.com/Edyta Pawłowska, Alentejo: istockphoto.com/Birgit Sieckmann, Cabo de São Vicente: istockphoto.com/graham heywood

Kulturtipp: wikipedia.org/Nuno Tavares

Seite 90: istockphoto.com/Ståle Edstrøm

Seite 91: Tempel: istockphoto.com/Michael Findlay, Nelke: istockphoto.com

Seite 92: 1: istockphoto.com/Jeff Irving, 2: istockphoto.com, 3: istockphoto.com, 4: istockphoto.com/Louis Aguinaldo, 5: istockphoto.com/Liz Van + istockphoto, 6: istockphoto.com/Louis Aguinaldo, 7: istockphoto.com/Mehmet Dilsiz, 8: istockphoto.com/Miguel Mariz, 9: wikipedia.org/Osvaldo Gago, 10: istockphoto.com/Andrea Greco

Seite 93: 1: istockphoto.com/Henry Chaplin, 2: istockphoto.com/eva serrabassa, 3: istockphoto.com/Jasmin Awad, 4: istockphoto.com/Rasmus Rasmussen, 5: istockphoto.com, 6: MEV Verlag GmbH, Augsburg, 7: istockphoto.com/Sławomir Fajer, 8: istockphoto.com/Galina Barskaya, 9: istockphoto.com/Peter Hansen, 10: istockphoto.com/Paulus Rusyanto, 11: istockphoto.com/Martin Cerny, 12: istockphoto.com/Lise Gagne, 13: istockphoto.com/Jacob Yuri Wackerhausen, 14: istockphoto.com/Kevin Russ, 15, 16: Martine Reijnders, Schwaikheim, 17: istockphoto.com/Audrey Roorda, 18: istockphoto.com/Amanda Rohde

Seite 95: istockphoto.com/Lise Gagne